머니 트렌드 2025

새로운 부의 기회를 선점할 55가지 성공 시나리오

머니 트렌드

MONEY **2025** TREND

정태익 김도윤 김광석 김용섭 김현준 정수종 채상욱 최재붕

북모먼트

혼돈의 끝에서
새로운 가능성이 열리는 2025년

2024년은 많은 사람들이 경제적 불확실성 속에서 고민이 많았던 해였습니다. 주택 시장에서는 연초 대비 서울 및 수도권의 집값이 크게 반등하면서 매수 타이밍을 놓친 분들이 많아졌습니다. 이제 다가올 금리 인하, 폭증하는 가계부채, 그리고 대출 규제 사이에서 다들 어떤 선택을 해야 할지 갈피를 잡지 못하고 있습니다. 또 정부의 대출 규제는 자산을 추가로 투자하려는 사람들에게 큰 부담이 되었으며, 동시에 부동산 시장의 변동성은 더욱 커졌습니다. 매수 기회를 놓친 이들은 다시 찾아올 부동산 시장의 변화를 어떻게 대처할지 고민하고 있습니다.

주식시장 역시 쉽지 않았습니다. 한국 주식은 미국발 충격으로 큰 폭으로 하락했으며 시장에 대한 신뢰가 흔들리면서 투자자들은 다양한 대안을 모색하며 새로운 투자처를 고민하고 있습니다. 미국 AI 산업에 대한 기대 역시 부정적인 전망이 나오기 시작하며 주가가 흔들리고 있습니다. 주식투자자들은 불안함에 휩싸이고 시장 변동성에 대한 우려도 커지고 있습니다. 이는 기술주를 중심으로 한 세계 경제가 앞으로 어떻게 변할지에 대한 불확실성을 반영하는 것이기도 합니다.

최근 현대경제연구원이 발표한 경제 전망에 따르면, 2025년 세계 경제는 회복세가 유지될 것으로 기대되지만 여전히 러시아-우크라이나 전쟁의 장기화, 중동 지역 확전 우려, 그리고 금리 인하에 따른 자산시장 변동 등 변수 또한 공존할 것으로 예상됩니다. 이는 자산시장의 긍정적인 기대와 경기 침체 우려를 동시에 고민해야 한다는 뜻이기도 합니다. 즉 2025년에는 긍정적인 변화가 기대되는 한편, 지정학적 리스크와 경제적 불확실성은 여전히 투자자들에게 큰 고민을 안겨줄 수 있습니다.

이런 시기에 출간하게 된 《머니 트렌드 2025》는 여러분에게 새로운 가능성을 제시하고자 합니다. 올해는 8명의 전문가가 모여 각자의 분야에서 축적한 깊은 통찰을 바탕으로 경제, 부동산, 주식, 문화 트렌드, AI, 기후 등 다양한 경제적 관점과 돈의 흐름을 분석하고, 우리가 앞으로 대비해야 할 전략을 소개합니다. 전문가들이 집약한 55가지 성공 시나리오를 통해 2025년에 주목해야 할 핵심 머니 트렌드를 파악하고 단순한 재테크 가이드를 넘어 급변하는 시대에 어떻게 현명하게 대응할 수 있을지 해법을 제공하고자 노력했습니다. 경제의 맥락을 이해하고 자산을 안전하게 운용하며 새로운 기회를 찾고 싶었다면 이 책에서 필요한 지혜를 얻을 수 있을 것입니다.

　2024년을 돌아보면 많은 이들이 어려움을 겪었지만, 여전히 미래에 대한 희망을 품고 있습니다. 부동산 시장의 혼돈과 주식시장이 불안정한 지금, 우리는 당장 걱정하기보다 어떻게 대응해야 할지 고민해야 합니다. 앞으로의 상황을 예측하고, 한발 앞서 준비하는 것만이 기회를 잡을 방법이라는 것은 분명합니다. 2025년은 우리가 불확실성을 넘어 기회를 발견할 수 있는 시기가 될 것입니다. 이 책이 여러분에게 또 다른 기회를 발견하고 더 나은 내일을 준비할 수 있는 나침반이 되기를 진심으로 바랍니다.

2024년 가을,

정태익

| 차례 |

1장

THE NEXT GLOBAL PIVOT
2025 경제를 전망하다

2장
NEW DREAM IN THE MARKET
주식시장의 새로운 기회

3장
FUTURE HOUSE SCENARIO
미래의 부동산 시나리오

RESETTING DESIRE
과거와 관성을 버려야 돈이 보인다

UPWARD LEVELING
평균이 올라가는 사회

DIGITAL WAR
빅테크 기업의 각축전

7장

CLIMATE SAVES THE ECONOMY
기후위기 대응이 경제를 살린다

2025
CORE
TRENDS

피벗의 시대
경기 회복세와 정상화 진입을 준비하는 사회

욜로의 귀환
오프라인의 역습, 숍, 그리고 엔터테인먼트

K의 반란
주식시장 속 K문화, 그리고 미국 주식

BANK

인공자
생활의 필수품

MONEY TREND 2025

1장

2025 경제를 전망하다

THE NEXT GLOBAL PIVOT

저성장의 고리에
묶이다

2024년 경제를 한마디로 표현하면 '상흔점'이라고 할 수 있다. 상처는 시간이 지나면 낫지만 흔적은 남는다는 뜻이다. 2020년 전 세계는 코로나19발 경제 위기를 맞이했고, 2022년에는 러시아의 우크라이나 침공이 있었으며 이러한 정세의 영향으로 고물가, 고금리 시대가 시작되었다. 2024년 들어서 물가상승률은 점차 둔화되었고 금리 인하를 앞두고 있거나 영국, 유로존, 캐나다, 스위스, 스웨덴 등과 같이 이미 금리 인하를 시작한 나라가 등장하며 경제의 상처가 치유되는 국면에 들어섰다. 하지만 경제 위기가 지나간 자리에 흔적이 남았는데, 그 상처가 바로 '저성장'이다.

현재 세계적으로 저성장의 늪에 빠졌다고 표현해도 과언이 아니다. 경제 주체가 고성장일 때는 어떻게 해야 잘 살까에 관한 고민을

하지 않아도 되지만 저성장일 때야말로 경제를 공부해야 한다. 유망
산업은 무엇인지, 어떤 나라가 성장하는지 고민을 던지고 답을 찾아
야 하는 시기가 도래했다.

한 나라의 경제 성장률은 그 나라를 구성하는 수천만 가지 산업의
평균 성장률을 뜻한다. 2024년 미국의 경제 성장률은 2.5%이다. 자
세히 들여다보면 미국 경제가 2.5% 성장했지만 ICT 산업은 10.5%
정도 성장했다. 이는 반대로 ICT 산업을 제외한 나머지 산업이 평균
2.5%에 훨씬 못 미친다는 뜻이다.

또 사람들이 체감하는 경기는 여전히 좋지 않다. 인플레이션으로
물가는 물가대로 높은데 성장은 둔화된 것이다. 이런 상태를 스태그
플레이션이라고 부르는데 이는 쉽게 해결되지 않는다. 코로나19와
전쟁, 세계 곳곳에서 일어나는 문제는 기억 속에서 지워지고 있지만
저성장이라는 결과로 우리 경제에 숙제로 남았다. 경제 위기일 때 나
타나는 자산시장의 특징들과 경기가 둔화될 때 나타나는 자산시장의
특징은 완전히 달라 아무 때나 경제 위기라고 가정해 버리면 그 변화
를 제대로 감지할 수가 없다. 명확히 그 시대를 인지할 수 있어야 그
에 걸맞은 선택을 할 수 있다.

2025년 경제 전망

2025년 경제는 지지부진한 회복세를 보이면서도 저성장의 고리에

간힌 모습일 것이다. 이번 IMF의 경제 전망 보고서를 보니 부제가 아주 인상적이었다. 세계 경제가 회복되는 국면이긴 하지만 이전만큼 성장하기 어려운 구간에 놓여있다는 뜻으로 '이너 스티키 스팟In a sticky spot'이라는 표현을 사용했다. 마치 자동차가 넓은 5차선 도로를 달리다 갑자기 1차로로 좁아져 차가 도로를 꽉 막은 모습을 비유한 것이다.

코로나19 이전 지난 10년 동안의 경제 성장률을 보면 평년 성장률이 약 3.7% 정도다. 평년에 특별한 일이 없으면 전 세계의 경제 성장률이 전년에 GDP보다 올해의 GDP가 3.7%씩 계속 증가해왔다는 뜻이다.

그런데 코로나19와 러시아 - 우크라이나 전쟁 이후 세계 경제는

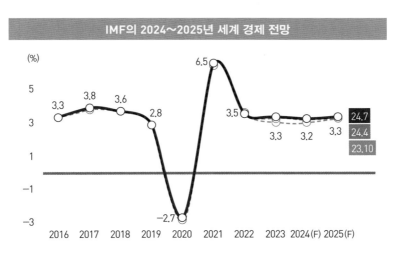

IMF의 2024~2025년 세계 경제 전망

출처: IMF

2022년부터 저성장 체제로 들어가서 3.3%, 3.2%, 3.3%로 잠재성장률을 밑도는 흐름이 장기간 지속되었다. 이렇게 저성장의 고리에 갇혔다고 볼 수 있다. 세계 경제를 봤을 때 크게 뚜렷한 성장세는 보이지 않고 비슷하게 둔화된 흐름이다.

그러나 이런 흐름을 두고 '경제 위기Economy crisis'라고 표현하기엔 과한 측면이 있다. 경제 용어상 정확하게 불황은 아니지만 '가벼운 불황'이라고 표현하면 어떨까 싶다. 많은 이들이 위기라고 이야기하지만, 경제 전망을 할 때 최근 1~2년을 위기라고 하지 않는 이유는 명확하게 경제 언어를 구분하기 위해서다. 여태껏 세계 경제에는 중요한 변수들이 있었고 이 변수로 시대를 구분하곤 한다. 우리가 익히 아는 경제 위기는 1970~80년대 오일 쇼크, 1997년 IMF 외환위기, 2008년 글로벌 금융위기가 있다. 그리고 그 어떤 때보다도 세계 경제가 큰 폭으로 흔들렸을 때가 2020년 코로나 팬데믹 경제 위기다. 이런 중요한 변수들이 나타났을 때를 '위기'라고 하는 것이다. 코로나19의 여파가 있긴 하지만, 벗어나고 있기 때문에 현재 시기를 경제 위기라고 하기보다는 경기 침체라고 보는 것이 더 맞다.

그런 의미에서 2020년부터 2021년은 완화의 시대라고 부를 수 있다. 코로나19로 경제 위기가 찾아와 경기가 무너졌고 경제 성장률은 -2.7%로 역성장했다. 경기가 좋지 않을 때 부양책으로 택하는 것이 금리 인하인데, 금리를 떨어뜨리면 돈이 은행에서 주식이나 부동산 시장으로 이동한다. 그럼 사람들은 은행에서 돈을 빌려 차를 사기도

하고 좋은 집을 매입한다. 금리를 낮춰 경기부양이라는 목표에만 집중하는 시기다. 예를 들어 생각해보자. 내일 시험을 위해 밤새워 공부한다. 밤을 새우면 그다음 날 피곤하다는 부작용이 있지만 피곤보다는 좋은 점수를 받는 것이 더 중요하기 때문에 밤을 새우는 것처럼 경기부양에 모든 것을 쏟아 부었다.

완화의 시대를 보내고 나니 여러 부작용이 나타났다. 자본의 여유가 있는 사람은 자산 규모를 쉽게 늘리고, 여유가 없는 사람은 더욱 어려워지는 양극화가 심해졌다. 또 세계적으로 낮은 금리를 도입하고, 긴급재난지원금 등 대규모 유동성이 시장에 공급되었는데 이는 자산 가치 상승을 자극하거나 인플레이션을 자극하는 부작용을 가져오기도 했다.

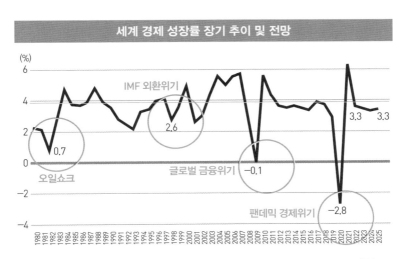

출처: IMF

2022년부터 2024년은 긴축의 시대, 금리 인상의 시대로 이어졌다. 러시아 – 우크라이나 전쟁으로 러시아산 원유, 천연가스를 수입하지 않게 되었고 이는 공급망 대란으로 이어졌다. 천연가스, 석유, 석탄, 알루미늄, 밀 등의 최대 생산국인 러시아에서 조달받지 못하게 되자 수요가 늘어난 상태에서 공급이 줄어드는 급격한 인플레이션이 찾아왔다.

이제 높은 물가를 잡아야 하는 숙제가 던져졌다. 물가가 치솟으니 미국 연방준비제도에서는 통화정책 관점에 따라 금리를 인상했다. 쉽게 말해 이런 것이다. 다음 주 시험을 앞두고 열심히 공부를 하는데 감기 기운이 있는지 컨디션이 너무 좋지 않다. 그러면 시험을 위해서 오늘 밤새 공부를 하는 게 맞을까? 대부분 공부보다는 컨디션 회복이 중요하다고 생각할 것이다. 이렇게 변수나 상황이 바뀌면 선택이 달라지는 것처럼 전 세계 경제의 숙제가 고물가 잡기로 바뀌었다.

그래서 대대적으로 금리를 인하했던 시대에서 대대적으로 금리를 인상하는 시대로 완전히 바뀌었다. 금리가 대대적으로 인상되니, 반대로 돈이 주식과 부동산 시장에서 은행으로 이동했다. 은행에 저축만 하면 안정적으로 5% 이상의 이익을 얻을 수 있어 굳이 시장에 돈을 둘 필요가 없어진 것이다. 경기가 안 좋은데 은행은 최대 이자 수익을 얻었다는 기사를 본 적이 있을 것이다. 은행이 돈을 번 게 아니라 사람들의 돈이 이동했기 때문이다. 이렇게 되니 주식이나 부동산 같은 자산시장에서는 돈이 빠져 나가 주가가 내려가고 집값이 떨어지는 현상이 나타났다. 또 고금리의 역습을 받아 자산시장뿐만 아니라 경기가 안 좋아지는 상황에 다다랐다.

2025년은 어떤 양상이 펼쳐질까

급격한 금리 인하와 급격한 금리 인상을 겪고 난 2025년은 피벗의 시대라고 정의할 수 있다. 경기가 회복세에 접어들지만, 경기가 좋아진 것을 사람들이 체감할 정도로 나아질 게 많지는 않을 것이다. 명절에 꽉 막힌 고속도로를 달리는 것처럼, 앞으로 나아가긴 하지만 좋아지는 것을 느끼기는 어려울 수 있다. 다만, 경제에 긍정적인 신호가 있다면 물가상승률이 목표에 가깝게 떨어져서 금리를 정상화하는 흐름으로 나아간다는 것이다. 피벗이라고 정의한 이유도 그렇다. 피벗은 방향을 바꾼다는 뜻으로 농구 경기에서 많이 쓰인다. 농구는 공을 들고 발을 두 번 떼면 안 된다는 룰이 있다. 그래서 한 발은 땅에 고정한 채로 공을 든 방향만 바꾸는 기술을 피벗이라고 한다.

경제에 대입하면 높은 금리를 유지하다가 중립적인 금리를 향해가는 것을 말한다. 이를 피벗의 시대라고 표현했다. 2024년 하반기에 접어들며 미국에서 금리 인하를 준비하고 있고, 이에 따라 전 세계적으로 물가상승률이 안정화되고 가혹했던 고금리도 안정화될 것이다. 다만 2020년부터 2024년까지 세계 경제가 예상할 수 없는 변수를 만나 흔들린 경험이 있었기 때문에, 새로운 영역으로 진출하는 일을 주저할지도 모른다.

2025년에는 지정학적 리스크가 불거진 상황에서 교역이 단절되고 극단적인 보호무역주의를 향하는 흐름을 보일 수 있다. 또한 그간 경제 부양을 위해 세계 주요 국가들이 엄청난 재정을 투입했기 때문에 재정 건전성이 취약해진 점도 생각해봐야 한다. 적극적으로 재정을 많이 투입한 결과 적자재정을 낳았고, 누적 국가부채가 GDP 대비 50%를 넘어섰다. 이제는 경기부양을 위해 재정을 지출하기에는 한계에 다다랐다. 그렇기 때문에 2025년은 세계 경제가 지지부진한 흐름을 유지할 것으로 전망할 수 있겠다.

앞으로 우리가
체감할 경기는?

경제 전망에 앞서, 경제를 알기 위해서는 기본적인 경제 용어를 아는 것이 중요하다. 그중 경제 규모GDP는 가계의 소비, 기업의 투자, 정부의 지출, 순 수출액의 총합을 뜻하는데 이것을 가지고 매년 여러 나라의 GDP를 추산한다. 경제 전망은 올해의 GDP를 보고 내년의 경제 규모가 얼마나 증가할 것인지 예측해서 전망치를 제시하는 일이다. 예를 들어 2024년의 GDP가 100이었을 때 2025년의 GDP는 105가 될 것이라고 예측하는 일을 말한다. 100에서 105로 경제 규모가 5% 증가한다고 가정했을 때, 이 5%가 바로 경제 성장률이다. 경제 성장률은 다른 말로 하면 GDP의 증가율이다.

경제 전망에는 주식과 부동산 시장에 대한 내용이 들어가지 않지만 실물경제의 현상이 자산시장인 주식, 부동산 시장과 연관되었기 때문에 실물경제의 흐름을 아는 것이 중요하다. 부동산 경기가 회복되었는데 왜 경기가 좋지 않다고 말하는지 의문을 느낀 적이 있었을 것이다. 하지만 실물경제와 자산시장은 다른 개념이기 때문에 이를 구분해야 한다.

많은 사람이 2023~2024년 경제가 어려울 것이라 말했다. 그러나 이전에 경제 전망을 하면서 부동산 매매가격은 중반기를 기점으로 서울과 수도권을 중심으로 반등하는 흐름이 있을 것이라 말했다. 주식도 마찬가지다. 2022년 10월, 11월은 주가가 바닥이고 2023년 주가는 전년보다는 나아지고 2024년은 더 좋아질 것으로 전망했다. 실제로 사람들이 체감하는 경기는 크게 좋아지지 않았지만 주식 가격은 올라갔었다.

실물경제는 톱니바퀴처럼 연결되어있다. 그 흐름에 따라서 자산시장도 변화하기 때문에 시간적 격차가 있다. 예를 들어 실물경제의 톱니바퀴는 크고 천천히 돈다고 보면 된다. 반면 주식시장의 톱니바퀴는 작고 빠르게 돌아간다. 경제를 구성하는 톱니바퀴의 사이즈는 모두 다르지만 연결이 되어있기 때문에, 경기가 좋아지고 나중에 주가가 좋아지는 일이 생기기도 하고 반대로 경기가 나쁘지만 주가는 좋아지는 일이 일어날 수 있다. 그래서 실물경제의 전망에 기초해서 주식과 부동산 시장을 가늠해보는 것이 중요하다.

세계 경제의 흐름에서도 볼 수 있듯 2025년 한국 경제의 전망 또한 마냥 밝지는 않다. 2020년 코로나19 경제 위기 이후로 회복세를 지속하는가 했는데 경기 침체가 왔다. 2024년 경제 성장률은 이전의 경제 사정이 너무 좋지 않았기 때문에 기저효과에 따라서 반등하는 것처럼 보이는 것일 뿐이다. 2021년 한국의 경제 성장률은 4.1%다. 엄청난 성장세를 보인 것이 아니라 2020년의 경제 상황과 비교했을 때 GDP 증가율이 높게 나타났다는 말이다. 이것을 기저효과라고 한다. 그러니 2025년의 경제 전망을 볼 때도 기저효과를 감안해야 한다.

2023년 한국의 경제 성장률은 1.4%였고, 2024년 경제 성장률은 2.5%로 보는데 두 개의 값을 더해서 평균을 내면 2%에 조금 못 미치는 수치가 나온다. 한국의 잠재성장률이 2.1%이니, 잠재성장률에도 못 미치는 경제 성장이 이루어지는 국면이 2년 연속 지속되었다고 볼 수 있다. 2025년에도 경제 성장률은 2% 초반에 머무를 것으로 예상

	2023년	2024년			2025년		
		24.4 전망	24.7 전망	조정폭	24.4 전망	24.7 전망	조정폭
세계	3.3	3.2	3.2	0.0	3.2	3.3	+0.1
선진국	1.7	1.7	1.7	0.0	1.8	1.8	0.0
미국	2.5	2.7	2.6	△0.1	1.9	1.9	0.0
유로존	0.5	0.8	0.9	+0.1	1.5	1.5	0.0
독일	△0.2	0.2	0.2	0.0	1.3	1.3	0.0
일본	1.9	0.9	0.7	△0.2	1.0	1.0	0.0
한국	1.4	2.3	2.5	+0.2	2.3	2.2	△0.1
신흥개도국	4.4	4.2	4.3	+0.1	4.2	4.3	+0.1
중국	5.2	4.6	5.0	+0.4	4.1	4.5	+0.4
인도	8.2	6.8	7.0	+0.2	6.5	6.5	0.0

세계 주요국별 2025년 경제 전망

출처: IMF

된다.

2025년 경제 전망이 밝지 않은 몇 가지 이유가 있다. 한국은 미국과 중국에 대한 경제 의존도가 유독 높다. 전체 수출액의 40%를 미국과 중국이 차지한다. 그런데 2025년 중국 경제 성장률이 2024년보다 좋지 않을 것으로 보인다. 2024년 중국의 경제 성장률은 5%대였는데 2025년에는 4.5%로 더 내려올 전망이다. 미국도 마찬가지로 성장세가 주춤해진 상황이다. 미국과 중국의 경제 상황이 좋지 않기 때문에 한국의 수출액이 줄어들고 이는 경제에 영향을 미칠 것이다.

2024년의 GDP 규모는 성장하는 것처럼 느껴지겠지만 우리가 느끼는 경제 상황은 그와 크게 달랐다. 2024년의 GDP는 수출이 크게 늘어 한 축을 차지했고, 그중에서도 반도체와 자동차, 선박을 중심으로 수출 경기가 회복되었다. 그 외의 분야에서는 회복세를 전혀 실감하지 못했을 것이다. 그럼에도 수출이 계속 경제 성장에 기여해주면 고성장세가 유지될 텐데 미국과 중국의 상황이 좋지 못하고 유럽이나 일본의 상황도 그리 밝지 않기 때문에 오히려 수출의 규모는 줄어들 것으로 보인다.

한국 경제가
해결해야 할 3가지

우리 사회가 해결하지 못하고 2025년에도 안고 가는 경제의 문제가
몇 가지 있다. 이를 약한 고리라고 표현하는데 그중 세 가지를 중심으
로 이야기해보려 한다.

첫째, 부동산 PF의 부실

부동산 PFProject Financing는 부동산을 개발해 미래에 발생할 현금 흐
름을 재원으로 자금을 조달하는 금융 기법을 말한다. 앞서 긴축의 시
대라고 표현했던 2022년부터 물가를 잡기 위해 고금리를 도입했는
데 이는 자연스럽게 부동산 시장에도 영향을 주었다. 2022년부터
2024년까지 금리가 높아지니 사람들이 대출을 받아 집을 사거나 부

동산에 투자하는 일이 줄어들었다. 그래서 미분양 상가, 미분양 아파트가 많아졌고 건설사는 은행으로부터 대출을 받아 건물을 지었지만 분양이 되지 않아 갚을 여력이 없어졌다. 이렇게 되면 이후 은행은 건설사에 적극적으로 대출을 해주지 않게 될 것이고, 건설사는 추가로 건설 사업을 진행할 수 없어 자금이 부족해지면서 결국 도산하는 위기에 처하게 된다. 위기와 도산을 겪는 건설사가 늘어나면 시간이 지나 주택 공급이 부족해지는 현상이 벌어질 것이다.

건설업은 2022년 기준 전체 GDP에서 15%가량 차지한다. 꽤 비중이 크다. 그렇기 때문에 건설과 토목에 신규 투자가 이어지지 않으면 실물경제의 성장을 막는 요인으로 작용한다. 건설업 빚더미 등 부동산 문제를 2025년에 안고 가야 하기 때문에 한국 경제가 견조하게 성장하는 데 한계로 작용할 것이다.

부동산 PF 부실 때문에 부동산 시장이 회복되기 어렵다고 생각하기 쉽지만 사실 '부동산 시장만' 놓고 보면 꼭 그렇지 않다. 오히려 집값을 상승시키는 요인으로 작용하게 된다. PF 부실로 인해 발생하는 주택 공급 부족은 장기적으로 부동산 가격이 상승하는 흐름으로 이어질 것이다. 수요의 입장에선 부동산 PF 부실의 문제가 아니었다면 한국은행이 기준금리를 결정할 때 금리를 더욱 올릴 수 있었을 것이다. 오히려 이 문제 때문에 금리 인하를 적극적으로 고려할 수밖에 없게 되었다.

둘째, 가계부채의 증가

한국의 전체 취업자 수는 한 2700만 명 정도이며 이 중 자영업자는 대략 650만 명이다. 물가가 높아진 시기에 임금근로자의 명목임금(통장에 찍히는 소득 자체)은 늘어났을지 모르지만 실질임금(늘어난 소득으로 살 수 있는 물건의 개수)을 헤아려 보면 오히려 줄어들었을 것이다. 실질임금이 줄어들면 소비 여력이 위축된다. 그럼 사람들이 가장 먼저 아끼는 영역은 무엇일까? 외식비 지출이나 오락, 스포츠에 사용하는 여가 활동비일 것이다. 이는 자연스럽게 자영업자의 매출 감소로 이어진다.

굉장히 안타까운 현상인데 현재 자영업자는 구조조정이 되고 있다. 폐업이 많다는 의미다. 폐업이 많은데도 자영업자의 수가 650만 명 정도로 유지되고 있는 것은 창업도 그만큼 많기 때문이다. 창업하고 폐업하고 다시 창업하는 과정이 반복되면서 부채가 누적되고 있다는 것이 문제다.

자영업자(비임금근로자)는 세 가지로 구분할 수 있다. 한 명 이상의 직원과 같이 일을 하는 고용주, 혼자서 일을 하는 자영자, 가족의 가게에서 가끔 도와주는 무급가족종사자다. 이 중에서 고용주가 줄고 자영자가 늘고 있다. 이것은 자영업자의 영세화로 이어지고 오프라인에서 온라인, 아날로그에서 디지털로 전환되는 흐름에서 자영업자의 부담이 가중되고 있다.

자영업자는 코로나19의 직격탄을 받았고 이어서 2022년에 고물가의 직격탄을 또 받았다. 예를 들어 단무지 가격이 오르고, 햄 가격도 오르고, 전기 요금과 가스 요금이 오른다고 하여 김밥 가게에서 김밥의 가격을 그에 비례하게 올릴 수 있을까? 가격을 올리면 가격 경쟁에서 떠밀릴 것 같고, 장사가 안 되는데 단골손님마저 떨어질 것 같은 걱정에 가격은 그만큼 올리지 못할 것이다. 혹여 올리더라도 탄력적으로 올리지 못하게 된다. 가게 유지 비용은 탄력적으로 올라가지만 상품 가격이 비탄력적으로 올라가는 것이다. 그러니 자영업자들의 수익성은 악화된다. 또한 고물가에 대응하려고 도입한 고금리의 압력을 자영업자들도 받고 있기 때문에 1인당 가계부채의 규모는 더욱 커졌다. 소규모 자영업자는 사업자금을 마련하기 위한 부채가 있기 때문에 임금근로자에 비해 자영업자의 가계부채가 당연히 크다.

취약차주의 부채가 전체 가계부채에서 5~6% 정도 되는데, 취약차주의 상당 비중이 자영업자다. 자영업자가 아닌 임금근로자도 물론 대출을 가지고 있지만 이는 주택담보대출의 성격이 강하고 1금융권에 고정금리로 대출을 받는다. 반면 자영업자는 주택담보대출에 사업장 자금 마련을 위한 신용대출에도 의존한다. 현 상황에서는 경기가 폭발적으로 성장할 동력이 별로 없어 보통의 자영업자들은 매출이 급격하게 늘어날 일이 없다. 자연스럽게 가계 빚에 허덕이는 상태가 되었고, 점점 영세화되고 누적된 가계부채는 쉽게 해결될 기미가 보이지 않아 더욱 문제가 될 것이다.

셋째, 세수 결손의 문제

인류는 예측하지 못하는 재앙 앞에서 겸손해졌다. 글로벌 금융위기나 코로나19 같은 외재적 충격이 또다시 발생할지도 모른다. 이런 경우 세수 결손과 적자 재정이 큰 문제로 다가올 것이다.

정부가 하는 일을 간단하게 설명하자면 세금을 걷고 필요한 곳에 사용하는 것이다. 여기서 주목해야 할 사실은 세입이 얼마 없다는 것이다. 경기가 안 좋아지니 기업에선 신규 투자를 줄여 법인세가 줄고, 가계는 소비를 줄이니 부가가치세가 줄었다. 부동산 시장이 나빠져 주택거래가 활발히 일어나지 않아 당연히 거래세도 줄었다. 세수가 충분하지 않지만 외재적 문제에 대응하느라 정부는 재정을 많이 썼고 재정적자 상황이 오랫동안 유지됐는데 2024년도 그 세수 결손 문제가 해결되지 못했다.

그런데 현 정부는 상속세, 증권거래세 인하 등 감세정책을 통해 경기부양을 실현하고자 해서 만성 재정적자 문제가 더욱 심각해지고 있다. 나라가 보유한 재정은 어려움에서 제자리로 돌아올 동력이다. 이후 통제할 수 없는 외재적 변수가 등장하면 경기를 단기간 안에 회복시킬 만한 동력이 부족하다. 중국이 러시아 등 주요국과 동맹 관계를 돈독히 하고 있고, 미국과 중국의 패권 전쟁이 격화되는 과정에서 지정학적으로 굉장히 영향을 받을 것이 분명하다. 이렇게 대외적인 변수가 있을 때는 감당하기 어려울 만큼의 위기 국면을 마주하게 될

지도 모른다.

　물론 적자재정이 문제만 있는 것은 아니다. 정부지출을 늘려서 기업의 투자활동을 촉진시키고 그 영향으로 고용 창출이 일어나고 세금으로 돌아오는 구조가 된다면 문제가 없다. 긴급 재정을 투입해서 경제 주체가 활력을 얻는다면 긍정적인 경제의 선순환이 이어진다. 금세 적자 재정에서 흑자 재정으로 전환할 것이고 말이다. 그런데 이 선순환이 이어지지 않고 있는 상황에서의 적자재정은 한국 경제의 약한 고리라고 정의할 수 있다.

글로벌 피벗의 시대가 온다

앞으로는 금리 인하의 시대가 올 것이다. 하지만 중립적인 의미의 금리를 향해 인하하는 것이지, 아주 낮은 금리의 시대가 오는 게 아니라는 점을 알아야 한다. 한국이 영향을 크게 받는 미국을 예로 들자면 기준금리가 5.5%인 상태에서 금리를 낮춰 0%, 즉 제로 금리에 가깝게 만드는 것이 아니라 3.5%라는 중립 금리를 목표로 하여 점진적으로 금리를 인하한다는 것이다. 기준금리 3.5%도 낮은 금리는 아니지만, 여태까지의 금리 추이를 보았을 때 중립 금리 혹은 목표 금리라고 표현하는 것이 맞을 것이다. 그렇기 때문에 앞으로는 목표 금리를 세워놓고 서서히 금리를 정상화시키는 '피벗의 시대'가 올 것이라고 정의를 내릴 수 있겠다.

애초에 왜 이렇게 높은 금리를 설정해야 했을까? 미국은 2022년 6

월에 9.1%라는 41년 만에 최고치에 달하는 고물가를 만났다. 미국뿐만 아니라 전 세계적으로 초인플레이션이 발생했고 물가를 안정시키기 위해 금리 인상을 단행했다. 이제 물가상승률이 목표하는 수준에 가까워지자 정상화하는 움직임을 보이는 것이다.

미국 소비자물가CPI 상승률 추이

출처: US Bureau of Labor Statistics

물가상승률이 정점을 기록하고 물가가 점점 내려가는 흐름을 '디스인플레이션'이라고 한다. 여기서 강조하고 싶은 건 물가상승률이 떨어지는 것이지 물가가 떨어지는 게 아니다. 한국 역사상 통계가 가능한 범위 내에서 물가가 전년보다 떨어진 적은 한 번도 없다는 점을 생각하면 될 것이다. 짜장면 값이 오르면 올랐지, 떨어진 적 없는 것처럼 말이다.

이처럼 물건 가격은 매년 전년도보다 다음 연도에 올라간다. 물론 특정 품목의 가격은 떨어질 수도 있다. 공급이 많아져서, 수요가 줄어들어서 등 여러 이유로 특정 품목의 가격은 변한다. 그러나 우리가 소비하는 460여 가지 소비 품목의 전반적인 물가를 지수화한 물가지수를 살펴보면 그 물가지수가 전년보다 떨어진 적은 없다.

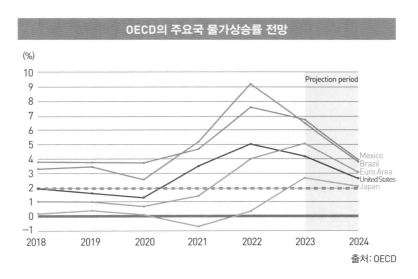

OECD의 주요국 물가상승률 전망

출처: OECD

이제 물가상승률이 2%에 가까운 수준으로 떨어졌기 때문에 세계 주요 국가들은 금리를 정상화하기 위해 천천히 금리를 인하할 것이다. 미국의 금리 결정에 가장 기반이 되는 지표는 개인소비지출인 PCE 근원물가이다.

PCE 물가상승률이 2022년에 6.8%를 기록했고 근원물가는 4%대

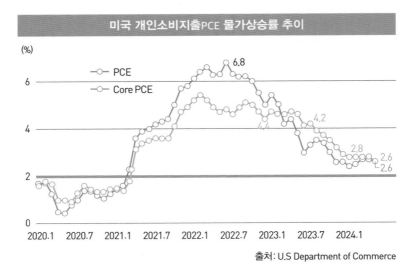

미국 개인소비지출PCE 물가상승률 추이

(%)

- PCE
- Core PCE

6.8

4.4

4.2

2.8

2.6

2.6

2020.1 2020.7 2021.1 2021.7 2022.1 2022.7 2023.1 2023.7 2024.1

출처: U.S Department of Commerce

후반까지 기록했다. 미국 연방준비제도(연준)에선 이 PCE 근원물가
가 2%대 중반을 기록하자 서서히 금리를 인하하려는 움직임을 보이
는 것이다. 물가 안정이라는 목표를 실현했다면 경기부양을 위해 금
리를 천천히 인하한다. 미국이 경제 위기에 대응하기 위해 움직이는
것은 아니다.

금리를 인하하는 이유

금리를 왜 인하하는가? 금리를 인하하면 기업들의 신규 투자를 더 촉
진할 수 있다. 신사업, 신상품, 신시장 개척 등 기업의 활동이 활발해
진다. 기업의 투자가 늘어나면 고용을 촉진한다.

고용이 회복되면 자연스럽게 소득이 늘어나고 이는 소비로 이어진다. 소비가 늘어나는 것을 보면 기업은 또 고객의 니즈에 맞추어 생산량을 늘리거나 새로운 제품을 개발한다. 이렇게 경제가 선순환된다.

금리를 인하하면 경제가 선순환되는데 왜 은행은 금리를 올렸을까? 금리가 올라가면 기업의 신규 투자가 위축되고 가계의 소비도 위축되어 나라의 내수시장이 줄어든다. 즉 수요를 줄여서 물가를 안정화시키는 방법이라 그랬던 것이다.

이처럼 물가상승률을 둔화시키기 위한 방법이 바로 금리 인상이다. 미국 경제를 예로 들면 2008~2009년 글로벌 금융위기가 찾아왔다. 미국이 경제 위기에 직면했고 당시 중앙은행의 가장 중대한 숙제는 경기부양이었다. 그럼 물가는 어떻게 되었을까? 경제 위기로 인해

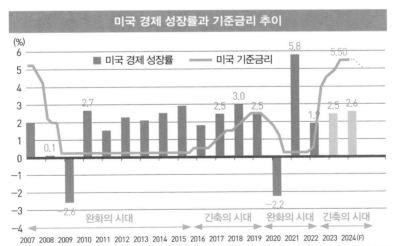

미국 경제 성장률과 기준금리 추이

출처: IMF

기업의 신규 투자와 가계의 소비 활동이 급격히 줄었고 실업자가 늘어나 물가는 자연스럽게 떨어졌다.

이렇게 경제 위기를 맞이해서 진행하게 된 급격한 금리 인하와 현재 금리를 천천히 인하하는 것은 그 배경이 다르다. 지금은 물가 안정이라는 목표를 이룬 후, 다음 목표(고용 안정)를 이루기 위해 점진적으로 금리 인하를 단행하는 '금리 정상화'인 것이다.

안정적 자산 투자
vs 공격적 투자

금리 인하로 경제 국면이 달라진다면 앞으로 어떤 유형의 자산에 투자해야 할까? 자산시장에는 금, 달러 보유, 부동산, 주식, 코인 등이 있는데 이들을 크게 안전 자산과 위험 자산으로 구분할 수 있다.

위험 자산으로 구분되는 주식의 흐름을 살펴보자. 2020년 코로나19 위기가 막 찾아오자 첫 번째로 주가가 하락했고, 두 번째로 급격한 금리 인하를 단행했다. 그러고 나서 다시 주가가 상승하는 흐름이 이어졌다. 우리는 이 선후관계를 잘 알아야 한다. 코로나19 경제 위기 – 주가 하락 – 금리 인하 – 주가 상승인 것이다. 지금 상황과는 다르다. 그렇기 때문에 2024~2025년에 금리를 인하하니까 2020년 때처럼 주가가 상승할 것이라고 생각하는 오류를 범하면 안 된다.

하지만 금리 인하가 시행되면 주가 상승에 대한 기대감으로 수익

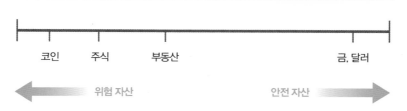

안전 자산과 위험 자산

코인　　주식　　부동산　　　　　　　　　　　금. 달러

위험 자산　　　　　　　　　　안전 자산

을 실현하고 주식을 매도하는 사람들이 있을 수 있다. 주식은 사람들의 복잡한 심리를 한 번 더 생각해야 하는 시장이기 때문이다. 그래서 금리 인하를 하더라도 아주 강한 상승의 흐름을 지속하기는 어려울 수 있다.

　다만 금리 인하가 한 번으로 끝나는 것이 아니라, 추가로 진행할 것이 예상되는 상황이라 금리 인하에 대한 기대감이 완전히 사라지지는 않았다. 처음엔 이익을 얻고 주식시장에서 빠져나가는 사람들이 생기겠지만 금리 인하에 대한 기대감으로 주식을 구입하는 사람들이 있어 폭락하는 장은 아닐 것이다.

　이때 주식투자를 하려면 관전 요소는 실적이다. 미국 경제가 경기 침체의 모습을 보일 때마다 금리 인하를 단행할 가능성이 높고 기업의 실적 측면에서는 2024년보다 좋지 못할 가능성이 있다. 실적이 작년 혹은 전 분기보다 좋지 않은 기업에서 안정적으로 실적이 유지되는 기업으로 옮겨가는 조정이 강하게 나타날 것으로 보인다. 주식시장으로 추가적인 돈의 유출과 유입보다 주식시장 안에서 돈이 교환되는 특징이 나타날 것이다.

2024년 미국의 경제 성장률은 2.6%로 전망하고 있다. 미국 경제가 약한 경기 침체를 겪을 것으로 예상했는데 생각보다 경제가 강하게 움직였다. 이는 그만큼 미국으로 가는 돈의 유입이 강해서 그렇기 때문이다. 현재 중국 경제가 불안한 만큼 중국에서 빠져나온 돈이 미국으로 많이 이동했다.

또 미국 대통령의 강력한 정책 드라이브가 같이 작용하여 중국 등 해외에 짓던 공장이 미국으로 이동하면서 거세게 미국 경제를 뒷받침하고 있다. 그래서 해외의 인재들도 일자리를 찾아 미국으로 가고 있다. 이는 미국의 고용시장이 탄탄하게 유지될 것이라는 의미다.

2023년보다 2024년에 성장률이 높다는 것은 그만큼 기업의 실적

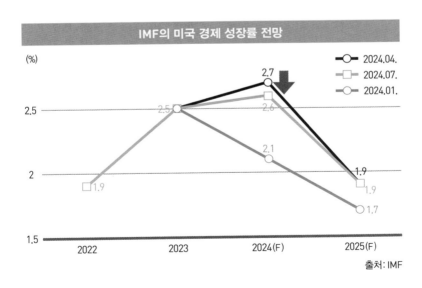

IMF의 미국 경제 성장률 전망

출처: IMF

증가율이 뒷받침되었기 때문이다. 2025년에는 미국이 1.9% 수준으로 내려갈 것으로 전망된다. 미국의 잠재성장률을 2%대로 가정했을 때 그 잠재성장률을 소폭 밑도는 흐름이 나타날 것이다.

2024년 하반기와 2025년 상반기에는 고물가 및 고금리의 역습이 나타날 것으로 보인다. 이것이 미국 경제를 짓누르는 하방 압력으로 작용할 것이다. 마일드한 경기 침체가 나타날지도 모르지만 경제 위기까지는 아니다. 미국과 같은 세계 GDP 1위 국가가 여전히 1.9%로 성장하고 있다. 미국의 잠재성장률이 2%임을 감안하면 그래도 '나름의 견조한 흐름'을 유지할 것이다.

미국에서 물가 안정의 목표를 실현했고, 이제 경기부양을 위해 서서히 천천히 금리 인하를 단행하는 움직임을 보일 것이기 때문에 실적 둔화가 나타날 수 있다. 전반적인 실적 둔화가 지속되어도 실적이 높게 유지되는 산업의 성장이 가진 부가가치의 합은 폭발적으로 증가하고 있다. 그런 기업들의 실적이 뒷받침이 되어 주식은 유망산업을 중심으로 편중되는 성향이 강하게 나타날 것으로 보인다. 그래서 안전추구형 투자자라면 주식보다 채권을 고려해볼 법 하지만 투자에 대한 수익성이 높지는 않을 것이라 매력이 높지 않다고 본다.

코인 시장의 변화

공격적 투자의 선두라고 할 수 있는 코인 시장은 어떤 흐름을 보일까? 2024년 비트코인 가격이 급등했다. 코인이 급등한 이유는 이렇다. 첫째, 선행성이 강하기 때문에 금리 인하의 기대감으로 인해 투자 자금이 코인 시장에 몰리는 효과가 있었다. 금리는 중력처럼 작용하기 때문에 자산 시장의 가치를 끌어올리기도 하고 끌어내리기도 한다. 비트코인은 이 특징이 강하게 나타나는 분야다.

두 번째로 중요한 것은 반감기였다. 비트코인의 반감기는 네트워크가 새로운 비트코인을 생성하는 속도를 반으로 줄이는 것을 의미한다. 투자자들은 반감기가 찾아올 때마다 코인 가격이 폭등했던 일을 경험하면서, 2024년에 찾아올 반감기를 기대하며 코인 시장에 돈이 몰리는 상황이 벌어졌다. 세 번째는 미국 ETF 승인이다. 이는 사람들의 인식 전환을 끌어냈다. 심리적으로 불확실성이 높고 급등락이 심하며 위험도가 아주 높은 자산으로 평가되었던 코인이 자산으로 공식 인정받는 계기가 된 것이다. ETF 승인은 자금의 유입을 적극적으로 가속화시켰다. 많은 금융사에서 비트코인 ETF 상품을 만들었고 그 상품을 통해 간접적으로 자금이 유입되었다. 이로 인해 코인에 많은 돈이 집중됐고 그만큼 코인 가격이 급등했다. 미국에서 ETF 승인이 되었으니, 세계의 주요 국가들도 가상화폐를 점차 인정하는 흐름이 나타나지 않을까 한다.

비트코인은 공격적 투자자산이자 위험 자산이다. 위험 자산은 불확실성이 고조될 때 회피되고 안전 자산이 선호된다. 2025년은 여전히 러시아-우크라이나 전쟁이 지속되고, 중동 전쟁이 촉발되고, 미국과 중국이 타이완 해협을 두고 긴장을 유발하는 등 지정학적 불안이 고조될 것이다. 이럴 때는 사람들이 안전 자산을 선호한다. 안전 자산으로 꼽히는 금의 가격이 올라가고 달러 ETF에 돈이 모이는 것도 같은 이유다. 재미있는 것은 불확실성이 고조되는 국면에 코인의 가격이 같이 올랐다는 것이다. 위에서 설명했듯 미국의 ETF 승인으로 다소 안전 자산화가 되었기 때문이다. ETF 승인이 방점이 되어, 앞으로도 코인에 대한 직접적인 투자 열기가 맞물릴 것으로 보인다.

2025년에는 반감기에 따른 상승 압력은 이제 끝날 것으로 전망한다. 다만 금리 인하를 단행하고, 2024년 미국 대선 때 만약 트럼프의 시대가 오게 된다고 가정하면 가상화폐 시장에 대한 규제를 대대적으로 완화하는 움직임이 나타날 것으로 보인다. 이후 ETF 승인과 확대가 벌어질 가능성이 높다.

또한, 아날로그 경제에서 디지털 경제로 대전환이 이루어지고 있는 시대에 코인 시장에 관한 투자자들의 관심은 구조적으로 확대될 가능성이 높다. 한번 생긴 시장이 발전하면 발전했지 축소되기 어려운 만큼, 앞으로 코인 시장에는 자금이 유입이 더 일어날 수 있을 것이라 본다.

한국에 한정해서 보자면 연령대가 올라갈수록 비교적 안전 자산인 부동산 투자에 대한 비중이 절대적으로 높고, 연령대가 낮을수록 위험 자산인 주식이나 코인에 대한 비중이 높다. 지금은 부동산 투자를 많이 하는 기성세대가 한국 사회를 대표하고 있지만, 시간이 지나 코인 투자에도 적극적인 젊은 세대가 전체 세대를 대표하게 되면 돈의 이동은 점점 더 많이 일어날 것이다. 장기적으로는 코인 시장을 긍정적으로 평가할 수 있지만, 지금으로서는 변동성이 심하고 위험성도 높기 때문에 투자에 유의할 필요가 있다.

초고령사회에
대처하는 자세

인구 문제는 경제와 직결된다. 흔히 고령화사회, 초고령사회와 같은 말을 많이 들어봤을 것이다. 자주 들어서 개념에 대해 이미 잘 안다고 생각하는 사람이 많지만 막상 사람들에게 물어보면 고령자의 개념을 잘 알지 못하는 경우가 대부분이다. 그렇다면 한국은 지금 어느 위치에 있을까?

먼저 통계학적으로 고령자는 65세 인구를 말한다. 이때 전체 인구에서 고령자가 차지하는 비중을 '고령화율'이라고 한다. 고령화율을 정의하는 방식은 전 세계적으로 UN의 기준을 표준으로 사용하고 있다. UN에서는 전체 인구 중 고령자가 차지하는 비율이 7% 이상이면 '고령화사회', 두 배인 14%가 넘어가면 '고령사회', 20%가 넘어가면 '초고령사회'라고 정의한다.

한국 사회는 이미 2000년에 7%를 초과하여 고령화사회에 진입했다. 이후 고령자의 비율이 14%를 초과한 게 2018년이다. 18년 만에 고령화사회에서 고령사회로 바뀌었다. 18년 만에 고령화사회에서 고령사회로 진입한 나라는 전 세계에서 한국이 유일하다. 그리고 2025년 한국으로서는 처음으로 20%에 도달할 것이라 예상한다. 고령사회인 14%에서 초고령사회인 20%에 도달하는 데에 걸린 기간이 불과 7년밖에 되지 않는다. 7년 만에 고령사회에서 초고령사회에 진입한 국가도 아직 전례가 없다.

고령화사회인지 초고령사회인지 정의를 구분하는 것도 중요하지만 그보다 우리가 주목해야 할 것은 고령화율이 올라가는 속도다. 한국보다 초고령사회에 먼저 진입한 일본은 고령화율이 대략 25%이

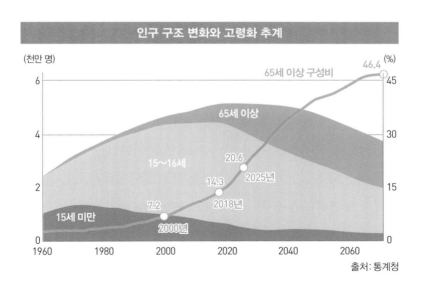

인구 구조 변화와 고령화 추계

(천만 명)

65세 이상 구성비 46.4 (%)

65세 이상

15~16세

20.6 2025년

14.3 2018년

7.2 2000년

15세 미만

출처: 통계청

다. 이 속도대로라면 한국은 곧 일본을 추월할 수도 있다. 2년 전까지만 해도 우리 사회는 2026년쯤에 초고령사회에 진입할 것으로 예상했다. 하지만 그 속도는 점점 빨라졌다. 최악의 경우 2024년에 이미 초고령사회에 도달했을 수도 있다. 우리는 전 세계적으로 유래가 없을 정도로 빠른 속도로 진행되는 고령화의 심각성을 인지해야 한다.

연령층이 높은 사람들이 많아진다는 것은 소비 시장의 주체와 사회 구성원들의 중심 소비 분야가 달라진다는 것을 의미한다. 당연히 사람들의 의식도 달라진다. 지금은 작고한 가수 김광석의 〈서른 즈음에〉라는 노래가 있다. 이 노래는 자신의 청춘이 떠나가는 것을 아쉬워하는 노래다. 아직 '서른'인데 청춘이 떠나간다고 생각했던 것이다. 전 연령층에서 사랑받은 노래인데 위로는 부모 부양, 아래로는 자녀 부양, 직장에서는 선배와 후배 사이에 끼인 중간관리자급인 동년배들에게 특히 인기가 있었다.

통계청에 따르면 노래가 발표된 1994년에는 중위연령이 28.8세였다. 중위연령은 총인구를 연령순으로 나열할 때 정중앙에 있는 사람의 연령을 말한다. 1994년의 평균 초혼 연령은 남성 28.6세, 여성 25.8세였다. 하지만 30년이 지난 2024년 중위연령은 46.1세이다. 이제 이 노래에 공감할 수 있는 사람은 서른 살이 아니라 마흔다섯일 것이다. 당연히 결혼 유무나 소비 습관 모두 예전과 다른 양상을 보일 것이다. 생물학적 나이도 중요하지만 우리는 사회에서 어느 정도 위치에 서 있는가를 나타내는 중위연령을 살펴봐야 한다.

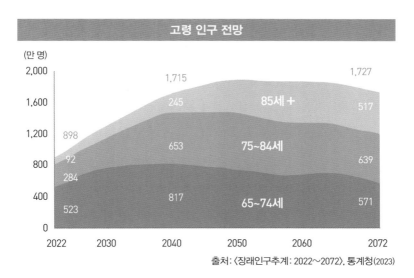

고령 인구 전망

(만 명)

출처: 〈장래인구추계: 2022~2072〉, 통계청(2023)

오늘날 평균 초혼 연령은 남성 34세, 여성 32세로 현재는 45세는 되어야 부양 대상도 있고, 직장에서도 중간관리자의 역할을 하고 있을 것이다. 그럼 미래에는 어떻게 될 것인가를 고민해야 한다.

통계청에서는 2072년 한국 사회의 평균 연령이 58.6세가 될 것이라 보고 있다. 평균 연령은 절댓값의 평균이고, 중위연령이 사회 전반의 서열상 가운데에 해당하는 나이다. 2072년의 예상 중위연령은 63.4세이다. 문제는 이 통계청의 인구 추계가 낙관적인 전망에 기초하고 있다는 것이다. 먼저 위의 통계청이 제시한 인구 구조 변화는 보고서는 2022년의 통계를 가지고 2023년에 발표한 자료다. 그리고 인구를 전망할 때 들어가야 하는 여러 가지 정보가 있는데 그중 하나가 출산율이다. 2022년 한국의 출산율은 0.78명이었고, 이후로 합계

출산율이 0.82명으로 늘어날 것이라 전제하고 보고서를 작성했다.

인구 보고서에서 중요한 것은 중위 추계로, 출산율이 1.08명으로 늘어날 것이라 전제하고 전망한 것이다. 그런데 2022년 이후 출산율은 어떠했는가. 0.6명대로 떨어졌다. 낙관적인 전망과 반대로 흘러가고 있다. 지금까지 이야기했던 고령화율과 고령화 속도 등은 출산율이 늘어날 것이라고 예측하고 전망한 것이기에 실제로는 훨씬 더 빠르고 무서운 속도로 인구 구조가 변화할 것이라 가정하고 대응해야 한다.

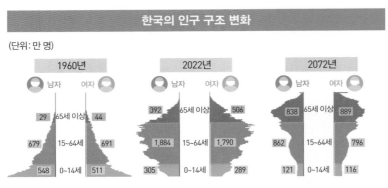

출처: 〈장래인구추계: 2022-2072〉, 통계청(2023)

1960년대 인구 구조는 피라미드형이었다. 많은 자녀 세대가 몇 안 되는 부모 세대를 부양하는 체제로 부양의 부담이 적었다. 2022년 이후로는 항아리 모양을 그리게 된다. 여전히 부양해야 하는 세대보다 부양할 세대가 많다. 시간이 지나면 이 구조는 역피라미드형을 띠게 될 것이다.

2072년이 되면 한국의 중위연령은 63세 정도가 된다. 전체 인구에서 중간의 위치를 차지하는 연령이 60세가 넘어서 그때가 되면 김광석의 〈서른 즈음에〉를 온전히 체감할 수 있는 나이는 63세가 되어야 하지 않을까 하는 생각도 든다.

그만큼 고령화의 전개는 세상을 바꿔놓는 과정이다. 사회를 구조적으로 바꿀 뿐만 아니라 정해진 미래이기도 하다. 거스를 수 없는 변화라는 관점에서 우리가 해야 할 일은 나 스스로를 부양할 수 있는 체계를 준비하는 것이다. OECD 회원국의 노인 빈곤율을 보면 한국 사회의 경우 극단적으로 높다. 노인이 되기 전에 노후에 대한 준비가 되어있지 않기 때문이다. 노후에는 분명 소득이 절벽이 되는 현상이 나타나는데 노후에 대한 준비가 없다면 빈곤으로 내몰리게 된다. 스스로의 미래는 자녀가 책임져 줄 것이라 생각하며 자녀를 양육하고, 자녀 교육비에 많은 돈을 투자하고, 자녀에게 이르게 상속하느라 자신을 빈곤으로 내몰았는지도 모른다. 현재의 부도 중요하지만 노후에도 안정적인 삶을 영위하기 위해 지금부터 대비해야 한다.

4명이 노인 세대 1명을 부양하다가 2명이 1명, 앞으로는 1명이 여러 명을 부양해야 할지도 모르는 '부양 부담'이 가중되는 시대가 올 것이다. 그러니 노인이 스스로를 부양하는 체계를 만드는 것에 대한 고민이 필요하다. 그런 관점에서 지금 당장 잘 사는 방법, 근로 소득 이외의 소득을 만드는 것에 대해 여러 고민을 할 수 있지만 노후에도

빈곤하지 않고 경제적으로 여유롭게 살 수 있는 자금을 준비하려는
노력이 꼭 필요하다는 생각이 든다.

시니어 비즈니스의
확장세

전체 인구의 7%가 고령자일 때와 20%가 고령자일 때 소비 시장과 기업들의 비즈니스 전략은 어떻게 달라질까? 고령자를 위한 기업의 대응 전략을 '시니어 비즈니스 전략'이라고 하는데 기술적으로는 에이징 테크Aging Tech라고 이야기한다. 고령자 인구는 점점 늘어날 것이기 때문에 에이징 테크에 집중하는 기업을 살펴보는 것이 좋다. 몇 가지 전략을 살펴보자.

첫 번째는 시니어 프렌들리Senior Friendly다. 소니에서 로봇 펫 아이보 2.0을 출시했다. 이 로봇 펫이 치매 노인을 돌보고 커뮤니케이션을 한다. 보통의 반려동물은 사람보다 기대 수명이 짧아 먼저 보내는 고통을 겪어야 하기에 죽지 않으면서 감정을 나눌 수 있는 동물의 필요성이 생겼다. 인공지능을 탑재한 이 반려동물은 사각지대 없이 치매 환자를 돌보고 실시간으로 보호자에게 정보를 제공한다.

또한 독일에는 카이저라는 마트 회사가 있다. 카이저는 전체 소비자 중에 절대적인 비중이 고령자인 것을 감안해서 노인에게 친절한 방법으로 마트의 서비스를 제공한다. 시니어를 위한 카트를 따로 만들었는데, 손잡이에 돋보기를 달고 카트에는 나무 의자를 설치해 쇼핑 중간에 앉아 쉴 수 있도록 되어있다.

두 번째는 웰빙Wellbeing이다. 고령자가 원하는 것 중 하나는 웰빙이다. 단순히 오래 사는 것이 아니라 건강하게 오래 살고 싶어 하기 때문에 웰빙의 요소를 강화하는 접근을 시도한다. 과거에 우리가 떠올린 노인의 개념과 시니어 비즈니스의 타깃인 시니어의 개념이 다르다. 이전에 노인은 경제적으로 여유가 없고 자녀에게 의존적이며 자녀가 보내주는 효도 여행, 효도 건강 가구 등에 관심이 많았다. 지금의 시니어는 경제력을 가지고 있고, 손자 손녀를 돌보는 데 시간을 허비하고 싶어 하지 않는다.

세 번째는 즐거움Fun이다. 현재의 시니어는 독립적인 여행을 꿈꾸고 즐거움을 추구한다. 운동을 하고 취미생활을 즐길 뿐 아니라 영향력 있는 팬덤을 이룬다.

네 번째는 매니지먼트 서비스Management Service다. 고령자 중에서도 80세 이상 고령자 중에는 삶을 스스로 영위하기가 어려운 경우가 있다. 과거에는 자녀가 많았지만 지금 세대는 자녀가 한두 명이고 자녀들은 아이 키우고 사회생활을 하느라 다 바쁘다. 미래의 자녀 세대는 더하지 않을까? 그렇기 때문에 스스로를 돌봐야 한다.

기업은 돈을 가진 고령자를 위한 서비스를 개발하는 데에 돈을 투입한다. 그리고 시니어 비즈니스 전략을 적극적으로 펼치는 기업으로 돈의 이동이 일어날 것이다. 초고령사회에 진입한 우리는 기업의 대응 전략을 관찰하고 이왕이면 선제적으로 움직이는 기업에 장기투자를 고려해보면 좋겠다.

필진: 김광석

MONEY TREND 2025

2장

주식시장의
새로운 기회

NEW DREAM IN THE MARKET

K의 반란과
미래

주식시장에서 바라본 2024년 한국 경제는 'K의 반란'이라 할 수 있다. 한편으론 엔비디아를 대표로 한 인공지능 기업들이 승승장구할 때 한국 주식시장은 좀처럼 기를 펴지 못했다. SK하이닉스가 선전했지만, 연중 엔비디아에 고대역폭 메모리HBM, High Bandwidth Memory를 공급할 수 있는지 없는지 여부에 시달린 삼성전자 및 굵직한 기업들의 주가는 선전하지 못한 것이다.

이런 모습은 한국 경제의 취약점을 여실히 보여준다. 미국의 매그니피센트 7Magnificent 7, M7을 아는가. 세계 경제와 주식시장을 좌우하는 빅테크 기업인 애플, 아마존, 구글, 메타, 마이크로소프트, 엔비디아, 테슬라 7곳을 뜻하는 말이다. 이들이 한 해에 인공지능에 투자하는 금액은 무려 4000억 달러, 우리 돈으로 500조 원이 넘는다. 대한민국의 2024년 예산 657조 원에 맞먹는 규모다. M7은 전 세계 소비자를 대상으로 사업을 하며 대부분 독점적인 지위를 가지고 있다. 그렇기 때문에 막대한 규모로 투자할 수 있고, 또 그렇기 때문에 세계 각국에서 지배력을 더욱 공고히 할 수 있다.

반면 한국은 메모리 반도체, 이차전지, 자동차, 바이오 시밀러, 시중 은행이 시가총액 상위를 차지하고 있다. 주로 전 세계 굴지의 기업을 고객으로 두고 있으며 대부분 독점적인 지위를 가지고 있지 못하기 때문에 거래 교섭력이 약하다. 삼성전자의 주가마저 엔비디아 CEO 젠슨 황이 인터뷰에서 삼성전자에 HBM을 주문할 것이라고 말한다든가, 방명록에 삼성전자와의 관계가 돈독하다고 적는지에 따라 흔들리는 지경이다. 그렇기 때문에 글로벌 기업과 비교할 때 벌어들이는 돈의 규모가 작고, 또 그렇기 때문에 국경이 점차 사라지는 현대 사회에서 경쟁력이 약화된다. 한국 기업 중에선 네이버가 세계 시장을 누빈다고 볼 수 있었으나, 최근 네이버 그룹에서 글로벌 진출의 첨병이었던 라인LINE의 이사회가 전원 일본인으로 교체되고 보유 지분을 매각한다는 풍문이 돌며 판국이 아쉽게 돌아가고 있다.

2024년 8월 5일, 종합주가지수가 하루 만에 9% 가까이 하락하며 현대판 블랙 먼데이로 기록된 사건도 이와 무관하지 않다. 분석가들은 그때의 시장 폭락 주범으로 엔 캐리 트레이드Yen carry trade를 꼽는다. 즉 금리와 화폐 가치가 낮은 엔화를 빌린 후, 세계 각국의 여러 자산에 투자했던 큰손들이 예상치 못한 일본의 금리 인상에 대출 이자와 환차손(외화 자산 또는 부채를 보유하고 있으면 환율 변동에 따라 자국 통화로 평가한 자산 및 부채의 가치가 변동하게 된다. 이때 이익이 발생한 경우 환차익이라고 하고 반대로 손실이 발생한 경우를 환차손이라고 한다)이 늘어날 것을 걱정해 주식 등을 앞다투어 팔아 치웠다는 것이다. 그들의 긴급한 분석을 비웃기라도 하듯 금세 주식시장은 반등했으나, 일본의 장단에 한국도 같이 놀아난 꼴이 되었으니 한국 자본시장의 기초 체력이 부실하다는 것을 보여주는 사례다.

K-뷰티와 K-푸드의 약진

한편 2024년 한국 주식시장을 잘 들여다보면 K의 반란이 있었음을 알 수 있다. 그동안에는 '한류'가 아시아에서 통용되었지만 지금은 명사 앞에 K만 붙이면 '세계로 뻗어 나가는', '어느 나라 사람이든 쿨하고 힙하다고 여기는'이란 뜻이 된다. 한국에 대한 관심과 문화가 아시아를 넘어 서구권까지 퍼져 나갔다는 의미다. 용어만 봐도 한자에서 알파벳으로 바뀌지 않았는가. K-Pop부터 K-드라마, K-무비, 심지어 K-방산까지 그 분야가 실로 다양하다. 그중에서도 2024년 한국 주식시장에서 승자와 패자를 가른 것은 K-뷰티와 K-푸드에 투자했는가 아닌가의 여부였다. 주식시장에서 외면받던 '미운 오리 새끼'들이 여의도 증권가 한복판을 점령한 것이다. 화장품 산업은 과거 2015년 경상북도 성주군에 사드 미사일을 배치한 이후 급속히 냉각

된 한중 관계 때문에 직격탄을 맞았다. 식음료 산업은 성장만을 유일 신으로 모시는 최근 주식시장에서 높은 평가를 받았던 것이 언제인 지 기억이 나지 않을 정도였다.

한국 화장품과 식품은 이전에는 미국, 유럽에서 크게 인기를 끈 적 이 별로 없었지만, K-Pop과 K-드라마가 이른바 대박을 이어가며 같 이 급부상했다. K-콘텐츠에 매료된 서양인들의 눈에 아마 한국 연예 인과 셀럽들이 아름다워 보였을 것이다. 그 영향으로 그들의 라이프 스타일을 따라 하고 싶어져 한국 음식, 한국인의 깨끗한 피부에 주목 하게 되었을 것이다. 틱톡, 유튜브 쇼츠처럼 숏폼에서의 인기 또한 한 국 제품이 입소문을 타는 데 큰 역할을 했다.

K-뷰티와 K-푸드가 놀라운 실적을 기록한 데는 가격의 비밀도 한몫했다. 라면, 김밥, 핫도그 등은 우리에겐 값싸고 편하게 찾아 먹 는 음식이지만, 이 제품들이 미국으로 가면 비싸진다. 그들이 라면 을 값비싼 정찬으로 여기기 때문일까? 아니다. 그냥 현지 물가가 훨 씬 비싸기 때문이다. 보통 미국에서는 10달러(14,000원 상당)로 한 끼 를 해결하기 어려운데 라면이나 김밥이 그 틈을 파고들었다. 한국 식 품 기업은 같은 제품을 한국에서 파는 것보다 더 비싼 값에 외국에 수 출하는 셈이다. 그래도 구입하는 외국인은 싸다고 여긴다. 이 차이가 K-푸드 판매량 증가와 수익성 개선이라는 두 마리 토끼를 모두 잡을 수 있게 했다.

화장품도 그렇다. 한국 백화점 1층 화장품 코너를 떠올려보자. 미국, 프랑스, 일본 등의 제품으로 가득하며 대부분 비싸다. 10년 전 중국에서 날개 돋친 듯 팔렸던 아모레퍼시픽과 LG생활건강의 화장품도 설화수, 후 같은 고가 라인이었다. 그러나 지금 미국에서 유행하는 한국 화장품은 인디indie(소규모 독립 회사나 그런 회사의 상품) 브랜드들이다. 그중에서도 서양인의 피부 톤과 다소 어울리지 않아 사용하기 조금 부담스러운 색조 화장품보다는, 퀄리티가 좋고 가격이 저렴한 기초 화장품을 써보고자 하는 모양새다.

K-뷰티와 K-푸드의 고공행진에서 주목해야 할 것은 좋은 기업과 좋은 주식은 다르다는 점이다. 어떤 산업이 훈풍을 맞고, 특정 기업이 경영을 잘하면 당연히 주가가 오를 확률이 높아진다. 하지만 그것이 절대적인 원칙은 아니다. 좋은 기업, 좋은 상황이라는 것을 모두가 알고 있고 그래서 모두 이미 그 주식을 사두었다면 그 주식의 가격이 더 오를 가능성은 작다. 반면 뭔가 조금 부족해 보여도 그것 때문에 많은 사람들이 그 기업을 좋아하지 않는다면, 더 이상 싼값에 팔 주주가 없기 때문에 주가가 더 이상 내릴 수 없다는 뜻과 같다. K-Pop과 K-드라마는 훌륭한 기업과 많은 고객이 건재하기에 사업 측면에서 여전히 좋은 카드다. 하지만 주식시장에서 2023년까지 각광을 받았기 때문에 그 이후엔 투자처로의 매력과 성과는 좋지 않았다. 반면 라면, 김밥, 무명이었던 저가 화장품은 이전까지 주목받지 못했기 때문에 2024년 반란을 일으켰다.

2025 이슈와
주식시장의 움직임

2025년 이슈에 앞서 지난 2년간 우리는 어떤 변화를 겪었을까? 먼저 2023년, 코로나19 이후 리오프닝으로 우리는 일상으로 돌아왔다. 그러나 인플레이션과 금리 인상으로 가처분 소득이 줄어들고 자산 가격이 하락하면서 금전적으로는 어려움을 겪었다. 2024년에도 여전히 높은 금리가 괴롭히고 있지만 인간은 적응의 동물이라고 했던가. 뉴 노멀New normal이라는 단어처럼 어느새 익숙해졌다. 세계적인 인공지능 열풍, 한국 주식시장을 강타한 K-뷰티와 K-푸드도 생각해보면 경제계에서 시작된 이슈는 아니었다. 이렇게 2024년엔 다양한 일들이 있었는데, 2025년에 닥칠 변화를 생각하면 2024년 주식시장은 상대적으로 평이했다고 느껴진다. 그럼 2025년에는 어떤 흐름에 주목해야 할까?

첫 번째, 금리 인하

2025년, 세계적으로 일어날 새바람은 금리 인하다. 몇 년 전까지 우리는 제로 금리의 시대에 살고 있었다. 지금 여러분의 마이너스 통장 금리가 10%에 육박하는 이유는 각국의 중앙은행에서 기준금리를 높였기 때문이다. 기준금리는 말 그대로 다른 경제 주체에게 기준이 되는 금리다. 또 정부가 은행 등에 돈을 빌려주는 이자율이기도 하다.

나라에서 금리를 높게 책정한 이유는 물가를 잡기 위해서다. 코로나19 대유행 기간이었던 2020년, 경제가 마비될 것을 걱정한 각국 정부가 금리를 낮추고 보조금을 지급하는 등 돈을 풀자 너도나도 집과 주식을 사고, 비트코인과 미술품에도 투자했다. 자산 가격만 올랐다면 다행일 텐데 물류가 마비되고 일터로 나가려는 사람이 줄어들면서 장바구니 물가도 치솟았다.

높은 금리는 뜨거웠던 경제 활동을 식힌다. 여윳돈이 있는 사람의 입장에서는 안전한 은행에 넣어 두어도 충분한 수익을 주니 굳이 위험 자산에 투자할 이유가 없다. 이미 빚을 진 사람의 입장에서는 갚아야 할 원리금이 늘어나니 먹고 즐기는 데 여유 있게 소비할 수 없다. 위험 자산의 매력이 떨어지고 소비가 감소하므로 기업도 신규 투자를 꺼린다. 큰돈을 투자해 공장을 짓거나 신제품을 출시해도 수요가 부족해 손익분기점을 맞추기 어렵기 때문이다. 보통은 이 과정이 긴 시간을 두고 천천히 일어나는데, 코로나19라는 이례적인 사건 때문에 인플레이션도 금리 인상도 빠른 시간에 과격하게 발생했다.

이제는 금리가 내려갈 차례다. 정확한 시기나 인하되는 속도는 알 수 없어도 기정사실이다. 하지만 금리가 내려가는 건 경제가 둔화되고 있다는 뜻이기 때문에 마냥 좋아할 것은 아니다. 다만 나라별로 금리가 인하되는 순서가 다르기 때문에 글로벌 투자자에게는 기회가 될 수 있다. 중국은 2024년 2월, 유럽은 2024년 6월에 이미 첫 금리 인하를 단행했다. 그럼 경제가 먼저 살아나는 곳은 어디일까? 가장 먼저 안 좋아졌던 곳이다. 업종별로 보자면 높은 금리가 부담되어 나중으로 구매를 미룬 재화들, 즉 대부분 남의 돈을 빌려 구매하곤 하는 자동차나 주택 같은 시장에 활기가 돌 것이다. 이들 거래가 활발해지고 가격이 오르면 자동차 제조사나 유통사도 더 많은 돈을 벌게 된다. 건설사도 더 높은 분양가를 받을 수 있기 때문에 미뤄뒀던 사업들의 시행을 앞당길 수 있다.

금리를 한두 번 내리는 것으론 수요가 살아나지 않을 수 있다는 지적도 타당하다. 하지만 주식시장은 미래를 앞당겨 반영한다는 점을 기억해야 한다. 일단 금리 인하 사이클이 시작되면 1~2년 후에 벌어질 일을 예상하는 것이 증권맨의 일 중 하나다. 조선이나 건설과 같은 수주 산업의 주가가 실적보다 선행되는 것도 같은 이유다. 수주가 일어나면 특별한 일이 없는 한 공사가 완성될 때까지 받을 돈을 이미 받았다고 가정하고 기업 가치를 계산하는 것이다.

두 번째, 금융투자소득세

한국에서 현재 뜨거운 감자는 금융투자소득세다. 주식투자로 돈을 벌면 세금이 붙기 때문이다. 먼저, 해외 주식은 1년에 한 번 양도소득세를 직접 신고하고 납부한다. 그리고 기업이 원천징수라는 형태로 배당소득세를 뗀 금액을 지급하기 때문에 몰랐을 수도 있지만, 우량한 기업을 소유해서 받는 배당금에도 세금이 붙는다. 이는 국내 주식도 마찬가지다. 또 이자와 배당을 포함한 금융소득이 연간 2000만 원이 넘으면 매년 종합소득세를 내야 한다. 다만, 국내 주식에 한해 주가가 올라서 번 매매 차익은 면세다. 대주주가 아니라면 말이다. 여기서 대주주는 거래소마다 상이하지만 한 종목에 50억 원 이상 또는 1~4% 이상의 지분율을 가진 자를 뜻한다.

박스피나 코리아 디스카운트라고 자조해도 한국 주식시장의 큰 매력은 매매 차익에 대한 면세에서 나왔다. 해외 주식의 양도소득세가 지방소득세를 포함해 22%라는 점을 감안하면 똑같이 1억 원을 투자해 두 배를 벌었어도 한국 주식은 고스란히 1억 원이 수익으로 남지만, 해외 주식은 7800만 원만 손에 쥐게 된다. 1억 원을 벌고 싶다면 국내 주식으로 100%의 수익을 기록할 때 해외 주식으로는 128%{100%/(1 - 22%)}의 수익이 필요하다(계산의 편의를 위해 기본 공제 금액 250만 원은 반영하지 않았다).

똑같이 100% 수익률을 기록했을 때 손에 쥐는 수익금

	매수	매도	수익률	수익	세금	세후 수익
국내	10,000	20,000	100%	10,000	0	10,000
해외	10,000	20,000	100%	10,000	2,200	7,800

단위: 만 원

똑같이 1억 원을 벌기 위해서 필요한 수익률

	매수	매도	수익률	수익	세금	세후 수익
국내	10,000	20,000	100%	10,000	0	10,000
해외	10,000	22,821	128%	12,821	2,821	10,000

단위: 만 원

안타깝게도 이 매력은 곧 사라질지 모른다. 2025년 1월 1일부터 금융투자소득세를 시행할 것을 논의하고 있기 때문이다. 금융투자소득세는 국내 주식이나 국내 주식을 담은 펀드를 통해 연간 5000만 원 이상의 매매 차익을 얻은 경우 20~25%의 세금을 부과하는 제도다.

세금 부과가 주식에서 어떤 의미일까? 통계에 따르면 1년에 5000만 원의 수익을 내는 투자자는 0.9%에 불과하다고 한다. 그야말로 상위 1% 슈퍼 개미들에게 해당되는 이야기다. 하지만 우리 개미들도 만만히 볼 얘기만은 아니다. 혹시 찬바람 불기 전에 주식시장에서 떠나라는 속설을 들어본 적 있는가? 늦가을부터 주식시장이 나빠진다는 얘기인데, 최근 몇 년간 이 속설이 사실과 맞아떨어지는 경향을 보였다. 그 이유는 대주주 과세 때문이었다. 앞서 대주주가 아닌 한, 국내 주식은 매매 차익에 대해 비과세라는 이야기를 했다. 대주주는 뜻대로 풀이하면 주식을 많이 가진 사람이지만 일반적으로는 회사의 경영을 좌우할 창업자나 최고 경영자 같은 최대 주주 또는 그의 특수관계인을 뜻한다. 여기서 특수관계인은 가족이거나 계약 등에 의해 경영권을 나눈 동업자 등을 말한다.

이전 정부에서는 대주주의 기준을 지분율이 아니라 금액으로 산정하고, 그 금액을 10억 원까지 내렸다. 그래서 회사 경영권과 무관한 슈퍼 개미 대다수는 세금을 내야 했다. 하지만 이들이 괜히 슈퍼 개미라는 자리까지 올랐겠는가? 순순히 세금을 내는 것이 아니라 행정 편의상 대주주 여부를 결정하는 연말이 되기 전에 주식을 처분해 보유한 금액을 10억 원 아래로 떨어뜨리는 일을 했다. 그런데 이 금액이 한두 푼이 아니다 보니 12월 말에 닥쳐 한꺼번에 처분하려면 시급하기도 하고, 급하게 팔다 보면 주가도 떨어뜨려 제 발목을 잡는 형국이 되기 때문에 몇 개월에 걸쳐 주식을 서서히 처분하게 된 것이다. 슈퍼 개미들이 저마다 많이 보유했던 주식을 파니 올랐던 주가는 다시 내려 제자리를 찾아가는 일이 빈번해졌고 이것이 늦가을이 되기 전 주식시장에서 떠나라는 속설을 사실로 만들었다.

대주주 양도소득세는 1년에 한 번 피하면 그만이지만, 금융투자소득세가 도입되면 어떨까? 돈을 벌면 꼼짝 없이 세금을 내야 한다. 내가 슈퍼 개미라면 가능한 국내 주식투자 자체를 피할 것 같다. 해외로 눈을 돌리면 더 큰 잠재 시장과 강력한 경쟁 우위를 바탕으로 빠르게 성장하는 기업들이 많은데 굳이 비슷한 세금을 내면서 국내 주식에 올인할 필요 없다는 이야기다. 나쁘게 생각하면 이들이 촉발한 주가 하락은 기관 투자자의 수익률에도 영향을 줄 테고 간접 투자에 대한 신뢰 또한 꺾이게 만들어 모두 앞다투어 펀드를 해약하는 펀드런까지 발생할 수 있다. 소득이 있는 곳에 세금이 있다는 조세 정의, 세금을 통해 더 좋은 나라를 만들면 국가 경쟁력이 더 좋아진다는 명분은 하루에도 같은 주식을 몇 번씩 사고파는 일이 벌어지는 주식시장에서는 먼 이야기인 것이다.

세 번째, 미국 대선 결과

2024년 11월 5일은 미국 대통령 선거일이다. 세계에서 가장 큰 소비시장인 미국의 대통령이 바뀌면 세계 경제도 크게 달라질 수 있다. 이미 미국은 대선 정국에 들어섰다. 조 바이든이 후보를 사퇴한 후 카멀라 해리스가 후보에 올랐고, 도널드 트럼프가 유세 중에 총상을 입는 사건이 있었다. 트럼프 후보는 출마 자격을 박탈당할 수 있는 범죄 의심 행위에 대해서 대선 전까지 면책 특권을 받아 백악관 재입성에 한 걸음 앞섰다는 평가를 받고 있는데, 어떤 결과를 불러일으킬지 귀추가 주목된다.

투자자가 가장 싫어하는 것은 불확실성이다. 트럼프 후보는 경제와 안보 모두 자국 우선주의를 강력히 주장하고 이민자나 친환경 등의 측면에선 해리스 후보와 정책적으로 대립하고 있기 때문에 트럼프가 당선된다면 한국 투자자로선 부담스러울 수 있다. 예를 들어 한국이 전 세계적인 경쟁력을 가지고 있는 이차전지 분야는 전기 자동차에 많이 쓰이는데 트럼프는 전기차를 부정하는 데다가 미국이 아닌 다른 나라가 특정 분야에서 잘되는 것을 보기 싫어하는 성향이 짙다. 그리고 자국의 고용률을 높일 수 있는 농업이나 굴뚝 산업을 장려할 것이므로 여기에서 오는 변화도 있을 것이다. 첫 집권 당시 중국 시진핑 정부와 무역 전쟁을 벌여 전 세계 경제가 휘청이고, 고래 싸움에 새우 등 터지는 격으로 한국이 큰 영향을 받았던 적도 있었다. 한국 경제의 많은 부분이 중국에 중간재를 공급하고, 이를 중국 기업이 최종 가공해 미국으로 수출하는 구조였기 때문이다. 미국이 중국으로부터의 수입을 차단하거나 어렵게 만들면 한국도 동시에 힘들어진다. 미국과 중국의 영향을 피하려고 다른 동남아 국가로 거래를 옮기거나, 미국에 직접 공장을 짓는 건 현실적으로 바로 실현하기 어렵기 때문이다.

트럼프 후보가 당선되면 큰일 난다는 것일까? 소견이지만 그 걱정은 하지 않아도 될 것 같다. 근거를 찾기 위해서는 지난 2016년 미국 대선을 떠올려야 한다. 당시 민주당 후보 힐러리 클린턴이 당선된다는 전망이 지배적이었다. 대선이 치러지기 전부터 민주당 정책에 부합하는 기업들의 주가가 오르고 있었다. 그러나 막상 뚜껑을 열어 보니 트럼프가 대통령이 되었고, 미국과 한국을 포함해 세계의 증시가 요동쳤다. 앞서 투자자들은 불확실성을 가장 싫어한다고 했다. 처음

보는 유형의 지도자가 예상치 못하게 당선되었으니 주식 같은 위험 자산은 많이 덜어야 했을 것이다. 그중 클린턴이 당선될 것으로 보고 미리 주가를 올렸던 민주당 정책 관련주는 한시라도 더 빨리 파는 것이 타당한 전개였다. 그러나 그다음은 어떻게 되었는가? 각종 규제를 풀고 친親 기업 성향의 정책을 편 탓일까? 미국 주식시장은 대통령 당선자 발표 당일 월가의 호들갑이 무색하게 다시 질주했다.

　우리는 이번 미국 대선에서 트럼프가 당선될지 해리스가 당선될지 예측할 필요가 없다. 물론 투자하고 있거나 앞으로 투자할 생각이 있는 기업이 미국 대선 정책과 직접적으로 관련이 있다면 당연히 분석은 해두어야 한다. 중요한 것은 '현재 시장 참여자들이 어떻게 생각하고 있는가', '그것이 주가에 반영되어있는가?'다. 2024년 7월 기준, 판세는 트럼프 쪽으로 기울었다. 그리고 투자자들은 그가 첫 임기 때 어떻게 했는지 이미 알고 있다. 8년 전과는 판이하다. 대표적으로 친환경 관련 보조금이 줄어들거나 대중국 무역에 별다른 변화가 생긴 게 아닌데도 친환경 주식과 중국 관련 기업들이 벌써 힘을 못 쓰는 이유가 여기에 있다. 오래전부터 '알려진 리스크는 리스크가 아니고, 주식은 소문에 사서 뉴스에 팔라'고 했다. 민주당과 관련된 주식은 예상외로 민주당에서 재선한다면 상승할 것이다. 공화당 관련 주식은 트럼프가 다시 백악관에 들어가더라도 예상대로이기 때문에 주가가 생각보다 세게 오르지 않을 수도 있다. 겉모습은 비슷해 보이지만 속사정은 다른 대선 정국이다.

킹달러의 기세는 끝나는가

환율은 각기 다른 화폐를 교환하는 비율을 말한다. 예를 들어 과거엔 은행에서 1달러를 바꾸기 위해 1000원을 냈다. 지금은 1400원 정도가 필요하다. 이때 원 - 달러 환율이 1000원에서 1400원으로 올랐다고 말한다. 이는 달러와 비교할 때 한국 화폐인 원화의 가치가 낮아졌으며 1달러를 얻기 위해 40%, 즉 400원의 원화를 더 내야 한다는 뜻이다. 따라서 환율이 올랐다는 것은 원화 가치가 하락했다는 것이다. 반대로 환율이 내린 건 원화 가치가 올랐다는 말이다.

환율은 화폐를 하나의 재화라고 생각하면 이해하기 쉽다. 전 세계 사람들이 같이 경제 활동을 하는데 달러화를 많이 가지고 싶어 하면 달러화 강세, 환율 상승이 된다. 반면 달러화보다 원화를 더 가지고 싶으면 달러화를 팔고 원화를 사기 때문에, 달러화는 약세가 되고 원화가 강해지며 환율이 내려간다. 그래서 화폐 가치는 한 경제 공동체의 경쟁력이나 미래를 의미한다.

원달러 환율은 2020년 11월을 저점으로 4년 가까이 상승세를 이어가고 있다. 가장 낮았을 때는 1000원대까지 볼 수 있었는데 어느새 1400원을 넘보는 수준이다. 그럼 한국의 국가 경쟁력이 약해졌다는 뜻일까? 가치투자의 창시자 벤저민 그레이엄은 주가는 단기적으로 투표 기계이지만 장기적으로 체중계라는 말을 했다. 마치 TV 경연 프로그램의 인기투표처럼 단기적으로는 시장 참여자의 선호도에 따라 가격이 오르내리지만, 시간이 지나고 나면 숨길 수 없는 몸무게처럼 결국 제 가치가 드러난다는 뜻이다. 외환 시장도 마찬가지다. 한국의 국가 경쟁력에 큰 변함이 없다고 하더라도 단기적으로는 수요와 공급에 따라 출렁일 수 있다.

최근 몇 년 동안 달러화의 수요를 자극한 것은 금리였다. 미국 연

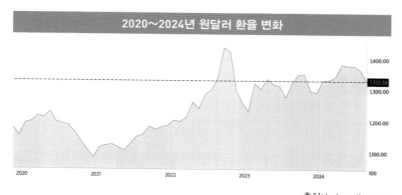

출처: kr.investing.com

방준비제도가 인플레이션을 잡기 위해 전에 없이 빠른 속도로 금리를 올렸다. 2023년 7월 26일 마지막으로 올린 기준금리는 5.5%다. 같은 시기 한국은행의 기준금리가 3.5%였다. 한국인들에게는 뼈아픈 사실이지만, 글로벌 투자자라면 같은 금리일 때 미국에 돈을 맡길까 아니면 한국에 맡길까? 은행에 돈을 맡길 때는 장래에 어떤 일이 일어나더라도 원금과 정해진 이자를 보장하고, 돌려받은 원리금으로 충분한 생활을 유지할 수 있을 것으로 기대한다. 그렇기에 돈을 맡은 자가 망하거나 도망쳐서도 안 되고 신용이 강력할수록 좋다. 화폐 가치도 장기간 건강하게 유지되거나 꾸준히 상승해야 한다. 이런 조건으로 봤을 때 미국은 가장 '안전한' 투자처다. 그래서 신흥국 기준금리는 일반적으로 미국 같은 선진국보다 높아야 한다. 다소 안전성은 떨어지지만 높은 금리를 기대하는 외환 투자자를 끌어들이기 위해서다. 그런데 미국보다 상대적으로 경제 규모도 작고, 전쟁의 위험까지 도사리고 있는 한국의 금리가 미국보다 더 낮다면 당연히 원화를 팔고 달러화를 사지 않을까? 이것이 달러의 강세, '킹달러'의 원인이다. 북한의 도발 때문도, 한국의 불안정한 정치 상황 때문도 아니다. 이런 이야기는 환율이 많이 오르고 난 뒤에 결과론적으로 해석하기 위한 말일 뿐이다.

환율이 오를 때마다 한국 주식시장이 급락하는 것은 어떻게 설명할 수 있을까? 이건 사실 앞뒤가 바뀐 질문이다. 환율이 올라서 주식시장이 급락하는 것이 아니라 주식시장이 급락하니 환율이 오르는 것이다. 좀 더 자세히 알아보자. 환율이 오르는 건 원화 가치가 내려가는 것과 같다. 원화 가치는 왜 내리는가? 많은 사람이 원화를 팔고 대신 다른 통화(대부분 달러화)를 사기 때문이다. 한국인 대부분은 경제가 좋으나 나쁘나 한국에서 생활해야 하므로 안전 자산과 위험 자산을 왔다 갔다 할 뿐 대부분의 자산을 원화로 가지고 있다. 한국 경제가 어려울 것 같다고 해서 집 팔고, 차 팔고, 회사도 그만두고 외국으로 이민 가는 사람은 드물다. 한국 주식 대신 미국 주식에 많이 투자한다는 사람들도 생활 기반은 원화로 이루어져 있는 경우가 많다.

그럼 이슈가 생길 때마다 원화를 판 후 달러화를 짊어지고 나가는 사람은 누구이며, 반대로 한국에 좋은 일이 있다고 달러화를 원화로 바꿔서 들어오는 사람은 누구일까? 바로 외국인 투자자다. 환율이 오르는 이유는 외국인 투자자가 보유하던 한국 자산을 팔고 그 돈을 자국 통화(또는 기축 통화)인 달러화로 바꿔서 가져가기 때문이다. 이때 당연히 환전하는 것보다 자산을 매각하는 것이 먼저다. 아직은 세계의 변방인 대한민국까지 와서 투자하는 외국인 투자자는 큰손일 가능성이 크다. 한국 경제에 관해 비관하든, 북한과의 갈등이 생기든, 대기업의 지배 구조에 실망하든 큰손들이 주식을 팔아버리니 주식시장이 급락하는 것이고, 그 이후 매각 대금을 달러화로 바꾸는 과정에서 환율이 오른다.

앞서 말했듯 이제는 금리가 인하될 것이다. 금리가 내리면 상대적으로 위험 자산에 대한 선호도가 높아진다. 금리가 높을 때는 안전하게 은행에만 맡겨도 쏠쏠한 이자 수익을 기대할 수 있지만, 저금리 시대에 은행에 예금하는 것은 돈을 놀리는 것과 다름없기 때문에 원금 손실 가능성이 있거나 자산 가격이 변동할 수 있더라도 주식, 부동산 등으로 돈을 옮긴다. 외환 시장에서는 미국이 안전 자산이고 한국 같은 신흥국이 위험 자산이다. 만일 미국이 지난 금리 인상 사이클 때처럼 금리 인하를 빠르게 단행한다면, 미국의 기준금리가 한국보다 낮아질 수 있다. 이러한 변화들이 앞으로 점차 환율 하락을 이끌 것이다.

달러 환율에 따른 수혜 기업들

환율이 높을 때는 상대적으로 수출 기업이 이득이다. 같은 돈을 들여 만든 제품을 외국에 팔았을 때 받는 금액이 달라지기 때문이다. 불닭 볶음면을 수출하는 삼양식품을 예로 들자. 계산하기 쉽게 한 봉지에 1달러라고 하면, 외국인 소비자가 불닭볶음면을 살 때는 예나 지금이나 1달러다. 하지만 삼양식품 입장은 다르다. 같은 1달러지만 한국으로 가져올 때 예전에는 1000원에 불과하던 것이 지금은 1400원에 이른다. 매출액이 40%나 증가한 셈이다. 그렇다고 한국 공장 직원들의 월급을 40%나 올려줄 리는 없기 때문에 기업의 수익성이 개선되는 것이다.

대기업의 주가도 높은 환율 덕을 본다. 한국 대기업들이 수출을 많이 하기 때문이기도 하지만 중소기업에 비해 안정적이라는 강점을 가지고 있어서다. 환율이 올라 원화 가치가 떨어지면 안전 자산이 귀해지기 때문에 이 시기엔 주식 대신 예금이나 채권에 투자할 수도 있지만, 어쩔 수 없이 주식시장에 머물러야 하는 자금이라면 성장성에 방점을 찍는 중소기업보다 대형 우량주를 고르는 투자자가 많아지기 때문이다.

환율이 낮을 때는 정반대로 외국에서 수입해야 할 일이 많은 기업이 유리하다. 외국 쇼핑몰 직구를 떠올리면 된다. 한국에서 구하기 어려운 운동화를 사온다고 가정해보자. 쇼핑몰에 달러화로 표시되는 가격은 100달러로 변함없다 하더라도 환율이 1400원일 때는 14만 원이지만, 환율이 1000원으로 내리면 10만 원으로 값이 싸진다. 대표적인 예로 사료 기업들이 있다. 사료 기업의 사업 모델을 간단히 하면, 한국에서 나지 않는 곡물을 수입해 적당히 섞은 후 농가에 파는 것이다. 원재료인 곡물은 달러화로 거래되고, 제품인 사료는 원화로 거래되기 때문에 환율이 떨어질 때, 즉 원화 가치가 달러화 가치보다 높을 때 이득을 보게 된다. 앞서 언급한 것처럼 환율이 낮다는 것은 투자자로 하여금 좀 더 위험을 감수하더라도 높은 수익률을 찾아 나서게 만든다. 그렇기 때문에 대형 우량주보다는 중소형 성장주가 더 주목을 받는다.

다만 한 가지 주의할 점이 있다. 주식시장은 미래를 예측해서 투자하는 곳이다. 환율을 기반으로 수익을 내려고 한다면 환율이 높을 때 또는 낮을 때 투자하는 것이 아니라 환율이 앞으로 오를 것 같을 때 또는 내릴 것 같을 때 투자해야 한다. 그리고 기대한 환율에 도달해 기업의 실적이나 주가가 목표한 수준이 되면 파는 것이다. 마찬가지로 원달러 환율이 1400원가량이 된 이후 뒤늦게 '킹달러'의 매력에 빠져 달러화에 투자했다면 2022년부터 지금까지 2년이 넘는 기간 동안 전혀 수익을 내지 못했을 것이다. 만일 달러화 또는 달러화로 표시된 자산에 투자하려고 했다면 가장 최적의 시기는 계속해서 금리를 인하하고 많은 사람이 위험 자산에 뛰어들어 원달러 환율이 1000원 대였던 2021년 전후였을 것이다. 따라서 금리와 환율이 높은 기간이 오래 지속된 지금 상황에선, '경제는 순환한다'라는 대명제를 믿고 금리가 내려갈 때, 그리고 환율이 내려갈 때 이익을 볼 자산과 기업을 찾을 때다.

미국과 한국 주식시장의 차이점

미국으로 건너온 지 얼마 안 된 투자자의 관점에서 미국 주식시장을 보자면 주변에 보이는 것 모두가 투자할 거리다. 내가 사는 물건, 길에 늘 보이는 광고판, 이용하면 좋을 거라고 소개받은 스마트폰 앱까지 기업이 만들지 않은 것이 없다. 미국은 거대한 자본 시장을 가지고 있고 한국과 달리 사업적으로 성숙하지 않은 초기 단계의 기업도 상장의 문턱을 넘을 수 있어서, 발견하게 된 많은 브랜드와 기업 중에 상장 회사의 비율이 높다. 한국에서 좋은 제품이나 서비스를 발견해도 비상장 상태인 경우가 많았던 것에 비하면 고무적이다.

미국 기업은 확장성과 경쟁력을 모두 갖춘 매력적인 투자 대상이다. 그들의 확장성은 큰 내수 시장에서 나온다. 같은 비즈니스 모델로 창업하더라도 미국과 한국은 판의 크기부터 다르다. 아마존과 쿠팡을 비교해보자. 아마존의 시가총액은 2조 달러, 한화로 2800조 원 정도다. 한국에서 유사한 사업을 하는 쿠팡은 400억 달러가 채 안 된다. 한화로 50조 원 정도니 아마존이 50배나 크다. 매출액 역시 아마존은 5750억 달러, 쿠팡은 244억 달러인데 한화로 따지면 아마존은 800조 원에 육박하고 쿠팡은 30조를 조금 넘는 수준으로, 24배 차이다.

또 미국 기업의 경쟁력은 언어와 사람에서 나오는 것 같다. 큰 내수 시장을 장악하면 그 기업은 이미 엄청난 규모와 유명세를 자랑하게 된다. 그리고 캐나다, 영국을 비롯해 같은 영어권 국가로 확장한다. 사실 비즈니스 업계에서는 지역을 막론하고 영어를 쓰지 않는 곳이 없다. 한국 투자자가 영어권이 아닌 제3국에 투자할 때도 협상 테이블의 언어는 공용어인 영어다. 이런 이유 때문인지, 전 세계가 미국의 제품과 서비스를 사랑해서인지, 미국의 성공 방정식에 대한 믿음이 있기 때문인지 미국의 세계화 행보는 거침없다. 상장 초기 단계에서부터 해외 진출은 당연한 일로 치부한다. 한국 중소기업이 대부분 대기업의 협력 업체로서 대형 고객사의 행보나 업황에 좌우되는 것에 비하면 참 다르다.

이렇다 보니 수많은 인재가 미국으로 간다. 영어로 일하려고 하고, 미국 대학교에 들어가고, 실리콘밸리나 월스트리트에서 창업하는 것을 꿈꾼다. 또한 미국 회사 소개서의 특징 중 하나는 넓은 지면을 할애해서 주요 임원진을 소개한다는 점이다. 다양한 인종과 민족으로 구성된 임원진의 사진과 과거 경력까지 적혀 있다. 그런 면이 상당히 화려하고 믿음직스럽다. 대표이사나 창업자 정도만 소개하는 한국과는 다르다. 주가는 기업의 가치를 따라 움직이고 기업은 결국 사람이 하는 일이니 인력의 중요성은 아무리 강조해도 지나치지 않다.

미국 주식과 한국 주식은 투자하는 방법도 차이가 난다. 한국은 네이버페이 증권에 접속하면 상장 회사의 주식 담당자 연락처를 쉽게 찾을 수 있다. 대표 전화로 연결되더라도 담당자와 통화하고 싶다고 하면 주식 담당자와 직접 대화할 수 있다. 회사도 대부분 수도권에 있고 멀어도 부산, 제주도라서 비교적 빠른 시간 안에 대면 미팅도 할 수 있다. 그러나 미국은 물리적으로 거리가 멀다. 인구 기준으로 미국에서 가장 큰 도시는 뉴욕, 로스앤젤레스, 시카고, 휴스턴 순서다. 2대 도시인 로스앤젤레스에 거주하며 실제로 최근 미팅을 요청한 회사는 애리조나주, 캘리포니아주, 워싱턴주로 각각 멀리 떨어져 있었다. 심지어 미국 상장 기업이고 미국의 매출액 비중이 가장 높지만 본사는 이스라엘 텔아비브에 있는 회사도 있었다. 대면 미팅은 어렵고 이메일로 몇 차례 소통한 후 화상 회의를 하는 것이 일상적이다. 같은 나라지만 시차도 생각해야 한다. 또 코로나19 이후 원격 근무가 정착되면서 해당 회사의 주식 담당자라 하더라도 본사 사무실에 근무하리라는 보장도 없다.

이렇게 연락이 덜 닿는 데에는 근원적인 이유가 있다. 미국 기업은 한국 기업보다 정보를 훨씬 투명하게 공개하기 때문이다. 투자자에게 영향을 미치는 정보라면 작은 것이라도 적절한 때에 공시한다. 모두에게 같은 시각, 같은 방법으로 정보를 제공하기 위해서다. 일례로 가이던스guidance라고 하는 실적 목표 또한 대부분의 기업이 투자자에게 제시하며, 분기별로 달성 가능성이나 달성을 위한 전략이 달라지면 수정해서 다시 알려준다. 한국은 경쟁사들의 위협이나 투자자들의 원성을 걱정해 목표를 공개하지 않거나 주식 담당자 또는 재무 분야 임원의 성향에 따라 달라지는 경우가 많다. 투자자 미팅도 마찬가지다. 개인 투자자에게 많이 받는 질문이 "기업 탐방을 가면 어떤 일을 하나요?", "개인 투자자도 기업 탐방을 갈 수 있나요?"일 정도로 한국에서는 기관 투자자와 개인 투자자에 대한 대우가 다르다. 법적으로 그리하면 안 되는 것임에도 불구하고 기관 투자자에겐 공공연하게 중요한 정보가 비밀리에 또는 좀 더 빠른 시기에 제공된다. 미국은 홈페이지에 그들이 언제 어디에서 어떤 미팅을 했는지를 자료와 함께 공표한다. 가능하면 행사에서 녹화 또는 녹음된 정보와 그것을 받아 적은 녹취록도 제공한다. 그렇기 때문에 상대적으로 긴박하게 통화하거나 단독 미팅을 요청하는 일이 드물다. 미국에서는 나 역시 개인 투자자와 같은 사정이므로 신뢰해도 좋다.

미국 사람들의 주식시장에 대한 시각도 다르다. 투자로 경력을 쌓고 싶은 젊은 친구와 이야기를 나눴는데 "너는 왜 개별 주식 분석을 해? 그냥 지수 투자를 하는 게 더 낫지 않아?"라고 질문해서 놀랐다. 투자에 관심이 상당히 많은 편이어도 개별 주식을 분석해서 투자하는 일은 하지 않을뿐더러 주변에서도 자주 볼 수 있는 광경은 아니라는 것이다. 정보기술 업종을 포괄하는 나스닥 지수를 필두로 미국 주식은 지수에만 묻어놔도 10년간 몇 배씩 올랐으니 그럴 만하다. 어떤 종목의 이야기를 꺼내도 S&P500이나 나스닥 지수와 비교해 더 많이 성장했는지 아닌지부터 찾아본다. 아주 전문적인 펀드 매니저를 제외하면 주식을 이야기할 때 엔비디아, 테슬라 같은 시가총액 상위 종목부터 말한다. 그 종목들은 지수보다 높은 수익률을 기록했거나 그럴 가능성이 높다고 생각하는 것이다. 두 나라에서 주식시장을 바라보는 관점의 차이를 느끼고 나니 한 시대를 풍미한 이차전지 기업들, 초전도체 테마주들, '태조이방원(태양광, 조선, 이차전지, 방위산업, 원자력)' 같은 재밌는 줄임말들이 씁쓸하게 느껴지기도 한다.

미국 주식 권하는
사회?

한국 주식시장이 출렁이면서 미국 주식에 관심을 두는 개인 투자자들이 늘고 있다. 두 시장 모두 장단점이 있지만, 굳이 하나만 고르라면 미국 시장을 고를 것 같다. 훨씬 다양한 산업, 훨씬 많은 기업 수, 각 기업의 확장성과 퀄리티도 우수하기 때문이다.

미국 '시장'에 투자하는 것은 초보 투자자에게 더 적합하다. 보통 ETFExchange Traded Fund나 인덱스 펀드(개별 기업에 투자하는 게 아닌 시장을 대표하는 지수를 따라가는 펀드) 등으로 시장 전체에 투자하게 되는데, 이는 개별 종목을 고를 여유나 능력이 부족한 경우의 대안이므로 기왕이면 이렇게 오랜 기간 마음 편하게 투자할 수 있는 곳이 좋을 것이다. 미국은 경제적으로나 지정학적으로나 가장 부강한 나라이며, 인간이 화폐를 사용하는 한 가장 마지막까지 높은 구매력을 유지할 수 있는 화폐는 달러화일 것이니 안정성이 높다.

다만 안정성이 높으면 그만큼 수익성은 포기해야 한다. 재무학에는 'Risk drives return'이라는 말이 있다. 투자자가 감당하는 위험이 큰 만큼 높은 수익을 올릴 수 있다는 얘기다. 소형주 투자의 대가 랄프 웬저Ralph Wanger는 저서《작지만 강한 기업에 투자하라》에서 얼룩말을 예시로 든다. 아프리카 초원에 사는 얼룩말은 무리를 이루어서 풀을 뜯는다. 주변엔 이들을 먹잇감으로 노리는 사자도 있다. 얼룩말이 투자자고 풀이 수익이라고 가정해보자. 무리 한가운데에 있는 얼룩말은 동료들의 발굽에 채이거나 진흙이 잔뜩 묻은 풀을 뜯을 수밖에 없다. 대신 사자의 공격에는 안전하다. 사자들이 무리 바깥쪽의 얼룩말 몇 마리를 사냥하고 나면 금세 배가 불러 안쪽까지 들어오지

수익과 위험의 상관관계

Low Risk
Low Return

High Risk
Higher Potential Return

Return

Risk / Standard Deviation

출처: SDATT

않을 테니까 말이다. 하지만 위험도 낮고 수익도 별 볼 일 없는 상태다. 반대로 무리 바깥으로 나가면 누구도 건드리지 않은 싱싱한 풀을 신나게 먹을 수 있다. 그러나 사자들에게 공격받을 위험이 있다. 이 경우는 위험과 수익이 동시에 높다.

투자도 마찬가지다. 더 높은 수익은 개별 주식을 열심히 공부하고 위험을 감수하는 투자자의 몫이다. 미국과 같은 선진국보다 위험 자산으로 분류되는 신흥국 중에서 잘 골라 1년에서 3년 주기로 잘 트레이딩하는 것이 수익률이 높다. 코로나19 이후 언택트와 인공지능 전성시대를 거치며 계속 오르기만 하는 현재 나스닥 지수가 영원하리라고 가정하는 것은 무리다.

한국 주식시장이 적합한 사람들

한편 직접 기업을 골라 분석하려는 '완전히 초보는 아닌' 투자자들에게는 한국 시장을 권하고 싶다. 먼저, 종목을 발굴하는 빈도가 확연히 다를 것이다. 직접 투자하려면 머지않은 미래에 자신이 거주하는 나라 또는 전 세계 시장보다 높은 수익을 올리겠다는 의지가 필요하다. 개인적인 지론으로 수익률은 종목을 발굴한 순간 정해진다고 봐도 무방하다. 아주 좋은 기업이나 아주 싼 주식은 누가 봐도 그렇기 때문에 대단한 분석이나 가치 평가가 필요 없기 때문이다. 그런데 한국에 사는 사람은 자신이 쓰는 물건이나 서비스, 보고 다니는 것, 주변인에게 듣는 모든 것이 투자 아이디어다. 아이디어의 절대량이 많으면 투자로 연결되는 빈도도 높다.

언어 장벽도 그렇다. 투자에 능숙해지기 위해서는 돈을 벌거나 잃는 경험, 투자한 기업이 외부 환경에 의해 변화를 겪는 경험, 투자한 기업이 생각보다 경영을 훨씬 더 잘하거나 반대로 말만 번지르르하게 하고 주주들을 실망시키는 경험이 많이 쌓여야 한다. 해외 시장에 투자한다고 했을 때 부족한 외국어로 이러한 경험을 쌓으려면 쓰는 시간에 비해 축적되는 경험의 양이 적을 수밖에 없다. 따라서 본인의 투자관이 바로 설 때까지 한국 시장에서 성장하는 것도 나쁘지 않다.

한국의 전자 공시 시스템도 투자자를 육성하기에 안성맞춤이다. 금융감독원에 제시한 틀에 맞추어 작성하고 제출하다 보니 어느 곳에 어떤 정보가 있는지 찾기 쉽고 다른 회사와 비교하기도 좋다. 투자 스타일에 따라 필요한 정보를 정리하는 엑셀 서식을 한 번 만들어 두면 익숙해질 때까지 활용할 수도 있다. 또한, 재무제표 주석을 들여다보면 한국만큼 자세하게 적은 곳도 없다. 내공이 쌓이다 보면 복사+붙여넣기 하기 좋다는 이유로 많은 상장회사가 허울만 좋은 자료를 틀에 맞춰 제출한다는 생각이 들기도 하지만 말이다. 상대적으로 미국 기업들은 양식이나 제공하는 정보의 종류는 각기 다를지라도 투자자가 궁금해할 법한 이야기를 깊은 속사정까지 얘기해준다는 차이점이 있다.

아직 공부 중인 투자자들에게 미국의 개별 기업을 적극적으로 권하지 않는 이유는 하나 더 있다. 미국은 정말 많은 기업이 여러 거래소에 상장되기 때문에 기관 투자자의 손이 닿지 않는 곳에서 개인 투자자가 의미 있는 성과를 낼 수 있는 기회가 많다고 볼 수 있다. 그러나 동시에 한국거래소라면 상장 자체를 허락하지 않을 만큼 재무적으로 불안하거나 사업적으로 초기 단계인 기업들도 많다. 상장 기업은 나름대로 열심히 하지만 도산하게 되는, 한국에선 흔히 볼 수 없는 일들도 자주 일어난다.

뉴욕증권거래소나 나스닥 시장에 사장된 기업의 경우 주가가 1달러 미만으로 30일 넘게 지속되면 상장 폐지가 되는 제도도 같은 의미로 두려움을 준다. 주식 가격의 하락에 베팅하기 위해 다른 주주의 주식을 빌려 대신 매도하는 공매도 전략도 활발하다. 이 때문에 긍정적으로 보면 주가가 오르든 내리든 다양한 국면에서 수익을 낼 수 있는 환경이자 주가가 기업의 본질 가치에 금세 수렴하는 효율적인 시장이라고도 할 수 있다. 그러나 초보 투자자는 산업의 장밋빛 미래 또는 기업의 감언이설에 속아 큰돈을 날리기 십상이기도 하다. 투자자 기만행위로 밝혀진 니콜라나, 최근 폭스바겐으로부터 거액의 투자를 유치해 기사회생하기는 했으나 테슬라에 밀려 어려운 시기를 보내고 있는 리비안 역시 전기차라는 메가 트렌드와 기술 혁신에도 불구하고 주가가 급락한 사례다.

그리고 한국에서 활동하는 외국인 투자자에 주목할 필요도 있다. 외국인 입장에서 대한민국은 아직 생경한 국가다. K-Pop은 젊은이들의 문화고, K-푸드는 때때로 먹는 힙한 음식이다. 이곳까지 와서 한국 기업에 투자하는 외국인은 매우 큰 자금을 운용하는 기관 투자자거나, 높은 실력을 자랑하는 고수거나 둘 중 하나다. 이 중 아주 큰 손들은 삼성전자, SK하이닉스, LG에너지솔루션 같은 대기업에 투자한다. 신흥 시장에 투자하고 싶지만 ETF에는 투자하기 어려운 경우 대형주를 투자함으로써 지수와 비슷한 효과를 노린다. 또는 반도체나 이차전지처럼 한국이 세계적으로 강점을 가진 업종에 투자하는 목적도 있다. 둘 다 개별 기업을 공부하고자 하는 투자자와는 거리가 멀다.

다만 간혹 이런 사례가 있다. 중소형주이거나 한국에서만 유명한 기업을 어느 이름 모를 외국 펀드가 가지고 있는 경우는 주목할 만하다. 예를 들어 체성분 분석기 분야의 세계 1위 기업인 인바디를 보자. 한국 사람들은 헬스장이나 건강검진을 할 때 흔히 볼 수 있기 때문에 아는 사람이 매우 많다. 체성분 분석기라는 명칭보다 '인바디'라는 고유명사가 더 익숙하다. 하지만 외국인에게는 체성분 분석기가 생소하다. 비만 치료제를 팔아 수백조 원 규모의 회사가 된 일라이 릴리나 노보 노디스크처럼 먼 훗날 '비만'이라고 하면 '인바디'를 말할 날도 올지 모르겠지만 지금은 인바디를 아는 사람을 주변에서 찾아보기 어렵다. 인바디가 있는 헬스장은 "저희 체성분 분석기 있어요"라고 광고하거나 회원들에게 유료로 검사 서비스를 제공할 정도다.

이러한 회사에 외국인이 투자하고 있다면 십중팔구 종목 발굴이나 기업 분석에 일가견을 가진 펀드 매니저일 것이다. 실제로 관심이 있는 기업에 피델리티Fidelity Investments나 캐피탈 그룹CAPITAL GROUP 같이 유명한 자산운용사가 아닌 외국 회사의 이름이 보이면 반드시 그 회사의 홈페이지를 접속해본다. 많은 경우 10조 원 미만이라는 작은(?) 운용 규모를 가지고 있지만 수십 년의 업계 경험을 갖추고 독특하면서도 굳건한 투자 철학 아래 투자하는 헤지 펀드다. 이들의 투자 철학을 훑어보거나, 가능하다면 투자자를 위한 레터나 칼럼을 읽어보는 것만으로 살아있는 투자 공부가 된다.

ETF와
인덱스 펀드

미국 주식에 관심이 있다면 인덱스 펀드와 ETF가 익숙할 것이다. 인덱스 펀드에서 인덱스는 코스피, 코스닥, S&P500, 나스닥과 같은 지수를 의미한다. 여기서 지수는 꼭 특정 거래소를 의미하는 것은 아니다. 전 세계 또는 아시아처럼 여러 거래소를 합쳐 놓은 것일 수도 있고, 금이나 원유와 같은 상품일 수도 있다. 또 어느 금융기관에서 인위적으로 만들어 낸 지수들도 여럿 있다. 이를테면 업종이나 테마와 관련된 지수도 있다. 그리고 이러한 지수의 움직임을 따라가도록 만든 펀드가 인덱스 펀드다.

ETF와 비슷하게 느껴진다면 아직 인덱스 펀드와 ETF를 혼동하는 것이다. 인덱스 펀드는 투자 대상에 따라 이름 붙여진 것이다. 예컨대 중국 펀드, 미국 펀드, 중소형주 펀드, 배당주 펀드와 같은 분류다. 그

중에서 특정 지수에 투자하는 것이 인덱스 펀드다. 반면 ETF는 투자 혹은 거래하는 방식에 따른 분류다. Exchange Traded Fund의 약자로 이것도 펀드인데 풀어 쓰면 거래소에서 사고팔 수 있는 펀드라는 뜻이다. 펀드에 가입할 때는 보통 은행이나 증권사 창구에 가서 서류를 작성한 후 가입하는데(최근 보편화된 온라인 펀드도 창구에서 하는 업무를 온라인으로 대신하는 것), ETF는 펀드의 가입이나 환매 절차를 간단하게 하기 위해 펀드 자체를 거래소에 상장시킨 것이다. 투자자들은 ETF 형태의 펀드에 가입하기 위해서 금융회사에 찾아갈 필요가 없다. 펀드의 투자 대상이나 수익 구조, 운용자 등을 꼼꼼히 따진 후 자주 쓰는 주식 프로그램 HTS나 MTS에서 사고팔면 그만이다.

눈치챘겠지만 ETF가 투자하는 대상이 주로 지수일 뿐, 모든 ETF가 지수를 추종하는 것은 아니다. 대표적으로 화상 회의 소프트웨어 줌이나 테슬라에 일찍 투자해 천문학적인 수익률을 기록하며 국내에서 '돈나무 언니'라고 불리는 캐시 우드 또한 ETF를 운용한다. 그가 운용하는 아크 이노베이션 펀드는 누구나 증권사를 통해 손쉽게 사고팔 수 있다. 좀 더 많은 수익자에게 투자 기회를 주고 운용사는 본연의 리서치와 운용 업무에만 집중하려는 전략이다.

인덱스 펀드나 ETF가 주목받는 이유는 지수형과 테마형으로 나누어서 살펴봐야 한다. 지수형 상품이 인기를 누리는 것은 S&P500이나 나스닥 지수가 장기간 높은 수익률을 기록한 것과 밀접한 관계가 있다. 지수 추종형 투자를 다른 말로 패시브passive, 소극적 투자라고 하는데 들이는 노력과 시간이 적은 대신 시장 평균 수익률만을 추구하겠다는 것이다. 반대로 개별 기업을 분석하고 전망하는 과정을 통해 시장 평균 수익률보다 높은 수익률을 목표로 삼는 전략을 액티브active, 적극적 투자라고 하고 그와 같은 전략을 쓰는 펀드는 액티브 펀드라고 한다. 금융회사가 가져가는 보수 역시 패시브 펀드보다 액티브 펀드가 더 높다. 그런데 웬만한 액티브 펀드보다 인덱스 펀드 같은 패시브 펀드가 수익률이 높다. 노력도 덜 필요하고 비용도 덜 드는데 수익률까지 높다니, 해외 주식투자가 활발해진 것도 패시브 펀드의 활성화에 한몫했다고 본다.

패시브형 투자를 할 때 주의해야 할 점이 두 가지 있다. 첫째, 신흥국 '몰빵'형 투자는 위험하다. 지수 투자를 하는 이유가 적당히 낮은 위험성 아래에서 적당한 수익을 기대하는 것이라고 한다면, 제아무리 경제 성장률이 높아 보인다고 하더라도 특정 산업이나 다른 선진 경제권에 의존도가 높아 자산가격의 변동성이 크거나 사회가 성숙하지 못해 화폐 가치가 하락할 우려가 있기 때문이다. 과거에 유망하다고 기대되던 브라질은 농업, 광업 등의 1차 산업 의존도가 높아 경제의 변동성이 컸다. 중진국 함정에 빠져 자국의 화폐 가치가 빠르게 떨어지고 환율이 급등하는 사례는 튀르키예나 아르헨티나를 보면 알 수 있다. 또 세계의 공장이라 불리며 장기간 높은 경제 성장률을 보이던 중국은 시진핑 정부의 공동 부유 정책 이후 전 세계 투자자들의 외면을 받고 있다. 아시아의 뉴욕으로 불리던 홍콩이 완전히 중국 중앙 정부의 영향력 안에 놓이면서 각국의 투자 자금과 중국 현지 부유층이 싱가포르로 넘어가고 있는 것도 같은 이유다. 시진핑 정부는 일부 재벌이나 투자자를 제외한 대부분의 중국인에게 높은 지지를 받고 있어 당분간 같은 노선의 정책이 유지될 가능성이 높다. 개인적으로는 모든 돈을 지수 추종형 투자로 운용한다고 가정할 경우, 미국 또는 전 세계에 큰 비중을 싣고 신흥국은 일부만 투자하는 것이 적당하다고 본다.

둘째, 테마형 ETF를 주의해야 한다. 이전에도 언급했고 업계 종사자로서 동업자 정신에 위배되는 이야기일 수 있지만 자산운용사도 엄연히 임직원과 주주가 있는 회사이며 회사의 제1 목표는 이윤이다. 또 한국은 아직 ETF를 비롯해 자본 시장이 성숙해 가는 과정이기 때문에 단기간에 높은 수익을 내려고 불가능한 목표를 좇는 불나방형 투자자들이 많은 상황이다. 또 테마형 ETF에 투자하는 사람들은 시류에 편승해 수익은 내고 싶지만, 관련 기업들의 주가가 이미 많이 올라서 특정 종목을 선택하는 것이 부담스럽다는 심리를 가지고 있다. 자산운용사들은 이러한 심리를 이용할 줄 안다. 자산운용사들은 펀드에서 발생하는 보수와 수수료를 받아 회사를 꾸려 나가는데, 보수는 펀드마다 다르지만 보통 1년에 한 번꼴로 발생하고 수수료는 오랜 기간 가입하더라도 딱 한 번만 수취한다.

수수료든 보수든 많이 받으려면 펀드를 많이 팔아야 한다. 펀드를 많이 팔기 위해 가장 좋은 방법은 인기 있는 투자 대상을 담는 것이다

(물론 그 테마 안에서 펀드 매니저들이 위험 대비 기대 수익이 높은 종목을 솎아 내고 비중을 조절하지만). 지금은 인공지능에 투자하는 ETF나 반도체에 투자하는 ETF가 잘 팔릴 것이다. 문제는 기업이나 산업의 가치가 꾸준히 우상향하더라도 그 이상으로 관심이 쏠려 주가가 비이성적으로 높게 형성되면 반드시 떨어지는 일이 생긴다는 점이다. 그리고 보통은 테마형 ETF를 출시하는 시점이 그 테마가 과열됐을 때다. 메타버스 ETF, K-Pop ETF, 이차전지 ETF 모두 그랬다. 그리고 출시하고 나서 하락하는 경우가 많았다.

왜 '산업'이 아니라 '테마'겠는가. 시장 참여자의 높은 기대와 수요에 힘입어 내재 가치보다 더 높은 가격에 거래되는 경우가 많기 때문에 본질적으로 하락 위험을 내포하고 있는 경우가 많다. 워런 버핏이 무조건 챙겨본다는 '메모'의 저자 하워드 막스는 2022년 11월에 발간한 《수익과 그것을 얻는 법Returns and How They Get That Way》에서 주식투자로 수익을 내는 방법을 세 가지로 나누고 그에 대해 논평했다. ① 본질 가치(이익 또는 자산)가 상승하는 기업: 불확실하다. ② 주가가 기업의 본질 가치보다 높은 프리미엄 구간까지 오르는 기업: 투기적이다. ③ 주가가 기업의 본질 가치보다 낮은 기업(즉 저평가). 수익을 내는 방법 세 가지 중 ③에만 부정적인 코멘트가 없는 것을 보면, 결국 저평가된 기업에 투자하는 것이 유일하게 상식적인 전략이라는 뜻이다. 테마형 ETF의 경우 취지는 좋으나 그 취지에 걸맞은 성과를 내지 못할 때가 많으므로 조심해야 한다.

인공지능 산업군의 지속 가능성

2024년 주식시장을 이끈 인공지능. 과거 퀴즈 대회에서 인간을 이기고 의료 분야로 뛰어든 왓슨이나 이세돌 9단을 이긴 알파고가 인공지능의 시작을 알렸다면, 챗GPT는 2023년 안정화 서비스가 출시된 이후 많은 기업과 일반 소비자에게 폭넓게 영향을 주고 있다. 그중 주식시장을 가장 뜨겁게 달군 것은 엔비디아다. 엔비디아는 그래픽 처리 장치GPU, Graphic Processing Unit를 만드는 반도체 회사다. 원래는 PC에 장착해 게임이나 컴퓨터 디자인처럼 그래픽 처리 기능을 강화하는 보조 장치로 쓰였으나 병렬 연산에 뛰어나다는 것이 알려지며 최근엔 대부분의 공급량이 인공지능을 구현하는 기계 학습용Machine Learning 데이터 센터에 쓰이고 있다.

지금의 인공지능은 인간의 두뇌처럼 자율적으로 생각하기보다 수

많은 정보를 학습시켜 인간이 생각할 법한 결과를 도출하는 것이다. 챗GPT는 인공지능의 한 분야인 거대 언어 모델LLM, Large Language Model의 한 종류인데 이 또한 많은 서버를 연결해 인터넷상에 있는 많은 말과 글을 수집한 후 인간이 가장 많이 사용할 만한 순서로 단어를 배치하는 기술이다. 하나의 칩 성능만 본다면 인텔이나 애플이 만드는 중앙 처리 장치CPU, Central Processing Unit 또는 모바일 중앙 처리 장치AP, Application Processor가 더 뛰어나다고 할 수 있지만, 여러 개를 동시에 연결해서 사용하는 병렬 연산에는 GPU가 더 뛰어나다고 한다.

챗GPT가 성공을 거두면서 빅테크를 비롯한 많은 회사에서 조바심을 느낀 것 같다. 인터넷 포털을 장악하던 야후가 구글에 의해 무너지고, 모바일로의 전환에 늦은 마이크로소프트가 애플에 시가총액 1위를 빼앗겼던 것처럼 인공지능 시장을 선점하지 못하면 큰일이라는 생각에 GPU 칩 구매 행렬에 나선 것이다. 현재까지 GPU 시장의 최고 강자는 엔비디아다. 엔비디아는 하드웨어 기업이므로 공급량을 무한정 늘릴 수 없는데 수요는 폭발적으로 증가하고 있다. 그 수요자는 구글, 마이크로소프트, 애플 등 세계에서 가장 돈이 많은 집단이다. 엔비디아의 칩은 향후 수년 치의 주문도 이어지고 있으며 수요가 공급보다 훨씬 많다 보니 제품 가격도 빠르게 오르고 있다. 이것이 엔비디아의 실적과 주가가 빠르게 오르는 이유다. 그리고 여기에 들어가는 다른 반도체나 장비를 공급하는 SK하이닉스와 한미반도체도 덩달아 함박웃음을 짓고 있다. 대규모 데이터 센터를 가동하기 위해선 그에 걸맞은 전력도 필요하기 때문에 전선, 변압기 업황도 호조를 보이는 것이다.

인공지능의 상승세 이면에 무엇을 봐야 하는가

문제는 이 트렌드가 오랫동안 지속 가능하지 않을 수 있다는 데에 있다. 반도체는 하드웨어다. 수요에 따라 공급을 탄력적으로 늘리거나 줄이기 어렵다. 수요가 많이 늘어나면 공장을 짓거나 설비를 들여오는 등 생산 능력을 확충해야 한다. 그러나 공장 신설 혹은 증설 작업은 수년의 시간이 걸리기 때문에 미래 수요량을 예측해야 하는데 미래를 예측하는 일은 항상 어렵다. 운 좋게 늘린 공급과 수요가 맞아떨어지면 좋겠지만, 그렇지 않으면 공급 과잉 국면이 찾아온다. 늘려 놓은 생산 능력을 다시 줄일 수는 없고, 막대한 투자 비용과 인건비 등 이미 발생한 고정 비용도 부담이다. 결국 제품 가격을 낮춰야 하는 날이 오는데 우리는 이것을 불황이라 한다. 1년 전 삼성전자와 SK하이닉스에 관해 긍정적 전망을 제시했던 것과는 정반대 이유다.

구글, 애플, 엔비디아, 틱톡, 우버 등에 초창기부터 투자한 벤처 투자 회사 세쿼이아 캐피털Sequoia Capital의 논평에 따르면, 빅테크 기업들이 인공지능으로 벌어들일 수 있는 매출액 대비 엔비디아 GPU의 주문량은 5000억 달러(한화 692조 원) 이상 초과한 상태라고 한다. 참고로 현재 인공지능으로 세계에서 가장 많은 매출액을 올리고 있는 기업은 챗GPT를 운영하는 오픈 AI이며, 이 회사의 매출액은 34억 달러(한화 5조 원)에 불과하다. 또 어느 새부터인가 투자한 기업가들로부터 엔비디아의 GPU를 구매할 수 있도록 도와달라는 요청이 눈에 띄게 줄었다고 한다.

더구나 초기 기술의 발전은 생각한 것보다 빠르게 진행된다. 무어의 법칙Moore's Law을 들어본 적 있는가? 인텔 공동 창업자 고든 무어의 경험적 관찰에 바탕을 둔 이론으로, 반도체 집적 회로의 성능이 24개월마다 2배로 증가한다는 것이다. 칩이나 공장의 물리적인 크기가 늘어나지 않더라도 컴퓨터의 성능이 5년에 10배, 10년에 100배씩 개선된다는 뜻이다. 만일 GPU에도 비슷한 기술 혁신이 적용되고 최종 소비자들이 인공지능 기술에 충분한 돈을 지불하지 않는다면 GPU의 공급 과잉은 더 빨리 찾아올 수 있다. 실제로 현재 엔비디아의 주력 제품은 H100이라는 모델인데 곧 출시되는 신제품 B100의 경우 가격은 25% 비싼 것에 비해 제품 성능은 2.5배 뛰어난 것으로 알려졌다.

또 다른 문제는 하드웨어와 소프트웨어 모두 경쟁자가 생길 수 있다는 점이다. 영원히 인텔이 독점할 것 같았던 PC용 CPU 분야에서는 이제 AMD가 20%가 넘는 시장 점유율로 성장했다. 스마트폰의 AP 분야에서는 애플과 퀄컴에 밀려 인텔이 힘을 쓰지 못하고 있다. 소프트웨어도 마찬가지다. LLM만 보더라도 오픈 AI의 챗GPT만 있는 것이 아니라 구글의 제미니Gemini, 마이크로소프트의 코파일럿Copilot, 메타의 라마Llama 등 다양하다. 모두 엔비디아의 GPU를 엄청나게 사들여 기업의 사활을 걸고 개발한 것이다. 소비자의 선택을 받기 위해서는 치열한 경쟁을 해야 할 것이고 당분간 이 기능들을 돈을 받고 팔기는 어려울 수 있다.

인공지능의 시대가 끝났다는 것이 아니다. 오히려 그 반대다. 철도나 도로가 건설되고 나면 신도시가 생긴다. 광케이블이 매설되고 모두가 인터넷 라우터를 가지고 난 후 모든 것이 인터넷으로 옮겨 갔다. 애플과 삼성이 스마트폰 판매 경쟁을 벌이고 나자 애플리케이션을 개발하는 회사들이 연이어 대박을 터트렸다. 엔비디아 칩을 구하기 쉬워지고, 인공지능 기술을 이용하기 쉬워지면 본격적으로 인공지능을 이용한 서비스의 시대가 펼쳐질 것이다. 이미 많은 기업이 자사의 챗봇 서비스에 챗GPT를 도입한 것과 같다. 중요한 것은 인공지능의 도입과 별개로 이용자를 자사의 서비스에서 떠나지 못하게 하는 독점력이다. 이미 해당 서비스에 익숙해져서 경쟁사의 서비스로 넘어가지 못하는 전환 비용이 있다면 인공지능 기능을 빌미로 추가 가격 인상을 시도할 수도 있다. 그러니 인공지능 기술을 얼마큼 개발하고 활용해서 소비자에게 어떤 서비스를 제공하는지 그 흐름에 따라 새로운 투자의 기회가 보일 것이다.

K-뷰티와 K-푸드, 언제까지 힙할까

2024년 한국에 한정한 메가 트렌드에는 K-뷰티와 K-푸드가 있었다. 최근 1~2년간 주식시장에서 큰 인기를 끌었고 앞으로도 몇 년 동안 지속될 것으로 전망한다. 어릴 때 먹던 것을 나이 들어서도 집어 들고, 한번 자신의 피부에 맞는 화장품을 발견하면 잘 바꾸지 않는 등 사람들이 쉽게 습관을 바꾸기 어려운 품목이라서 그렇다.

앞서 말했듯 K-뷰티와 K-푸드는 한국 문화의 훈풍을 타고 순항 중이며 여기에 한몫 거든 것이 인디 화장품이다. 저렴한 가격, 높은 기술력, 인플루언서 마케팅까지 더해져 판매를 촉진 중이다. 주식시장에서도 아모레퍼시픽과 LG생활건강보다 마녀공장, 브이티, 클리오처럼 몇 년 전까지만 해도 무명이었던 회사들이 약진하고 있다. 아모레퍼시픽의 주가를 끌어올리는 것도 설화수나 라네즈 같은 전통 브랜드가 아니라 외국에서 인기를 끄는 코스알엑스COSRX라는 자회사의 힘이다. 인디 브랜드들의 제조를 담당하는 OEM 기업, 용기 제조업체도 호조다. 최고 대장주라고 불리는 실리콘투는 외국의 도소매 유통업자들에게 한국의 브랜드들을 소개하고 중개하는 역할을 하는데, 이러한 비즈니스는 이전 시장 사이클에는 존재하지 않았다.

소셜 미디어의 도움을 받은 것은 K-푸드도 마찬가지다. 도착한 택배를 풀어보는 언박싱이나 다양한 음식을 먹고 품평하는 먹방에 제격인 콘텐츠다. 화장품을 안 바르는 사람은 많아도 음식 안 먹는 사람은 없지 않은가? 김밥, 핫도그 등은 미국 물가에 비해 저렴한 가격에 인스타그램 릴스나 틱톡처럼 숏폼 플랫폼에 올릴 만한 메뉴라 금상첨화다.

K-뷰티와 K-푸드가 엔비디아와 다른 점은 아직 완전히 주류가 아니라는 점이다. 한국 음식을 매장에서 찾아볼 수 있고 알 만한 사람은 다 알지만 우리가 중화요리 식당에 가거나 햄버거를 먹듯 대하는 것까진 아니다. 들어보긴 했고 별미로 먹는 정도인 것이다. 멕시칸 음식이나 적어도 스시처럼 대명사를 가진 수준까지는 성장해야 하니 그만큼 갈 길이 멀다.

화장품 기업도 그렇다. 더퍼블릭자산운용 자체 조사에 따르면 과거 한국의 화장품이 중국에서 차지했던 비중이 5~6%에 달했는데, 최근 미국에서의 시장 점유율은 1~2%에 불과하다. 실리콘투를 통해 팔리거나 아마존에 인기 품목으로 올라가는 것으로는 부족하다. 어딜 가나 찾아볼 수 있을 만큼 유통망도 확보해야 한다. 그러려면 하나의 히트 상품이 아니라 다양한 라인업을 갖춰 기업의 수명을 늘려야 하고 브랜드 인지도를 더욱 쌓아야 한다. 이렇게 기존 기업이 성장해야 신생 기업도 계속 등장할 수 있다. 어떠한 기업이 성공할지 가늠하기 어렵다면 제조나 유통, 마케팅을 도맡아 하는 가치사슬도 투자에 고려해 볼 만하다.

K-뷰티와 K-푸드에 또 하나의 공통점이 있다면 주가가 많이 올랐다는 점이다. 참여자들의 기대가 높은 만큼 기대를 충족시키지 못했을 때 단기적으로 큰 주가 하락이 발생할 수 있다는 점에 유의해야 한다. 요즘 금융투자 업계에서는 스트리트 컨센서스street consensus라는 말도 생겼다. 상장 기업이나 애널리스트가 공식적으로 발표한 숫자는 아니지만, 투자자들 나름대로 정보를 취합해서 만들어낸 기대치를 주식시장과 특정 기업에 관심이 많고 네트워킹에 밝은 사람들끼리 알음알음 공유하는 것이다. 일반 투자자들은 이를 모른 채 손실을 보기 십상이다. 두 산업의 갈 길이 멀다고 했지 그 길이 순탄할 것이라고 하진 않았다. 잠재력을 실현할 수 있는지는 기업의 경영 능력에 달렸고 그 시간은 생각보다 오래 걸린다.

2025 주식시장 메가 트렌드

메가 트렌드는 짧은 유행이나 주식시장에서만 관심을 끄는 테마주와 달리 실물 경제에 직접적이면서도 장기적으로 영향을 미치는 움직임을 의미한다. 앞서 말한 인공지능, K-뷰티, K-푸드 모두 2024년에 이어 지속적으로 관심을 가질 만한 메가 트렌드다. 인공지능은 GPU나 HBM 같은 하드웨어에서 벗어나 소프트웨어 쪽으로 눈을 돌리면 좋을 시기다. GPU의 공급 부족이 해소되면서 투자 비용 증가가 일단락되고 이용자들에게 어필할 만한 기능들이 등장할 것이다. K-뷰티와 K-푸드도 기존 기업 외에 새롭게 해외에서 인기를 끌 만한 제품을 찾는다면 기회가 남아있다고 본다. 또는 유통이나 제조 전문 기업들 중 전반적인 산업의 확장에 기대어 성장할 수 있는 회사도 매력적이다.

자동차 자율주행 기술

2024년에 VR 테마주 열풍이 불었던 적이 있다. 애플이 VR 기기인 비전 프로를 출시하면서부터다. 강력한 충성도를 가진 소비자를 가지고 있고 완성도 높은 제품을 내기로 유명한 애플이라면, 스마트폰 시장을 크게 바꾼 것처럼 VR 시장에서도 기기 판매와 소프트웨어 유통에 있어 대변혁을 가져올 것이라는 기대 때문이었다. 막상 뚜껑을 열어 보니 500만 원에 달하는 가격에 비해 지원하는 소프트웨어가 변변치 않아 흥행에 실패했지만 투자자는 항상 신기술에 눈과 귀를 열고 너그러운 마음을 가지고 있어야 한다는 것이 지론이다. 개인적인 경험에 따르면 자율주행 기술도 2025년 자동차와 IT 산업, 그리고 주식시장을 강타할 수도 있다고 생각한다.

테슬라의 FSDFull Self Driving는 놀라움을 금치 못하게 하는 기술이다. FSD는 테슬라가 자체적으로 지은 기술의 브랜드명인데, 완전자율주행이라는 의미를 가지고 있지만 실제로는 아직 운전자의 감독과 개입이 필요하다. 그러나 미국에 와서 보니 '기술이 어느 정도 발전했는가?', '기계가 하는 운전은 얼마나 자연스럽고 안전한가?' 정도의 질문을 받을 수준을 넘어섰다. 그냥 사람이 하는 운전 그 자체였기 때문이다. 인터넷이 연결되지 않거나 보행자가 수시로 나타나는 옥내 주차장이 아니라면 말 그대로 운전할 필요가 없다. 골목길까지 요리조리 빠져나가는 원숙한 드라이버라고는 할 수 없지만, 평상시 운전으로 인한 피로를 크게 낮춰주고 실시간으로 사각지대를 감시해주니 인간이 운전할 때보다 안전하다고 느낄 때도 많다. 최근 업데이트부터는 전방을 주시하기만 하면 스티어링 휠에서 손을 완전히 떼도 되는 핸즈 프리 기능까지 추가되었다고 한다.

전 세계에서 10억 대가 넘는 자동차 중에 FSD를 사용하는 테슬라는 90만 대에 불과하다. 0.1%도 안 되는 비율이다. 물론 미국과 캐나다로 이주한 후 수천만 원을 들여 테슬라를 구매한 뒤 한 달에 100달러씩 내고 FSD를 구독하지 않더라도 온라인에서 얼마든지 경이로운 장면들을 찾아볼 수 있다. 그러나 이런 기술은 직접 타봐야만 안다. 절대 가격이 낮고 공급자들이 생산 능력을 빠르게 늘리면서 순식간에 전 세계 많은 사람이 혁신을 경험했던 스마트폰과는 다르다.

자율주행 기술은 운전대를 잡는 대부분의 사람들에게 물리적 자유를 부여할 수 있다. 현재 미국과 캐나다에서 가능한 이 기능은 중국과 유럽에서도 사용이 가능해질 전망이고, 2024년 10월에는 운전자가 없는 무인 택시까지 발표할 계획이라고 한다. 이 기술과 산업은 시간이 지남에 따라 더 크게 성장할 것이다. 스티브 잡스가 아이폰을 만든 이후 마크 저커버그는 페이스북을 만들었다. 자율주행 기술도 어떤 파급 효과를 줄지는 모르지만 귀추를 세워야 할 키워드임에는 틀림없다.

미국의 메가 트렌드

한편, 미국에서 발견한 메가 트렌드 몇 가지가 있다. 하나는 스마트 홈이다. 언제적 스마트 홈이냐고 할 수 있겠지만 모든 것이 한국처럼 빠르다고 생각하면 세계 최대 소비 시장인 미국을 잘못 이해할 수 있다. 미국은 민원 업무가 얼마나 남아있건 나인 투 파이브(9~17시) 업무 시간을 꼭 지켜야 하며, 동료들과의 스몰 토크도 중요하므로 담당자를 재촉해서는 안 된다. 엘리베이터나 지하철, 지하 주차장에선 휴대폰이 먹통이고 통신사에 따라 집에서도 전화가 안 되는 일도 종종 있다. 이런 나라에서 도어락은 사치다. 열쇠 뭉치를 허리에 차고 다니는 사람이 여전히 많다.

하지만 인간은 한번 편해지면 다신 불편한 쪽으로는 돌아가지 못한다. 도어락, 냉난방기, CCTV, 조명 등 인터넷에 연결되어 스마트폰으로 제어하거나 사전에 지정한 시간이나 상황에 따라 켜지고 꺼지는 스마트 홈 기기들이 늘어나고 있다. 특히 임대 아파트의 경우 거주자가 직접 소유하는 주택에 비해 스마트 홈 기기들의 침투율이 아직 낮아 잠재 시장이 크다. 아직은 주택 임대료가 상당히 높고 집 주인들의 입김이 세지만, 시간이 지나 임차인 모셔오기 경쟁이 시작되면 침투율이 빠르게 올라갈 가능성도 있다.

또 LGBTQ+Lesbian, Gay, Bisexual, Transgender and Questioning라고 통칭되는 동성애자, 양성애자, 성전환자, 모호한 성 정체성 보유자 등 성소수자의 모습을 어렵지 않게 볼 수 있다. 미국도 지역마다 차이는 있지만 대도시 중심으론 밖에서 남성끼리 애정 표현을 하는 모습을 쉽게 볼 수 있고, 6월은 프라이드pride 달이라고 해서 길거리나 상점에서 다양성의 상징인 무지개 표식을 걸고 홍보에 열을 올린다. 통계로 봐도 2023년 기준 미국에서 성소수자는 7.6%에 달하는데 이는 4년 전의 5.6%나 2012년의 3.5%보다 훨씬 높아진 수치다. Z세대의 경우 다섯 명 중 한 명이 스스로를 성적 소수자로 정의하고 있다고 하니 그들을 두고 옳다, 그르다, 좋다, 싫다는 잣대를 들이댈 만한 상황이 아니다. 그러니 주식을 업으로 삼은 사람들은 어떤 사회적 흐름이든 관계된 기업을 찾아봐야 할 것이다.

미국으로 여행 가는 사람들이 느낄 흐름도 있다. 자리를 잡고 식사해야 하는 식당에서는 밥을 먹는 데 최소 한 시간, 넉넉히 두 시간까지 걸린다. 자리에 앉기 전에 주문을 외치고 원하는 때에 일어나 계산하는 한국을 상상하고 일정을 빠듯하게 잡으면 낭패를 볼 수 있다. 특히 계산서를 요청하고 내역을 확인한 후 신용카드를 줬다가, 계산서를 다시 받아 팁을 적는 절차는 번거롭게 느껴진다. 그러나 최근에는 미국의 식당에서 종업원이 휴대용 포스기Point of Sales를 들고 다니며 계산과 팁 지불, 영수증 발행까지 한 번에 처리하는 경우를 종종 볼 수 있다. 식사를 마치고 식당에서 빠르게 나가고 싶은 건 비단 '빨리빨리'의 민족만은 아닐 것이다. 미국 전체 레스토랑 수는 70만 개가 넘는다. 거대한 시장에서 사용자 경험을 개선하는 것은 언제나 훌륭한 투자 아이디어가 된다.

밸류업 프로그램,
한국 증시의 해답인가

밸류업 프로그램은 주주 가치value를 올리는 전략이라고 말할 수 있다. 주식에 투자하는 사람들이 원하는 가치 상승은 둘 중 하나다. 주가가 내가 산 가격보다 오르거나 내가 지불한 값에 비해 후한 배당금을 받는 것이다. 주가가 오르기 위해서는 기업의 본질 가치가 오르거나 기업에 대한 시장 참여자의 기대와 관심이 늘어나야 한다. 이 중 기업의 본질 가치는 기업이 벌어들이는 순이익을 뜻한다. 순이익은 고객에게서 받는 돈, 즉 매출액에서 매출액을 발생시키기 위해 지출하는 원가와 비용들을 제하고 국가에 내는 세금까지 빼고 난 것을 말한다. 기업의 이윤과도 같은 말이며, 순이익은 기업의 주인인 주주의 몫이다. 문제는 순이익을 늘리는 것이 경영진의 의지나 국가의 정책만으로 불가능하다는 점에 있다.

주주 가치를 올려 한국 금융 산업과 자본 시장의 발전을 꾀할 때 가장 쉬운 방법은 배당금을 증액하거나 그에 준하는 자사주 매입·소각이다. 한 해 장사를 마치고 남긴 이윤을 당기순이익(그 해에 순수하게 벌어들인 이익)이라고 하는데 당기순이익은 현금으로 예치해 둘 수도 있고, 주식이나 채권 같은 유가증권에 투자할 수도 있으며, 연구개발비나 설비투자에 쓸 수도 있다. 한편 어떤 형태로든 회사에 축적할 필요가 없을 정도로 남는 이익잉여금에 대해서는 주주에게 현금이나 주식의 형태로 돌려줄 수 있는데 이것이 배당금이다. 배당금은 이익잉여금, 즉 남는 돈에서 지급하는 것이니 기업의 본질 가치라고 할 수 있는 순이익에 영향을 주지 않으므로 그야말로 플러스 알파 개념이다.

배당금 지급 → 순이익+배당금=배당금을 지급하지 않는 기업에 비해 주주가치가 높다

(순이익 위의 라인은 '같다', '변하지 않는다'는 의미다)

기업이 배당 외에 남는 돈으로 할 수 있는 일은 직접 자사 주식을 매입해 없애는 것이다. 이것을 자기주식 또는 자사주 매입·소각이라고 한다. 자기주식을 취득할 때 수요와 공급의 원리로 주가가 오를 뿐만 아니라, 주식 수가 줄어들면 한 주당 가치가 영구적으로 개선된다. 상장 기업은 상장에 이를 때까지 보통 여러 차례의 유상증자(주주에게 자본금을 유치하는 대신 새로 주식을 발행해 나누어 주는 일)를 거쳐 수백

만 주 이상의 발행 주식 총수를 가진다. 그리고 각 주주들은 보유하고 있는 주식 수를 발행 주식 수로 나눈 지분율 만큼 경영과 이익 분배에 참여할 권리를 가진다. 이때 발행 주식 총수가 줄어들면 기업의 당기 순이익이 늘거나 주주가 주식을 더 사지 않더라도 지분율이 올라가므로 나의 몫이 커진다.

순이익=기업 가치

주당 순이익=1주당 가치=순이익 ÷ 발행 주식 총수

자사주 매입 소각 → 순이익 ÷ 발행 주식 총수↓ =주당 순이익↑

=1주당 가치가 오른다

밸류업 프로그램은 국가가 나서서 기업들에게 위와 같은 주주 가치 제고를 독려하는 것이다. 기업들이 자체적으로 계획을 세우고 잘 이행하면 세제 지원, 우수 기업 표창, 국내외 IR 지원을 하기로 발표했다. IRInvestor Relations은 기업 탐방이나 기업 설명회 등을 통해 투자자와 소통하거나 그들이 필요로 하는 정보를 공개하는 활동 전반을 뜻한다. 2023년 3월 31일 일본 도쿄증권거래소가 일본판 밸류업 프로그램인 '자본 비용과 주가를 의식한 경영'을 도입한 이후 한국이 밸류업 프로그램을 발표한 날인 2024년 1월 28일까지 주요 지수인 닛케이225가 25% 상승하는 등 큰 효과를 발휘했다는 것도 한국 주식시장에 기대감을 높였다.

밸류업 프로그램의 가장 큰 수혜 업종은 금융, 자동차, 지주회사 순일 것이다. 그들이 가장 주주를 우대했기 때문일까? 그 반대다. 오래 전부터 사업을 해온 터라 주된 사업의 성장성이 더딘 대신 필요 이상으로 많은 자산을 회사 내에 유보해왔기 때문에 본질 가치도 낮게 평가받고 배당금을 노리는 투자자들의 눈길도 끌기 어려웠다. 역설적으로 장기간 저평가에 놓인 기업들이므로 주주 환원을 통해 제 가치만 찾아가더라도 주가가 상승할 수 있다는 논리다.

일례로 메리츠금융지주는 자회사였던 메리츠화재와 메리츠증권을 합병하고 순이익의 절반 이상을 배당 또는 자사주 매입·소각에 쓴다고 발표하면서 시장 전체에 밸류업 프로그램의 기대를 한껏 높였다. 한국은 여러 사업을 동시에 영위하는 모회사를 두 개의 상장사로 나누는 인적 분할 후 쪼개기 상장, 중복 상장에 대한 논란이 많은데 메리츠금융그룹 김용범 부회장은 전혀 다른 선택을 한 것이다. 기업이나 오너 입장에서는 회사를 아예 매각할 것이 아니라면 최대한 많은 자산을 회사 내부에 쌓아 두는 것이 유리하다. 주주총회나 이사회를 장악할 정도의 지분만 있다면 소액 주주들의 의견을 무시하고 자산을 마음대로 움직이거나 사용할 수 있기 때문이다.

일장일단이 있지만 주주 운동을 하는 쪽에서는 쪼개기 상장이나 중복 상장이 주주의 의사를 반해서 행해질 경우 그들의 선택 권리를 침해한다고 본다. 장기적인 변화를 차치한다면 합산 시가총액은 커지더라도 주주의 수가 많아지므로 주당 가치가 작아진다는 논리다.

메리츠금융지주는 스스로 메리츠화재와 메리츠증권의 주식을 사들이는 재무적 부담을 지면서도 총 주주의 수를 줄이는 선택을 했고, 결과적으로 주가가 급등해 대주주와 소액 주주 모두가 행복해졌다.

박스피, 해소할 수 있는가

밸류업 프로그램으로 인한 변화의 바람은 한국 주식시장이 다른 나라에 비해 홀대받는다는 일명 '코리아 디스카운트'를 해소하는 데 동력이 되었다. 코리아 디스카운트의 이유는 북한과의 갈등 때문에 발생하는 지정학적 리스크, 주로 중간재를 수출하는 산업에 치우쳐져 있는 경제 구조, 고속 경제 성장의 그림자로 남아있는 재벌 그룹과 대주주 횡포라는 세 가지를 들 수 있다. 이 중의 한 가지가 개선될 수 있다고 본 것이다.

미래 전망과 의지를 현재로 당겨오는 주식시장의 특성상, 아직 일회성에 불과할지 모르는 기업들의 움직임과, 나아가 전혀 변화가 없지만 저평가되었다는 이유만으로 다음 밸류업 프로그램의 타깃이 될 것이라는 기대감 때문에 주가가 치솟는 현상이 마냥 즐겁지만은 않다. 이미 주주 환원 비율이 올라갈 것으로 기대해 한 번 주가가 올랐다면 그 다음은 순이익을 올리는 수밖에 없는데, 이상적으로 볼 때 주주 환원 또한 순이익의 범위 내에서 이루어져야 하므로 더욱 그렇다. 기술적으로는 순이익 이상의 주주 환원도 가능하지만 이익잉여금이 줄어드니 지속 가능하지 않고 말이다.

　순이익 증가는 경영진의 의지나 국가의 정책만으로 이룰 수 없다. 기본적으로 고객이 기업의 제품과 서비스를 더 많이 선택해야 한다. 그래서 순이익 증가가 배당금이나 자사주 매입에 비해 가장 예측 가능성이 떨어지지만 가장 지속 가능성이 높다. 문제는 필요 없는 돈을 회사 내에 쌓아두는 것, 그리고 투자할 곳이 있는데도 주식시장에서 단기적인 인기를 얻기 위해 배당금을 지급하는 것, 또 장기적으로 순이익을 늘릴 새로운 투자처가 없는 것이다.

　워런 버핏은 배당금을 받으면 배당소득세를 내야 하고, 수령한 배당금을 다시 다른 곳에 투자해야 하는 불편이 따르며, 극단적으로는 배당금을 받았을 때 다시 투자할 대안들의 기대 수익률이 낮은 상황에선 복리의 마법을 더 이상 누릴 수 없다고 했다. 그에 따라 버크셔 해서웨이는 1967년을 제외하면 한 해도 주주들에게 배당을 지급한 적이 없고, 워런 버핏은 그때의 결정조차 끔찍한 실수라고 회고했다. 넷플릭스나 테슬라도 놀라운 주가 상승으로 주주들에게 기쁨을 줬지만 배당을 한 번도 지급하지 않았다.

　한국 투자자들이 소액 주주 경시에 분노하고 주주 환원에 환호하기 시작한 것은 환영할 만한 변화다. 앞으로 대주주의 잇속만 챙기는 기업은 자본 시장에서 건강하게 살아가기 어려울 것이다. 그러나 앞서 일본 주식시장의 상승이 오로지 밸류업 프로그램 때문일까? 혹시 기록적인 엔저 현상과 버크셔 해서웨이의 일본 종합상사 투자에 따른 전 세계 투자자들의 관심 고조 때문은 아닐까? 코스피 1000포인트와 2000포인트를 왔다 갔다 하는 것도 박스피지만, 2000포인트와 3000포인트를 왔다 갔다 하는 것도 박스피다. 한 번의 반짝 주가 상승으로 그치지 않고 꾸준히 우상향하는 주가 차트를 위해서는 기업의 좋은 문화, 그 토대 위에 세계로 뻗어 나가는 매출액과 이익이 꼭 필요하다.

신흥국 인도의
성장성

인도는 다른 나라들에 비해 코로나19 대유행 기간에 빨리 고통을 겪고 집단 면역 또한 빨리 얻었다. 2023년에는 인도 주식시장의 대표 지수인 뭄바이 거래소의 센섹스 지수가 19% 상승하며 전 세계 순위권을 기록하기도 했다. 글로벌 투자자들이 성장성에 목말라할 때 중국의 대안으로 부상한 것도 인도다. 골드만삭스에서 브라질, 러시아, 인도, 중국의 신흥 경제 대국을 묶어 브릭스BRICs라는 용어로 이름 붙인 이후 신흥 경제 시장은 계속되는 관심사일 수밖에 없다.

인도는 영토와 인구가 거대하면서도 아직 1인당 국내총생산 GDP가 3000달러에 못 미치는 신흥국이다. 투자자들은 저렴하고 풍부한 노동력을 잘 이용하면 생산 비용을 낮추고자 하는 다국적 기업과 협력해 꾸준한 경제 성장을 이룰 수 있다고 믿는다. 통계 전문 기관 스태티스타에 따르면 인도의 2023년 국내총생산 성장률은 7.8%였는데, 이는 중국의 5.2%를 훨씬 뛰어넘는다. 참고로 한국은 1.4%를 기록했다. 국내총생산이 한 나라의 매출액이라고 가정하고 주요 산업군과 그 산업의 업황이 변함없다고 가정한다면, 국내총생산 성장률은 그 나라의 이익 성장과 같다. 또 장기적으로 이익과 주가가 동행한다고 보면 국내총생산 성장률은 국가의 주가지수 상승률이라고도 할 수 있다. 인도 주식시장이 매력적인 이유다.

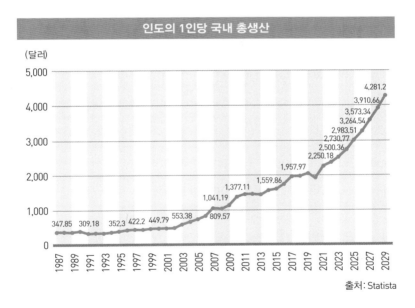

인도의 1인당 국내 총생산

(달러)

출처: Statista

그러나 아직 중국의 사례와 완전히 같다고 믿기는 어렵다. 인도 경제가 계속 높은 성장세를 보일 수 있는가에 대한 근원적 물음 때문이다. 인도와 중국이 가장 다른 것은 그들의 사회 구조에 있다. 인도는 힌디어와 영어를 포함해 헌법상 22개의 공용어를 쓴다. 2011년 인도 정부가 조사한 바에 의하면 제1화자 기준 5000만 명 이상이 사용하는 언어만 7개다. 중국도 방언이 많은 것으로 유명하지만 나라가 지정한 표준어는 만다린 하나다. 이것은 정치 제도와 관련이 있는데 인도는 28개 주와 9개 직할지로 이루어진 연방제 국가다. 사실상 여러 민족과 나라가 한데 엉켜 있다고 볼 수 있다.

반면 중국은 공산당의 일당 독재 체제다. 정치적으로 사회주의는 유지하되 경제적으로는 자본주의를 받아들여 중국 인민을 윤택하게 살게 했다. 시진핑 정부가 홍콩의 우산 혁명을 물리적으로 해산시키고 알리바바 창업자 마 윈을 억압하기 전까지 그랬다.

외국에서 공부한 중국의 인재들이 훨씬 나쁜 조건에도 불구하고 본국으로 돌아오는 반면 인도 청년들은 구글의 순다르 피차이, 마이크로소프트의 사티아 나델라 같은 미국의 빅테크 수장을 꿈꿀 수 있다는 점도 두 나라의 차이를 선명하게 보여준다. 중국 사람들은 설령 나중에 국가에 헌납할지언정 선진 문물을 모방해 자국에서 바이두, 알리바바, 텐센트를 창업했다. 사회 윤리적인 논의나 중국 경제의 향후 전망을 빼고 생각한다면 다양성을 존중하는 인도의 경제가 오랜 기간 문제 없이 성장할 수 있을지는 의문이 남는다.

2024년 6월 인도의 총선이 끝난 직후 나렌드라 모디Narendra Modi 총리가 이끄는 국민민주연맹National Democratic Alliance의 의석이 예

상과 목표치를 크게 밑돌자 증시가 하루 만에 5.9% 떨어진 것도 같은
맥락이다. 국가 주도의 제조업 중흥 및 인프라 투자를 추구하는 인도
정부의 동력이 떨어지고 민심을 잡기 위한 복지 재정 지출을 확대할
것이라는 우려가 생긴 것이다.

환율도 고려해야 한다. 인도 주식시장을 대표하는 센섹스 지수는
약 30년간 24배 가까이 올랐다. 연평균 11%라는 엄청난 수치다. 그
러나 30년 전 30루피로 교환할 수 있던 1달러는 지금 80루피를 넘게
가지고 있어야 바꿀 수 있다. 루피화의 가치가 거의 3분의 1로 토막
이 난 것이다. 미국 사람이 비슷한 시기에 인도 주식시장에 투자했다
면 수익률은 2300%가 아니라 800%에 불과했을 것이다. 물론 800%

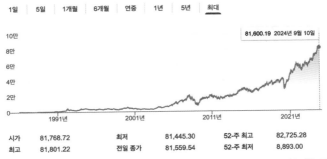

2024년 9월 10일 기준
출처: 구글

도 매우 높은 수치긴 하지만 말이다. 인도뿐만 아니라 팽창하는 신흥국 경제는 보통 물가상승을 동반한다. 따라서 자연스럽게 화폐 가치가 미국 달러화 같은 기축 통화와 비교해서 평가 절하되는 경향을 보이는 점에 유의해야 한다.

현재는 한국 증권사를 통해 인도 주식을 직접 거래할 수 없다. ETF를 비롯한 펀드 투자와 DRDepositary Receipt이라고 부르는 주식예탁증서 투자도 하나의 방법이다. 그중 미국 금융기관에 예탁된 것을 ADRAmerican Depositary Receipt라고 하는데 더퍼블릭자산운용도 이를 통해 인도 기업에 투자한 바 있다.

신흥국에 투자하는 법

신흥국에 투자할 때 승률을 높이는 전략 중 하나가 시차를 두고 선진국의 생활양식을 따라간다고 믿는 것인데 우리는 이것을 '타임머신형' 투자라고 부른다. '과거로 돌아갈 수 있다면 강남의 아파트를 살 텐데', '이 기억을 가지고 과거로 가면 엔비디아에 몰빵해야지' 하는 농담을 심심치 않게 하는데 해외로 눈을 돌리면 이 희망이 현실로 이루어진다. 한국보다 잘 사는 나라를 보고 나서 한국의 발전에 걸어볼 수 있고, 한국의 경험을 바탕으로 신흥국 유망 산업에 투자할 수도 있다.

글로벌 경제 데이터 업체 CEIC는 1인당 국민 소득이 4000달러를 넘으면 해외여행 수요가 폭발한다는 조사 결과를 발표했다. 내가 몸 담은 더퍼블릭자산운용에서는 인도 사람들의 살림살이가 나아질수록 일상에서 벗어나 여행을 다닐 것이라고 생각했다. 인도의 국민 소득은 증가하고 있었고 그중 이미 국내, 해외여행 예약을 독점하다시피 하는 기업이 메이크마이트립MakeMyTrip이었다. 메이크마이트립은 원래 인도인들이 많이 이용하는 국내선 버스와 기차 예약을 주된 사업으로 했으나, 점차 국내외 항공권과 숙박 분야로 사업을 확대하고 있었다. 인터넷 플랫폼 사업은 한번 이용자들을 모으면 그 이용자들을 고객으로 유치하기 위해 공급자나 판매자도 몰리게 된다. 다시 여행객 입장에서는 많은 항공권과 호텔을 비교할 수 있는 곳에 몰리게 되는 선순환이 발생하는데 이것을 네트워크 효과라고 한다. 네트워크 효과는 한번 구축하면 계속 단단해져서 경쟁자가 생겨도 깨뜨리기 어렵다. 미국의 아마존이나 한국의 쿠팡 등 전자 상거래, 인스타그램이나 유튜브 같은 소셜 미디어가 그렇다. 그래서 메이크마이트립의 미래가 확실하게 보였다.

선진국의 생활양식을 따라가는 것도 하나의 방법이지만 무엇보다 신흥국 투자는 속사정까지 파악하는 것이 중요하다. 인구가 많은 나라라고 해서 다 잘사는 것이 아닌 것처럼, 잠재력이 무궁무진한 신흥국은 그만큼 공부해야 투자 성과도 좋을 것이다.

2025 첨단 산업의
판도 변화

한국에서 첨단 산업이라고 하면 반도체, 이차전지, 바이오 의약품 등을 꼽을 수 있다. 몇 가지 분야의 화두를 짚어보자면, 먼저 반도체는 산업의 사이클상 여전히 좋은 국면에 있다고 본다. 수요가 꾸준한 상황에서 공급이 많이 줄어들어있기 때문이다. 시간이 지나면 반도체 가격이 오르고 다시 활황을 맞이할 날도 올 것이다. 주식투자 측면에서 본다면 낸드 플래시 메모리NAND Flash Memory 쪽에 더 주목하는 것이 맞을 것 같다. 반도체는 주로 연산 장치와 기억 장치로 나뉘는데 삼성전자나 SK하이닉스 등 한국이 주로 생산하는 반도체는 기억 장치 쪽이다. 이게 메모리 반도체인데, 메모리 반도체는 처리 속도가 빠르지만 상대적으로 용량이 적고 전원이 꺼지면 데이터가 모두 지워지는 디램DRAM과, 처리 속도는 다소 느리지만 용량이 크고 전원이 꺼진 이후에도 데이터를 계속 기억하는 낸드 플래시로 나뉜다. 예를 들어 연산 장치가 같다는 가정하에 스마트폰에서 여러 앱을 휙휙 움직이게 하려면 성능 좋은 디램이 필요하고, 많은 사진과 동영상을 저장하기 위해서는 큰 용량의 낸드 플래시가 필요하다.

디램 분야도 아직 호황이라기엔 이르지만 인공지능 때문에 2024년 주식시장에서 이미 많은 관심을 받았다. 챗GPT 등장과 엔비디아의 고공행진은 한국에서도 화제였고, '한국에는 인공지능과 관련된 주식이 없을까?' 하다가 튀어나온 것이 디램이다. 만년 2인자였던 SK하이닉스가 삼성전자보다 높은 주가 상승률을 보인 것도 이 때문이다. 반면 낸드 플래시 분야에는 별다른 호재가 나타나지 않아 같은 반도체 기업이라도 디램 쪽인지 낸드 쪽인지에 따라 명암이 갈렸다. 작년에 2024년에는 반도체 기업의 주가가 좋을 것으로 전망했는데, 인공지능 테마나 HBM 기술을 미리 알았던 게 아니라 수요와 공급의 논리에 따라 업황이 순환할 것이라는 명제에 따라 말한 것이었다. 낸드 플래시 메모리도 2025년에는 그러하길 바란다.

이차전지 산업은 현재 성장통을 겪는 중이다. 금리가 높아져 자동차 구매 수요가 줄어든 추세였고, 각국에서 전기차 관련 보조금이 축소되며 전체 자동차 시장 안에서 전기차의 점유율 상승세가 예전 같지 않다. 반면 이차전지가 새로운 산업의 쌀과 같다는 믿음 아래 많은 기업이 신규 진입자로 뛰어들고, 기존 플레이어들도 생산 능력을 크게 늘리면서 공급이 수요를 초과하는 상황이 발생했다. 대표 주자인 테슬라가 판매 가격을 낮추는가 하면 중요한 부품 중 하나인 배터리와 그 소재 가격도 급락하며 업체들의 수익성이 줄줄이 떨어졌다.

한국 전기차 관련 기업들은 대부분 이차전지 산업에 몰려 있다. 전기차와 이차전지 산업은 어떤 면에서는 궤를 같이하지만 다른 한편으로는 전혀 다른 산업의 특징을 가진다. 전기차 판매 대수와 이차전지 기업의 매출액은 비슷하게 움직일 것이다. 그러나 전기차가 어느 정도 대중화된 다음에는 사정이 달라질 수 있다. 전기차가 대중화되었다는 것은, 자동차를 움직이는 동력원이 전기인지 화석 연료인지 최종 소비자가 그 차이를 느끼지 못하게 되었다는 것과 같다. 이때쯤 되면 전기차의 주행 거리나 충전 속도는 브랜드마다 대동소이하기 때문에 소비자에게 어필 포인트가 되지 않는다. 자동차 마니아가 아닌 이상 기술에 관심 있는 사람은 소수일 것이고, 이차전지 기술이 표준화되어 전기차가 널리 보급되면 아마 지금의 내연기관 자동차처럼 브랜드나 디자인, 가격 정도가 중요할 것이다. 그러니 최종 소비자와 직접 만날 수 있는 완성차 업체들과 달리 이차전지 기업들은 끊임없는 경쟁 속에서 수익성을 희생할 수밖에 없을 것이다. 물론 완성차 업체들이 쉬운 길을 간다는 것은 아니다.

이차전지 산업의 미래는 평판 디스플레이의 사례로 짐작해볼 수 있다. '브라운관'이라고 불리던 옆모습이 튀어나온 TV를 아는가? 브라운관은 액정 디스플레이LCD를 이용한 평판 디스플레이가 나오면서 역사 속으로 사라졌다. 브라운관에 비해 훨씬 선명하고 반응 속도도 빠르며 두께도 얇은 TV가 출시됐으니 얼마나 혁신적이었겠는가? 전기차의 등장과도 같았을 것이다. 이 기술과 제품을 만드는 기업들의 몸값은 하늘 모르고 치솟았다. LCD로 전 세계를 호령했던 LG디스플레이도 마찬가지였다. 그러나 이후 LCD 출하 면적은 계속해서 증가했으나 LG디스플레이의 주가는 반대로 상장 이후 내리막길을 걸었다. 미래 혁신 기술에 대한 기대감은 이미 초기에 반영되고, 이후에는 치열한 경쟁 속에 수익성이 악화되는 모습이 거울처럼 투영된 것이다. 그리고 지금 LCD 시장은 중국 기업에 시장 점유율을 빼앗긴 상태다.

여기에 조선, 화장품, 모바일 게임 등 하나의 산업이 주식시장에서 크게 주목받은 이후 다시 주목을 받을 때까지 적어도 수년, 길게는 10년 이상도 걸린다는 사실까지 감안하면 이차전지 주식들의 미래는 어두울 것으로 보인다. 그러나 LG디스플레이 사례에서도 알 수 있듯이 제품 가격이 오르락내리락하는 사이클 산업의 경우에는 장기 하락 추세와 무관하게 1~2년 주기의 사이클을 관찰할 수 있다. 이차전지 기업들은 현재 첫 번째 호황 이후 첫 번째 불황을 맞고 있다. 적어도 한번은 다시 좋은 매도 기회를 얻을 수 있지 않을까 한다.

필진: 김현준

MONEY TREND 2025

3장

미래의
부동산 시나리오

FUTURE HOUSE SCENARIO

2025
집값 폭등설

부동산 시장에서 바라본 2024년의 한국 경제는 '전강후약'이라고 할 수 있겠다. 상반기에는 총선을 앞두고 정부에서 지출을 확대했으며 GDP가 작년에 비해 큰 폭으로 늘었지만 2분기에 마이너스 성장을 기록했다. 하반기에는 기저효과와 소비가 둔화되는 영향을 받아 확장세 역시 둔화될 것으로 예상되고 있다.

이런 상황에서 2025년에 집값이 폭등할 것이라는 이야기가 흘러나오고 있다. 왜 폭등설이 나오고 있을까? 최근 몇 년간의 집값 흐름을 살펴보자. 먼저 2024년 부동산 시장에서는 '서울 집값 상승'이 펼쳐지고 있다. 개별 아파트 단지를 보자면 거래가 늘고 있어 신고가가 나오는 단지들이 전국적으로 퍼져 있지만 실거래 지수 혹은 주간 동향으로 평가받는 전체 시장의 분위기는 서울이 주간으로 2024년

7월경 0.3% 상승으로 전환할 때, 지방은 여전히 −0.03% 수준으로 완전히 상반된 흐름을 보였다. 경기도도 주간으로 0.08% 수준이며, 6대 광역시 중에 인천을 제외하고 매매가와 전세가 모두 마이너스를 기록하거나 약보합세(시세가 변동하지 않거나 변동의 폭이 극히 작은 상태)를 보이는 것이 일반적이었다. 그만큼 시장의 수요가 서울로 몰려 있었다는 의미다. 서울을 중심으로 집값이 상승되자 많은 전문가는 2024년 하반기부터 지방 광역시를 포함해 지방도 시차를 두고 강세장으로 전환될 것으로 예상하는데, 필자는 지방 집값 상승에 관해선 다소 회의적이다.

먼저 2024년 부동산 시장을 이해하는 좋은 방법이 있다. 부동산 시장이 하나의 이름으로 통칭되지만, 들여다보면 각기 다른 환경이라는 점을 알아야 한다. 특히 일반적으로 부동산 시장은 아파트 시장을 의미하지만 비아파트 시장도 존재한다. 2024년 부동산 시장은 강세로 기록되겠지만 비아파트 시장은 하락세나 약세로 기록될 것이다. 이처럼 전체 시장이 아니라, 세부적으로 구분해서 보는 것이 2024년 부동산 시장을 이해하는 데 도움이 된다.

그런 맥락에서 먼저 살펴볼 부분은 아파트 시장에서 '일반 아파트'라고 불리는 9억 원 미만 아파트 시장이다. 편의상 9억으로 선정한 이유는 정부의 주요 금융 프로그램들 매수 상한 가격이 9억 원 정도로 결정되고 있기 때문이다. 그리고 국토부 아파트 구분에서도 9억 미만을 일반, 9~15억 이상을 고가, 15억 초과를 초고가 아파트로 부르고 있다. 이런 기준을 적용해서 9억 미만을 일반 아파트라고 하고 시장의 강세 원인을 살펴보고자 한다.

2024년에 9억 미만 일반 아파트 시장에서 집값이 오른 요인에는 2022년 말부터 확대된 서울 지역 비아파트 기피 현상, 그로 인한 비아파트와 아파트 간 수급 불균형이 만들어낸 아파트 전세가 상승이 근간이었다.

2024년 6월 주택 유형별 거래량과 증감률

구분	24.6월	24.5월	23.6월	증감률(24.6월)			누계(24.1~6월)		
				전월 대비	전년 동월 대비	5년 6월 평균 대비	거래량	전년 동기 대비	5년 6월 누계 평균 대비
전체	55,760	57,436	52,592	△2.9%	6.0%	△27.6%	310,751	13.2%	△25.3%
아파트	43,300	43,278	39,622	0.1%	9.3%	△17.8%	236,374	16.2%	△16.2%
(수도권)	21,888	19,842	17,401	10.3%	25.8%	△8.0%	103,175	23.7%	△16.8%
(서울)	6,150	5,182	4,136	18.7%	48.7%	18.4%	24,775	41.5%	2.5%
비아파트	12,460	14,158	12,970	△12.0%	△3.9%	△48.9%	74,377	4.5%	△44.4%

단위: 건
출처: 국토부

주택의 유형별 거래를 보면, 2024년 상반기까지 비아파트의 거래량이 전국적으로 5년 평균 대비 44.4% 감소했고, 전체 유형의 거래량 감소를 주도했다. 전체적으로 25% 수준의 감소다. 아파트는 16% 감소, 서울 아파트의 경우는 5년 평균 대비 2.5%의 증가가 있을 정도로 거래량이 치솟았으나, 비아파트의 경우에는 사실상 반토막이 난 셈이다. 그만큼 시장에서 비아파트의 비중이 줄어든 게 눈에 띈다. 비아파트는 건설 임대 사업자들이 집을 짓고 나서 이후 판매하거나 임대하는 형식을 취하는데, 비아파트 거래량의 위축은 자연스럽게 비아파트 신규 착공의 위축으로도 이어졌다.

2024년 6월 누계 거래건 중 월세 거래량 비중

구분	전체 주택				아파트				비아파트			
	5년 평균	2022년	2023년	2024년	5년 평균	2022년	2023년	2024년	5년 평균	2022년	2023년	2024년
전국	46.0	51.6	55.3	57.5	38.3	41.8	43.9	43.9	52.8	59.7	66.1	69.6
수도권	45.0	51.2	54.2	56.7	38.2	43.2	43.6	44.0	50.2	56.7	63.0	66.4
서울	47.6	52.9	56.9	60.1	37.7	43.2	43.5	42.9	52.3	57.2	64.1	68.3
지방	47.8	52.6	57.4	59.2	38.3	39.7	44.4	43.8	59.7	67.9	73.9	77.7

단위: (%)
출처: 국토부

전월세 거래 형식을 보면 더욱 눈에 띈다. 전체 주택 중 먼저 서울을 보자. 아파트는 월세 거래 비중이 2022년 43.2%에서 2024년 상반기 42.9%로 사실상 차이가 없거나 일부 낮아졌다. 그런데 비아파트를 보면 월세 거래 비중이 2022년 57.2%에서 2024년 68.3%로 약 10%p 정도 증가했다. 서울의 주택 수가 약 394만 호, 비아파트가 200만 호라고 볼 때, 비아파트의 전세 - 월세 거래 비중에서 월세 비중이 10%p 증가한 것은, 수치로는 약 12만 호 이상의 가구가 전세에서 월세로 전환했다는 의미가 된다.

2024년 상반기 서울에서는 총 44만 호의 임대차 거래가 있었는데,

이러한 비중의 변화를 적용해본다면 2024년 상반기 서울에서 월세는 30.1만 건, 전세는 14만 건인 것이다. 과거라면 44만 건 중 25.1만 건이 월세, 19만 건이 전세다. 상반기에만 5만 가구 이상이 전세에서 월세로 갔거나, 혹은 아파트 전세로 가거나, 매매 수요로 갈만한 유인이 존재하는 셈이다. 이런 흐름은 전세 사기가 가시화된 2022년 하반기 이후 본격화되는 추세를 보였다. 특히 2023년부터 본격적으로 월세화가 이뤄진 점을 고려하면, 2년간 비아파트와 아파트는 수급 불균형을 낳았고 이는 아파트 전세가가 오르는 데 충분한 역할을 했을 것으로 판단된다.

비아파트 전세 기피와 아파트 전세 선호 현상의 정점은 2024년 말쯤으로 예측된다. 그 이유는 통상 임대차 계약이 2년 단위이기 때문인 점이 크다. 2022년 하반기부터 2024년 하반기까지 신규 혹은 계약을 갱신할 임차인들이 적극적으로 월세 혹은 아파트로 이동한다면, 2025년에 접어들어 시간이 지나면 아파트 전세가가 더욱 크게 치솟기보다 어느 정도 소강상태가 될 것으로 보인다. 즉 어떤 대책이 나와서 해결되는 게 아니라, 사람들 대부분이 월세 거래를 선택하면서 수급 불균형이 '일부는' 종료될 수 있다는 의미다. 이런 상황을 겪으며 아파트 가격이 초고가로 치솟은 서울에서조차 연립, 다세대를 포함한 단독주택 등 비아파트 매매가격이 내려가고 있는 건 시사점이 있다. 비아파트 임차 수요가 낮아졌기 때문에 전세와 월세 시세의 하락이 발생했고, 이것이 매매가 하락으로 이어진 것이다.

현 정부에서도 이런 점이 2년간 전세가격이 급상승한 배경임을 인지하고 있다. 2024년 6월에 발표한 주거 안정 대책의 핵심 정책을 보면 그렇다. '비아파트'에 임차인들이 전세로 들어오지 못하는 이유가 임차보증제도 가입이 불가능한 현재의 공시가격제도에 기반하고 있다 보니, 외부 감정평가사를 활용해서 임차보증보험 가입이 불가능한 주택의 임대인이 이의 신청을 하면, HUG가 지정하는 감정평가사를 통해 감정평가를 받고, 그럼 현재보다 가입 조건이 좀 더 완화되지 않겠느냐 하는 기대감을 내비치고 낸 대책이기 때문이다.

다만 직접적으로 전세보증보험의 가입 허들을 낮춰 발급하게 하는 형태가 아니라(이런 제도 변화가 2020년 기형적인 빌라 공급의 확대와 깡통전세인데도 보증보험서를 발급하는 일들로 이어졌고, 이후 2022년 빌라 전세사기의 단초가 되었다), 감정평가사를 활용한다는 점에서 실효성에 의문이 생긴다. 그렇기 때문에 대책이 나온 지 3개월이 지나도 큰 변화가 없지만 정부 역시 비아파트 문제가 심각하다는 것을 충분히 인지하고 있다는 점이 유의미하다.

결국 2025년 집값은?

2025년 주택가격, 특히 아파트 가격 급등설의 배경 중 상당수는 공급부족에 기인하고 있다. 그런데 역대 최저로 공급량이 부족했던 2023년의 경우를 보더라도, 40조 원 규모의 특례보금자리론과 은행의 50

년 주택담보대출이라는 대책이 아니었다면 주택 시장은 위축된 모습을 유지했을 가능성이 적지 않다. 또한 지난 25년의 주택 시장 역사를 보면 주택 공급은 주택가격이 상승하면 후행해서 증가하고, 주택가격이 하락할 때는 후행해서 감소해왔다.

그렇기 때문에 2024년과 같은 서울 아파트 가격 상승장에서는 서울의 정비 사업이 속도를 내면서 2026년은 몰라도 2027년에는 다시 공급이 증가할 가능성이 적지 않다. 그러니 매년 공급량에 따라 주택 시황이 널을 뛸 것으로 생각하기보다, 주택 공급은 집값 흐름에 후행해서 변화하는 지표라고 볼 필요가 있다.

주택 공급 부족은 시장의 심리를 자극한다. 특히 임차료가 상승하는 2024년과 같은 시점에 공급 부족 논리는 임차인의 임차료 불안 심리를 자극하고, 이는 주택의 매수 수요로 전환할 가능성이 높아지게 한다. 그래서 자연스럽게 '가장 위험에 덜 노출되고 싶어 하는 임차인'이 종국에 가장 높은 가격에 주택을 구입하는 마지막 사람이 되면서 집값 상승 사이클이 종료되곤 했다. 2024년 하반기부터 본격화된 공급 부족 논리는 이번에도 구매력을 갖는 마지막 임차인들을 찾아내면 강세장이 종료될 것으로 사료된다. 그 시점을 2024년 겨울 정도로 판단하고 있다. 이런 흐름이 어떻게 흘러갈지에 따라 부동산 전략을 세워야 할 것이다.

강남 3구와
마용성의 위력

2024년 부동산 시장은 이례적인 부분들이 많다. 먼저 전세가 상승 원인을 살펴보자. 주택가격과 전세가격이 동행한다는 것을 확인한다면 전세가를 오르게 만드는 요인은 크게 ① 임대차 수요 공급, ② 금리 및 대출, ③ 성장 기대감이 작동하는 것으로 볼 수 있다. 그런데 통상적으로는 금리와 대출이 전세가를 결정하는 핵심 요인이지만, 2023~2024년은 임대차 수요 공급에 해당하는 '비아파트 기피'로 인한 아파트 전세 쏠림이 존재했다. 이것이 특히 비아파트 주택이 많은 서울의 전세가격을 밀어 올리고 있다고 사료된다.

서울의 실거래 지수가 강세로 전환한 것은 2024년 5월부터였고, 정부에서 "강세장이 장기화되기 어렵다"라고 발언하며 발표한 2024년 7월 18일 대책 이후에는 오히려 더 추가 상승하는 모습을 보였다.

왜 그럴까? 비아파트 전세 기피 현상 때문에 벌어진 강세 정도로는 설명하기 어려운, 특히 서초구, 강남구와 마용성(마포구, 용산구, 성동구)으로 대표되는 지역에서 추세적 강세가 나타났기 때문이었다.

이들 지역은 비아파트를 떠나 전세가 장벽 자체가 높은 곳이다. 그래서 이 지역의 주택 시장을 읽으려면 또 다른 접근이 필요하다. 앞서 말했듯 9억 미만을 일반 아파트 시장이라고 한다면 2024년 서울 아파트 가격 지수를 끌어올린 아파트들은 그 반대에 있는 매매가 15억 초과, 즉 초고가 아파트들이었다. 이 아파트들이 2024년 5월부터 일제히 사상 최고 가격이 나오는 지역들이 등장하면서, 실거래 지수가 상승하는 일이 발생했던 것이다.

전용 면적 85㎡의 '국민주택'이라고 불리는 주택가격이 평당 1억 원 이상인, 소위 하이엔드 지역의 경우 해당 주택을 구매하는 계층은 돈에 제약이 없거나 거의 없는 경우라고 봐야 할 것이다. 과거에는 가구소득을 기준으로 고소득 맞벌이가 구입할 수 있는 수준이었지만, 현실은 고소득 맞벌이 수준을 넘어도 아득히 넘었다.

현금 흐름과 부동산 구매력

주택의 수요Demands는 집이 필요한데 구매력이 있는 경우Needs+Money인 상태를 의미한다. 수요의 개념 자체가 그렇다. 그럼 돈은 어디서 올까? 돈은 오직 3가지 경로에서 온다. 첫째, 경상적으로 반복되는 소득에서 온다. 이는 종합소득세를 낼 때 합산하는 소득이라고 봐도 무방하다. 둘째는 금융기관 대출 혹은 기타 대출로 불리는 가족 간 융자나 대출 등에서 온다. 마지막은 처분 소득에서 온다. 처분 소득은 주식이나 부동산, 코인 등 기타 자산에 투자하고 좋은 성과가 날 때 처분하는 과정에서 발생한다. 이 세 가지가 현금 흐름의 경로이며, 당연한 말이지만 이는 부동산 시장에 영향을 끼친다.

구체적으로 살펴보자면 가계의 구매력이 올라가는 시기도 위의 흐름으로 돈이 잘 벌리는 시기다. 가령 반도체나 IT 경기가 좋아지는 경우, 이들 산업의 소득이 성장하는 속도가 가팔라질 수 있고 이것이 한국의 성장률을 높이면서 GDP 증가, 소득 증가로 이어진다. 이때 구매력이 증가하고 그래서 GDP와 주택가격 사이에 높은 상관관계가 발생한다.

두 번째로 대출도 DSR(소득 대비 갚아야 할 원리금 비율 지표)이든, DTI(부채 상환 능력을 소득으로 따져서 대출한도를 정하는 계산법의 비율)이든 결국 소득을 기반으로 계산하는 것이다. 소득이 높고 금리가 내려가는 경우엔 대출 한도가 커지기 때문에 자연스럽게 구매력이 증가한다. 그래서 LTV(주택 담보 대출 비율)가 50%일 때보다 70%일 때 구매가 증가하는 것이다.

마지막 처분 소득은 통상 자산시장이 강세인 경우에 늘 발생했다. 대표적으로 2020~2021년 코로나19 시기를 생각해보면 좋다. 이때는 '모든 것이 버블Everything bubble'이라고 불렸고 이 시기에 가계의 처분 소득이 급증했다. 처분 소득의 급증은 다음 해의 '양도 소득세 신고액'을 통해 확인할 수 있는데 아쉽지만 실시간 확인이 어렵다. 다만, 자산시장이 강세로 갈 때는 처분 소득도 자연스럽게 증가하는 법이다.

비아파트 기피와
강남 집값의 상관관계

이 세 가지 소득 경로가 2024년 시장에 미친 영향은 무엇일까? 먼저, 주식시장에서 코스피와 코스닥이 2024년 5월을 전후로 고점을 기록했다. 2024년 초부터 인공지능 붐으로 반도체 관련 주식이, 또 화장품 업종 주식이, 또 밸류업 프로그램으로 은행, 자동차 등 다양한 시가총액 대형주의 가격이 치솟았다. 미국 주식의 경우 나스닥이 2024년 7월 중순에 약 18,000포인트를 고점으로 지속해서 상승했고, 다우는 2024년 7월 약 41,000포인트의 지수 레벨을 유지하다 7월 말 하락했다. BTC도 2024년 4~7월 사이에 급등해 7만 달러를 노릴 정도로 상승했고 이후 7월 말~8월 초를 기점으로 고점 대비 20% 하락했다.

즉, 2024년 상반기에는 전 세계 거의 모든 자산이 채권을 제외하고 모두 올랐다고 말할 수 있을 정도였다. 나스닥은 전고점을 뚫어서 역대 최고 상승세를 실현했다. 자연스럽게 투자 성과가 좋아졌고, 이것이 결국 소득과 대출, 처분 중에 처분 소득의 증가에 영향을 주었다고 본다.

서울 부동산 시장도 사실 가격대에 따라 각기 다른 수요층을 보유하고 있다고 판단된다. 초고가 아파트 가격의 랠리를 주도하는 경우에는 소득 – 대출 – 자산 처분의 삼박자가 잘 맞아떨어지는 가구들이 적극적으로 집을 매입하는 경향을 보이고, 통상 자산가격이 강세일 때 강세로 나타난다. 아울러 이런 주택들의 경우 시가총액 자체가 너무 크다. 약 3000세대로 구성된 주택에서 10가구만 거래하고 이후 호가를 높인다면, 주식시장에서 삼성전자나 SK하이닉스의 시가총액이 상승할 때 지수가 상승하는 것 같은 수준의 영향을 준다. 정리하면 2024년 5월부터 7월까지 3개월간 서울 주택가격이 소수점 첫째 자리의 주간 동향을 보일 정도의 강세장 바로 직전에, 2024년 1월부터 7월까지 존재한 자산시장 초강세가 영향을 주었다고 보는 것이 가능하다는 것이다. 이는 수요와 공급, 특히 수요라는 개념의 원천으로 들어갔을 때도 부합한다.

따라서, 강남 3구와 마용성으로 대표되는 초고가 주택 시장의 전망은 자연스럽게 경제와 매크로, 마지막으로 자산시장에 큰 영향을 받는다고 할 수 있다. 비아파트 기피 현상으로 일반 아파트(9억 원 미만)의 전세가 강세장으로 바뀌고 매매가 확대되는 흐름이 나타나는 것보다, 오히려 자산시장이나 매크로 영향을 받는 것이 초고가 주택 시장이라고 볼 수 있다. 국제적으로 초고가 주택 시장은 글로벌 자산시장과 점차 동조화될 것이다.

미국 대선의 영향

다만 2024년 8월 기준 글로벌 자산시장에 자산가격이 일부 조정되었고, 연말까지 미국 대선 결과에 따른 불확실성을 포함해 일부의 경기가 둔화되거나 인공지능 테마에 대한 우려가 나타난 바가 있어 자산가격의 긍정적인 상승은 2024년 7월에 단기적으로 일단락되었다는 모양새라고 할 것이다.

2025년은 미국 대선의 결과가 한국에 어떤 영향을 끼칠지 고려해야 하는 불확실성을 안은 채 맞이하게 될 것이다. 2024년 상반기와 같은 낙관적인 환경보다는 다소 시장의 과열을 경계하는 식으로 시작할 가능성이 높다. 그래서 큰 틀에서 보면 전반적으로는 부동산 시장이 2024년의 과열과는 달리 안정세를 보일 것으로 판단된다.

이런 분석은 과거의 경험에 기반한 것이다. 2021년 9월 천준호 의원실에서 발표한 보도자료 중, 당시 코로나19 기간 서울에서 발생한 약 19.4만 호의 주택 구매 일지를 정리한 〈자금조달계획서〉의 분석이 있었는데 그 분석에도 위와 같은 상황이 발생한다. 2020년은 전 정부에서 15억 초과인 주택에 대해 신규 구입자금 대출을 중단한다거나 토지거래허가제의 도입, 또 9억 초과인 아파트에 갭 투자를 어렵게 하는 대책 등이 복합적으로 나타난 상태에서도 서울의 주택가격이 최고가를 기록했다.

지금은 그때가 '제로금리와 임차료 초강세' 때문에 전세가격이 치솟고 이후 매매가격도 치솟았음을 모두 알고 있다. 그런데 그 시기의 자금조달계획서를 분석한 자료를 보면, 서울 약 20만 호의 주택을 평균 8억 원의 가격으로 거래한 금액 155조 원에 관한 분석에서, 가장 높은 자금원으로 활용된 것은 소득도 아니고 대출도 아니었다. 바로 처분 소득이었다. 즉, 종전 부동산 등을 처분하고 벌어들인 소득이 155조 중 가장 높은 비중인 57조 원을 차지한 것이다. 주택담보대출은 18조 원으로 전체 자금 중 11%로 낮았다. 이는 사람들이 집을 살 때 과거 1주택자가 새로 1주택으로 갈아타는 게 수요의 근간이었음을 보여주었다.

초고가 아파트 가격은
글로벌 자산시장을 따라간다

이 시기의 경험은 결국 자산시장이 강세로 가면, 그것이 자기 예언적 과정으로 가면서 다시 부동산 가격을 끌어올리고, 그렇게 자산가격 강세로 인해 주택 시장도 강세가 나타날 수 있음을 의미한다. 실제 2021년에도 이러한 흐름이 가속화되는 경향이 있었다. 서울 자산시장은 2022년 6월이 되어서야 실거래가 마이너스로 전환했는데, 이때는 자산가격이 미국의 금리 인상으로 일제히 하락을 시작한 시기였다. 즉, 서울의 주택가격 랠리를 막은 것은 공급 정책이 아니고 금융시장 여건과 자산시장 환경의 변화였고, 자산가격의 변화 그 자체가 시장 가격을 안정화시키는데 기여한 셈이다.

2024년 8월에도 이와 유사한 흐름이 나타났다. 2024년 7월을 기점으로 미국 증시와 암호화폐, 한국 부동산 가격이 단기 고점을 형성하고 이후 조정세가 나오는 과정이 길어지면서, 부동산 시장 중 초고가 시장 역시 잠시 소강상태에 진입했다. 그야말로 모든 자산시장끼리 동조화되는 경향이 극에 달했고, 특히 고가 자산일수록 동조화가 심화되고 있다.

9억 미만 일반 아파트는 부동산 대책을 통해서 충분히 대응할 수 있을 수준이지만, 초고가 아파트의 경우는 다르다. 글로벌 자산시장이 강력하게 동조화 흐름을 탄다면, 정부에서 대책을 낸다고 해도 실질적으로 먹힐 만한 것이 거의 없을지도 모른다. 2020~2021년 코로나19 위기 속에서 제로금리로 인해 자산가격이 초강세를 보였던 건 2022년에 고금리로 잡혔지, 주택 공급으로 잡힌 게 아니었다. 이는 2024년에 이뤄지고 있는 부동산 시장 강세도 결국 앞으로 글로벌 자산시장에서 이뤄지는 조정으로 잡힐 가능성이 높다는 것이다. 이는 지금뿐만 아니라 미래에도 지속해서 반복될 수 있다. 왜냐하면 어느새 서울 아파트의 경우, 모든 구매력 중에서 처분 소득이 가장 큰 구매력의 원천으로 전환해버렸기 때문이다.

반대로 시장의 이런 흐름은 건강하지 못한 주택 수요를 의미하기도 한다. 과거의 주택 구입은 무주택에서 1주택으로 전환하는 신규 수요와, 1주택인데 다른 주택으로 갈아타는 수요 등이 혼재했다. 그러나 지금은 비중 측면에서 신규 수요가 감소하고 1주택인데 갈아타는 비중이 증가하고 있다. 이는 만성적인 거래 위축을 불러올 가능성이 적지 않다. 부동산 시장의 유동성에 제약이 생긴다면 이런 요인 때문일 것이다.

지방 부동산 시장의
그림자

2024년 부동산 시장은 세부적으로 매우 상이하게 펼쳐졌다. 앞서 말했듯 아파트와 비아파트 시장이 다르고, 아파트 중에서도 초고가 아파트와 고가 아파트, 일반 아파트가 다르고, 또 서울이냐 지방이냐에 따라서 달라진다. 여러 개의 시장이 존재하는 것이다. 그중 가장 대중적으로, 또 직관적으로 와닿을 분석은 서울 집값과 지방 집값일 것이다. 이런 구분은 과거부터 있었으나 2024년 부동산 시장의 흐름이 그 차이를 더 증폭시킨 경향이 있다. 그 이유는 무엇일까?

코로나19를 거치며 한국 사회는 생애 첫 인구 감소기를 보내게 된다. 이전에는 출생자 수가 사망자 수 대비 큰 격차가 느껴질 만큼 높았으나 2020~2021년부터 눈에 띄게 수치가 달라졌다. 이제는 출생자 수보다 사망자 수가 더 많고, 자연스럽게 총인구가 감소하고 있다.

인구 감소 속도는 앞으로 더 가팔라질 것으로 예상되는데, 그 배경에는 모두가 알고 있듯 초저출산이 자리 잡고 있다. 초저출산에 따른 미래의 총인구 감소나 가구 감소는 지금보다는 2035~2040년쯤부터 영향을 미칠 것으로 사료되니, 현재 시점에서는 문제 해결에 있어 10~15년 이상 남았다고 생각할 수 있다. 그러나 인구 변화가 현재 주택 시장에 영향을 미치는 것이 가능하냐고 묻는다면 충분히 가능하다고 본다. 이미 부동산 시장은 초저출산이 만들 미래를 어느 정도 예견하면서 대응하고 있고, 그것이 2024년 유난히 심화되고 있는 것이 아닐지 추측한다.

초저출산이 시장에 광범위하게 영향을 끼치고 있다고 판단되는 이유는 당장 시장의 거래량과 가격 패턴의 극심한 격차가 나타나서다. 서울과 인천, 경기도의 경우 주택가격이 상승세지만, 지방은 광역시든 지방시든 하락세 혹은 약보합세를 유지하고 있다. 예전엔 서울에서 집값이 오르거나 서울이 규제지역으로 지정되면 이후 시차를 두고 비서울 혹은 지방으로 수요가 옮겨가는 경향이 나타났다. 특히 전 정부 5년 동안 이러한 현상이 매우 일반적이었다.

한국에 초저출산율이 전 국민에게 각인된 것이 2022~2023년이다. 이 시기를 전후로 매달 사망자수가 출생자수를 1만 명 이상 앞지르는 것이 일반화되었다. 서울은 여전히 0.5명대를 유지 중이고 세종시 출산율이 1명 이하로 떨어졌으며, 지방의 인구 유출도 지속 중이다. 이에 부동산 시장은 6대 광역시 중에서도 인천을 제외한 5대 광역시 시장에 대해서 보수적으로 판단하고 있는 듯하다. 이런 점이 시장의 흐름에도 영향을 준다고 보인다.

무엇보다 현재 지방 부동산 시장은 인구와 가구가 수도권으로 빠져나가면서 매매가 둔화되는 흐름이 있다. 그런 가운데 신축 주택의 광범위한 공급으로 미분양이 증가했고, 건설사 PFProject financing(건설이나 택지 개발 사업에 필요한 자금을 위해 이뤄지는 대출 등 금융 수단)가 해결하기 어려운 구간으로 진입하고 있다는 것이 문제다. 이런 국면에서 지방 부동산 시장이 활기를 찾으려면 수요가 지방으로 옮겨가는 형태의 변화가 필요하다. 그러나 시장의 자율적 판단은 정반대로 지방을 두고 서울, 수도권으로 몰리고 있다. 특히 서울과 수도권 지역의 투자자들이 지방에 투자하는 비중이 가장 높았던 시기가 2020~2021년이었는데, 이 비중은 현재 회복하지 못하고 있고 오히려 수도권 투자자들의 손실을 가중시키고 있다. 그래서 수도권 부동산 시장이 강세장으로 흐르더라도 지방 부동산이 회복하지 못하면 임대차 거래가 갱신될 때마다 역전세로 인한 현금 흐름 유출이 발생할 것이다. 수도권 다주택 투자자들이 반기지 않는 포트폴리오가 되는 것이다.

자가 비중과 갭투자

2017년 9월부터 규제 지역에서 주택 거래 시 자금조달계획서를 의무화했고, 정부는 주택 임대차 제도를 활성화하면서 자금조달계획서 상의 갭투자 비중을 주기적으로 발표해왔다. 2017년 9월부터 시작된 정부의 자금조달계획서를 2018년 말 김상훈 의원실 보도자료를 통해 접하면서 확인했던 부분은, 주택가격이 상승하면 필연적으로 갭투자 비중이 늘어나며, 갭투자가 전국 모든 지역에서 나타났다는 점이었다.

통상적으로 자가 비율과 임대차 비율의 해당 지자체 평균이 있다. 보유가 아닌 점유율이 실질적인 임차율을 의미하는데, 전국 자가 점유율이 2022년 말 기준 57.5%, 임차율은 42.5% 수준이다. 따라서 전국적으로 갭투자 비중이 저 수치를 넘어서는 수준부터 과열이 발

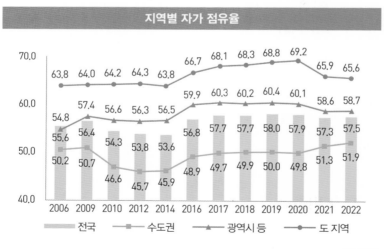

지역별 자가 점유율

단위: (%)
출처: 2022년 국토부 주거실태조사

생하곤 했다. 수도권은 자가율 51.9%, 임차율 48.1%이고, 광역시는 자가율 58.7%, 임차율 41.3%이다.

주택 시장이 과열되던 시기에 보증금을 승계한 갭투자 비중은 자금조달계획서상 50%를 넘기고 일부 초과열되던 시점에는 60%도 넘곤 했다. 갭투자는 소유자가 외지에 살아도 무방하기에, 지방 강세장에서는 갭투자 비중 상승과 함께 원정 매수 비중도 늘어나곤 했다. 그렇게 2020~2021년 2년간 수도권 거주자의 지방 원정 매수도 정점을 기록했다.

그런데 2024년 기준, 국토부가 발표한 갭투자 비중은 2023년과 2024년 모두 40% 미만을 기록하고 있다. 이는 사상 최저 수준의 갭투자 비중이다. 국토부에서는 자연스럽게 2023~2024년을 갭투자보다 실수요자에 의한 시장으로 봤다. 실수요자들의 시장을 분석해볼 때, 서울 및 수도권 수요의 상승과 지방 수요가 약해지는 것이 동시에 나타나는 것은 앞서 초저출산과 미래의 도시 구조 변화, 지방 소멸 등을 우려하는 인식이 주택가격과 거래에 분명한 영향을 준다는 신호일 수 있다.

실수요자 중심의 시장은 지방에 투자자 수요가 감소했다는 것이 되고, 이것이 지방 주택가격이 하락하는 주된 원인이 된다. 반대로, 실수요만으로도 집값 상승세를 보이는 서울 부동산이 지방과 다른 것은, 결국 출산율과 지방 소멸 이슈로 인한 수요의 차별성이 영향을 끼친 것이 아닐까 한다.

정리하면 전국적으로 2025년 부동산 시장은 실거래 지수 기준으로 매매가격이 1~2% 이내인 안정적 시장을 전망한다. 서울은 집값 상승장의 여운이 있고 초고가 주택, 소위 '트로피 아파트'를 중심으로 지수 상승이 존재할 것으로 판단되어 지수 기준 2~3% 정도 상승할 것으로 예측된다. 지방은 지수 기준 −1~1% 이내, 경기도는 1~2% 이내, 인천은 2~3%, 그 외 5대 광역시는 −1~1%의 상승을 전망한다.

멀티플이
집값을 보여준다

2023년에 저서《아파트, 이 가격 오면 사라》에서 아파트 가격을 전세 곱하기 멀티플로 구분해서 보는 방식을 도입한 적이 있다. 멀티플Multiple은 주식 가치를 평가하는 지표 중 하나로, 기업의 주가를 그 기업의 재무 지표로 나눈 값이다. 삼성전자가 이익의 10배에 거래된다거나, SK하이닉스가 순자산가치의 1.6배에 거래되는 등 자산시장은 X*멀티플의 형태로, 특정 지표에 배수를 곱해서 표기된다. 그것은 이익일 수도, 매출일 수도, 순자산가치일 수도 있다. 주택 역시 전세 곱하기 멀티플로 설명할 수 있다. 모든 자산시장에서 멀티플이 높아지면 가격도 상승하고, 멀티플이 낮아지면 가격도 하락한다는 것이다. 그럼 멀티플은 언제 상승하고 하락할까? 또는 A 자산의 멀티플이 2배인데 B 자산은 멀티플이 1.5배라면, 두 자산 사이에는 어떤 차이가 있을까?

한국 아파트는 멀티플 변화를 잘 보여주는 시장 중 하나다. 보통 멀티플은 성장성이 높다고 생각하는 자산에 높게 부여되는 경향이 있고, 성장성이 낮다고 생각되는 자산에는 현저히 낮게 부여된다. 즉, 멀티플 자체가 성장성을 대표하는 경우가 일반적이다. 그렇다면 가장 성장성이 높다고 생각되는 지역의 아파트는 어디겠는가? 서울이 거론되는 것이 합리적이라 생각할 것이다. 사실은 세종시가 좀 더 높게 나온다. 그러나 세종시 부동산보다는 서울과 비서울을 비교하기 위해 서울에서 높은 멀티플이었던 과거와 현재를 보는 것부터 시작하는 것이 좋겠다.

시장 가격을 결정하는 가장 중요한 코어는 전세가를 포함한 임차료의 수준이다. 임차료는 경기, 금리, 수급 3대 요건을 반영해 결정되며, 장기 성장성을 반영해 멀티플이 적용된다. 현재 실거래 지수 기준 서울의 아파트는 160포인트로, 전고점 183포인트에 비해 14% 정도 낮다. 아마 2024년 6~7월의 가격 상승 등의 요인을 반영하면 연말까지 165~170포인트 정도에 도달할 것으로 보인다. 지수 기준 전고점을 넘지는 못하는 상태지만 90% 이상 회복하며 한 해를 마무리할 것 같다.

서울 아파트의 멀티플은 2023년 10월에 1.9배로 정점을 찍었고 2024년 하반기는 하향되어 1.8배 수준으로 내려갔다. 직관적으로 보자면 전세가격이 상승한 만큼 매매가격이 상승하지 못하고 있어서 멀티플이 내려오는 것으로 해석할 수 있다. 멀티플=매매가/전세가로, 전세가율의 역수 개념이다. 그런데 앞서 말했듯 현재 전세 시세 상승이 지난 2년 동안 아파트와 비아파트 간 수급 불균형에 기반해 움직였음을 고려하면, 2024년 하반기에 매매 지수가 반등할 것으로 보인다.

수도권 아파트는 매매 지수가 2024년 5월 실거래 기준 141포인트 정도이며 하반기를 고려할 때 145포인트 수준으로 마무리할 가능성 높아 보인다. 수도권 아파트 멀티플은 2024년 1.7배까지 상승했다가 현재 1.64배 정도로 내려왔으며, 이 역시 전세 시세의 변화에 기인한 것으로 판단된다. 일부 매매가 상승이 있을 때 멀티플이 다시 올라가겠지만, 1.7배로 피크는 본 것으로 볼 수 있고, 1.6배 수준에서 유지

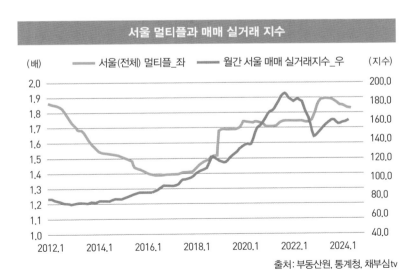

출처: 부동산원, 통계청, 채부심tv

수도권 멀티플과 매매 실거래 지수

(배) ── 수도권 멀티플_좌 ── 월간 수도권 매매 실거래지수_우 (지수)

출처: 부동산원, 통계청, 채부심tv

할 가능성이 있다.

마지막으로 지방은 지수 기준 100포인트 정도로 지속될 것으로 판단된다. 이는 지난 코로나19 기간 이후 사실상 큰 변화가 없다는 의미다. 비수도권에는 지방 광역시가 포함되어있다. 멀티플의 경우 이전의 1.35배에서 1.4배 수준까지 올라왔는데, 이는 전세가격이 하락했음에도 불구하고 매매가격이 비슷한 상태를 유지하면서 나타나는 현상으로 볼 수 있다. 다만 2025년에 지방은 일반적으로 입주 물량이 적을 것으로 예상되어, 공급 부족으로 인한 임차료 하락 요인이 적을 것으로 사료되어 현재의 멀티플이 유지될 것이다.

멀티플은 전국 부동산 가격의 편차를 만들어내는 핵심 지표 중 하나가 되었다. 멀티플은 한번 자리를 잡으면 단기간에 쉽게 변하지 않

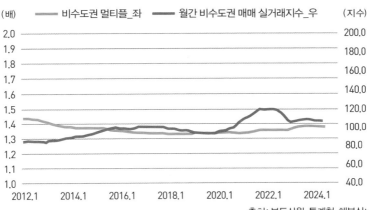

비수도권 멀티플과 매매 실거래 지수

(배) ── 비수도권 멀티플_좌 ── 월간 비수도권 매매 실거래지수_우 (지수)

출처: 부동산원, 통계청, 채부심tv

는 특징을 보인다. 세종, 서울이 가장 높고 이후 경기도, 인천과 광역시, 지방 도시 순으로 이어지는 멀티플 순위가 미래에도 유지될 것이다. 멀티플이 2배인 지역에서는 전세가격이 5000만 원 상승하면 매매가격은 1억 원 상승한다. 멀티플이 1.4배인 지역에선 전세가격이 2000만 원 상승하면, 매매가격은 2800만 원이 상승하는 식이다. 반대로 하락할 때 역시 전세가격의 변화가 매매가의 변화를 더 크게 만들어낸다. 멀티플이 2배인 지역이라면 전세가 6억, 매매가 12억인 상태에서 전세가격이 5억으로 하락한다면 매매가격은 10억으로 하락할 가능성이 높다. 이는 전세가 2억, 매매가가 2억 8000만 원인 지역에서 전세가격이 1억 8000만 원으로 하락했을 때, 매매가격은 2억 5200만 원으로 하락하는 것과 같다. 그만큼 높은 멀티플을 보이는 지역일수록 집값의 변동성이 높아질 수밖에 없다. 그럼 멀티플이 성장성을 반영한다고 할 때, 한국 사회에 큰 이슈 중 하나인 초저출산과의 관계는 어떻게 될까?

인구가 부동산을
만든다

한국 출산율은 1980년대 이후 점진적으로 하향했고, 2016년부터 합계출산율이 1.0명을 깨고 하락하는 속도가 가팔라지며 결국 2023년 0.72명으로 떨어졌다. 이에 따라 부동산 시장에도 인구감소와 주택가격의 관계를 궁금해하는 시각이 늘어났다.

인구 변화는 자연스럽게 부동산 시장에서 주택 선호에 영향을 미치고 있다. 특히 지금 2030세대 중 지방을 떠나 서울에 정착하는 이들이 급증하고 이것이 지방 도시 소멸과 이어지고 있다. 이런 흐름이 장기화되면 서울로 몰려드는 인구, 이후 서울에서 인천, 경기도로의 이주, 마지막으로 지방을 이탈하는 인구가 합쳐져서 수도권 과밀의 시대가 심화될 것으로 전망된다.

현재 수도권 인구 집중도는 전 세계 1위 수준이다. 총인구 중 50%

가 넘는 사람들이 모여 살고 있다. 일본에서는 도쿄 1극 체제를 들며 위기라고 하는 상황인데 일본의 1극화가 도쿄권(도쿄+요코하마)에 인구의 34%라는 것을 보면, 한국은 1극 정도가 아니라 1황 체제라고 불러도 무방할 정도다.

수도권 1극 체제가 심화되면서 지방의 전세 수요는 떨어지고, 매매가 시세 역시 약세 혹은 하락세가 지속적으로 발휘되고 있다. 서울 및 수도권 일부 지역은 이와 정반대다. 중요한 것은 현재 청년 가구, 아이가 있는 가구, 생애 최초 가구들이 서울 및 주변 인근 지역의 주택을 제1의 매수 후보지로 검토하는 게 당연시되었다는 점이다. 또한 젊은 층은 40~60대와 달리 대부분 아파트에서 태어나서 아파트를 주거지로 생각하는 'Generation APT'라고 불릴 만하다. 40~60대는 과거에 단독주택, 다가구, 다세대, 아파트 등 다양한 주거유형을 거쳤지만, 현재 20~30대는 대부분 아파트를 보고 자란 경우가 적지 않아서 주택 선호도 아파트에 집중될 수밖에 없다. 비교하자면 서울의 아파트 vs 비아파트 비중이 48% vs 52% 수준인데, 그래서 서울 아파트가 비싸면 자연스럽게 경기도 아파트로 매수 영역을 넓히게 되고 수도권 거주를 선호하는 흐름이 고착화되고 있다.

한국의 인구 변화와 출산율은 전 세계적인 화두가 된 지 오래다. 그와 동시에 우리는 또 다른 우리의 모습인 초고령사회를 놓치지 말아야 한다. 사실 한국 부동산 시장은 초저출산으로 인해 미래의 주택 수요자 풀이 급감하는 것도 있지만 제도적, 물리적 정비가 다 되지 않은 상태에서 초고령사회를 맞이하게 되어 샌드위치처럼 꼬인 상태다.

한국 인구는 2020년 5182만 명에서 2021년 5163만 명, 2022년 5143만 명, 2023년 5132만 명으로 4년 연속 감소했다. 전체 인구 구성을 보면 50대가 전체 중 16.94%로 가장 높고, 40대가 15.44%, 60대는 14.87%, 30대는 12.87%, 70대 이상은 12.31%이며, 20대는 12.07%, 10대 미만이 15.55%이다.

구분	10대 미만	10대	20대	30대	40대	50대	60대	70대 이상
	2023년 성별 및 연령대별 인구 현황							
전체	333만 (6.49)	465만 (9.06)	620만 (12.07)	658만 (12.81)	792만 (15.44)	870만 (16.94)	763만 (14.87)	632만 (12.31)
남자	171만 (6.68)	239만 (9.36)	324만 (12.66)	342만 (13.38)	403만 (15.76)	439만 (17.15)	376만 (14.69)	264만 (10.31)
여자	162만 (6.31)	226만 (8.77)	296만 (11.49)	315만 (12.25)	389만 (15.12)	431만 (16.73)	387만 (15.04)	368만 (14.30)

단위: 명, (%)
출처: 통계청, 행정안전부

65세 이상을 고령 인구라고 하는데, 고령 인구수는 973만 411명으로 전체의 18.96%이다. 2022년 926만 7290명보다 약 46만 명이 증가했다. 한편, 생산 가능 인구인 15~64세는 약 3593만 명으로 2022년 약 3628만 명보다 감소했다. 2024년 초등학교 입학 예정인 만 6세 인구가 36만 명대로 전년의 41만 명보다 4만 8442명, 11% 이상 감소했고 역대 처음으로 40만 명 밑으로 내려갔다.

생산 가능 인구 100명당 고령 인구를 부양하는 비율을 노인 부양비라고 한다. 2023~2026년에 노인 부양비는 21.8에서 25.8로 증가할 것으로 예측된다. 이는 생산 가능 인구의 25.8%만큼 노인이 있다는 의미다. 2032년이 되면 그 비중은 40%를 넘기고, 2041년에는 60%, 2053년엔 80%, 2065년에는 100%에 도달하게 된다.

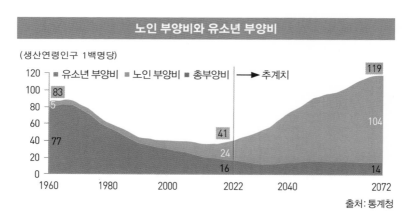

노인 부양비와 유소년 부양비

(생산연령인구 1백명당)

출처: 통계청

물론 요즘은 65세가 넘어도 경제 활동을 영위하는 인구가 적지 않다. '영피프티', '영식스티'가 얼마든지 나올법한 환경이다. 그러나 은퇴 시점 이후의 경제 활동에 대해서는 높은 임금을 받기가 어려운 것이 현실이기에, 경제 활동에서 유의미하게 생각하는 생산성 자체는 낮아진다. 따라서 높은 임금 소득이 발생하지 않는 노인 인구로 구성된 노인 부양비의 증가는 국가 전체로 본다면 거시적 차원에서 총생산의 감소로 이어질 요인으로 작동한다. 일부 세대나 개인은 이런 상황에서도 얼마든지 다른 경제적 성과를 낼 수도 있겠지만 국가 전체, 즉 거시적 레벨에서는 생산성 감소와 총 국민소득의 감소가 발생하게 된다. 이것이 초고령사회에 진입하는 한국이 내재한 큰 리스크 중 하나다. 역사상 어느 자본주의 경제 체제도 마이너스 성장을 디폴트로 잡고 운영하지는 않는다.

노인을 위한 도시는
없다?

전 세계 도시의 모습은 서울 강남과 비슷하다. 차량을 중심으로 차로가 넓고 초대형 슈퍼 블록에 의해 구분되는 도시 구조를 갖는다. 세계적으로 대도시들의 구조가 비슷한 이유는 인구 300만 명 이상의 도시가 가능하다는 것을 입증한 모더니즘 건축가 르 코르뷔지에의 '빛나는 도시' 이론이 지대한 영향을 끼쳤기 때문이다.

그런데 이제 초고령사회로 간다면 차량으로 이동하는 것보다 다시 도보 생활권 내에 도시의 핵심 기능들이 필요하다고 주장하는 도시 학자들이 등장하고 있다. 특히 '15분 도시' 이론을 전파 중인 카를로스 모레노와 같은 인물이 그렇다. 모레노가 주창하는 15분 도시는 도보 생활권으로 15분 내로 이동할 수 있는 곳에 일자리, 학교, 시장, 공원, 문화 시설, 생필품 유통 시설 등이 모두 존재하는 도시다. 이런 도시들이 가장 생산성이 높은 미래형 도시라고 주장한다. 초기에는 15

분 도시 이론에 관해 여러 오해가 있었지만 최근에는 결국 도보 생활권 도시의 개념들이 점차 확대되고 있다. 카를로스 모레노가 프랑스에서 주로 활동하고 있어 이미 파리는 구시가지 지역에서 그의 이론을 접목한 도시 설계를 적용하고 있다.

많은 사람이 15분 도시가 마치 '저밀도 도시'를 의미한다고 생각하는 듯하다. 그러나 그 누구도 도시가 저밀도여야 된다고 말하지 않는다. 빛나는 도시 이론 이후 전 세계 도시 계획의 흐름을 바꾼《미국 대도시의 죽음과 삶》의 저자인 제인 제이콥스도 도보 생활권 도시의 중요성을 주장하면서, 상황에 따라 도시는 얼마든지 고밀도가 될 수 있으며 다만 다양한 주거 유형의 공급이 필요하다고 했다. 즉, 한국 역시 15분 도시라는 은유법으로 표현되는 도보 생활권 도시를 만드는 데 있어서 밀도가 문제가 될 수는 없을 것이다.

지금 서울은 건물의 용적률, 즉 건물 밀도는 낮지만 인구 밀도는 세계 최고 수준이다. 그러니 건축물의 적합한 배치와 재구성이 필요하고, 그 과정에서 정비 사업만으로는 불가능하다는 것을 쉽게 예측할 수 있다. 앞으로는 고령자 친화형 혹은 미래 산업에 적합한 도시 구조로 변경이 필요할 수 있다. 하지만 지금의 도시 계획은 여전히 1900년대 관점에서 '주거 지역', '상업 지역', '중심 상업 지역CBD' 등 용도와 기능 중심의 도시 구조를 유지하고 있어서 비효율과 비합리를 포함하고 있다.

현재 구도심의 재개발 트렌드를 선도하는 도시가 도쿄와 뉴욕이라고 할 때, 이 지역의 건축물 재개발 트렌드를 보면 단일 기능화가 아니라 복합 기능화로 가는 추세다. 서울의 재건축, 재개발이 '주택에 포커스를 맞춘 구도심 재생'이라는 것과 상반된다. 일본과 미국에서는 도시 재개발이 주택만의 재개발을 의미하지 않는다. 한국은 주거 이외의 기능을 제공하는 형태의 재생 사업이 거의 없다. 아무래도 주택 재생만을 바라보고 있다 보니 간극이 점차 커져서 현재는 다른 다양한 도시 기능들에 대한 제공을 적절히 하고 있지 못한 실정이다. 가령 서울 25개 구 중 산부인과가 없는 구가 3개이고 이후 학교가 사라질 구도 나타나는 등 서서히 도시 기능이 마비되는 구역이 생기고 있다. 서울의 구 단위는 경기도 1개의 시에 육박하기 때문에 구 단위 자기 지역에 필요한 도시 기반 시설을 적극적으로 확충하는 형태로 계획이 필요한 시기다.

추가로 초고령사회 현상을 반영해서 도보 생활권을 자기 지역에서 발전시켜야 한다. 앞서 언급한 제인 제이콥스는 그의 저서에서 도보 생활권과 차량 생활권을 각각 Foot people과 Car people로 구분했다. 도보만큼 편한 이동 수단은 없으며, 도보가 가능한 고령자라면 보행 보조 장치를 통한 보행도 얼마든지 가능한 것이 일반적이다. 고령자 도시는 승차와 하차를 반복하며 장거리 이동을 하는 게 아니라 인접한 근린 지구에 관련 시설들을 많이 확보해야 한다. 현재 서울의 모습과는 다소 거리가 있다. 물리적 측면에서의 인프라 역시 아직 미흡하고, 개별 시설들이 그리 노인 친화적이진 않다. 한국의 고령자 대상 접근은 '시니어 주택' 등 여전히 기능주의적 접근을 하는 경향이 있다. 그러나 고령 인구가 늘어날 것은 자명한 사실이기에 근린 이동 수단 확보, 다양한 문화 프로그램과 지원 프로그램 등 고령자의 편의성을 높이는 서비스들을 확대하는 것이 중요하다. 정책적으로도 방안이 마련되어야 하지만 산업 측면에서도 고령자를 위한 시장이 더 커질 것이다. 이런 것이 도시의 물리 구조와 맞물렸을 때 시너지가 날 수 있다. 특히 건축물의 수명은 길기 때문에 지금 만들어 놓지 않으면 미래에는 더욱 고치기 어려워진다.

눈앞에 닥친 초저출산과 초고령사회. 수요는 즉각적으로 변화할 테지만 그에 비해 한국의 주요 도시, 특히 서울은 충분히 준비되지 않은 상태다. 우리보다 앞서 초고령사회에 진입한 국가들의 도시 구조나 프로그램들을 벤치마크하고, 이를 통해서 우리가 더 훌륭한 체제를 만들어야 하는 시점이 바로 지금이다. 지방 소멸이나 죽은 도시 지역이 더 이상 생기지 않기 위해서라도 예전의 도심 재생이 아닌 다양한 방향으로 도심 재생에 힘써야 할 것이다.

아이 없는 나라의 부동산

2023년 말 한국은행은 현재의 초저출산 기조가 장기화되는 경우, 2040년 전후에 한국 성장률이 제로에서 마이너스로 내려가는 일이 발생할 수 있음을 예고한 바 있다. 총생산이 감소하는 상황은 경제 활동에서 종종 경험하는 일이지만, 경제 성장이 추세적으로 마이너스로 하락하는 것을 전제하면서 경제활동을 하기란 어렵다.

근본적으로 경제 규모의 위축이 본격화된다면, 그 안에서는 미시적인 변화와 기회를 찾을 수 있겠지만, 거시적으로 보면 전 자산시장이 추세적 하락을 맞이하게 될 가능성이 적지 않다. 그렇다면 우리 사회가 미래에 한국의 총생산이 마이너스로 전환될 것이 확실시된다고 인식하게 되었을 때, 앞서 언급한 멀티플 역시 상당한 변화를 맞이하게 될 것이다. 멀티플이 변화하면 부동산 시장 역시 변화된다.

주택의 전세는 단순한 회계상으로 따졌을 때 20년 치 임차료의 합산액과 유사하다. 예를 들어 월세가 300만 원인 주택은 연세 3600만 원인 것과 같은데, 그럼 전세는 20년 치에 해당하는 7억 2000만 원인 경우가 많다. 또 서울의 경우 이런 지역은 멀티플 2배를 부여하면 매매가격이 14억 4000만 원인 경우가 일반적이다. 그렇다면 주택가격에 단순 산술 연도로만 40년 치의 임차료가 반영된 셈이다. 예금 금리가 제로인 상황이라면 앞서 14억 4000만 원으로 매년 3600만 원의 임차료를 냈을 때 그때는 임차료를 40년 치 내면서 산다고 볼 수 있다.

14억 4000만 원의 돈이 있고 올해 3600만 원을 임차료로 내면, 남은 14억 400만 원에 대해서 금리가 1%라고 했을 때 잔액은 얼마로 불어날까? 이자가 1% 붙는 것으로 계산하면 40년이 아니라 51년 동안의 임차료를 내면서 살 수 있다. 이자율이 2%라면 어떻게 될까? 그때는 훨씬 증가해서 78년 동안 거주할 수 있다. 아마 이 정도로 거주하게 된다면, 주택은 수명을 다하고 재건축을 기대할 수 있을 것이다.

이처럼 현재의 주택가격은 단순 산술로는 서울의 경우 멀티플 2배라면 40여 년 동안 거주할 수 있는 임차료의 합산 금액과 유사하다. 경기도의 멀티플이 1.6배라면, 약 32년을 거주할 수 있는 비용이며, 지방이 1.4배라면 이는 28년을 거주할 수 있는 비용이 나온다. 그런데 2040년 전후로 한국의 잠재성장률이 마이너스로 전환된다면, 임차료가 이 시기를 전후로 역성장할 가능성이 발생할 것이다. 혹은 임차료가 상승하더라도 주택의 공실이 증가하게 되면서 자연스럽게 공실 리스크가 발생하게 될 것이다.

초저출산이 낳은 성장률 저하, 그리고 부동산의 변화

이 논리라면 이후 한국의 저성장 혹은 역성장이 구체화되는 시기가 인지될수록 미래의 성장성을 고려하는 멀티플은 지금의 지방 소도시들이 경험하는 것처럼 미래 시점에는 내려갈 가능성이 있다. 현재 지방의 멀티플 1.4배를 단순 수식으로 환산하면, 약 28년 후에는 지방이 사라질 수 있음을 감안하고 나타나는 밸류에이션이라 할 수 있을 것이다. 서울의 멀티플은 국내에서 가장 오래 유지되겠지만, 이대로라면 미래의 주택가격은 아마도 재앙에 가까워질 가능성이 적지 않다.

이러한 수요와 인구의 사회적 이동을 고려한 부동산의 미래, 그것도 수십 년 후의 미래를 지금부터 예상하는 것은 쉽지 않다. 불확실한 부분도 상당히 존재한다. 그러나 이미 한국의 부동산 시장은 지방 소멸의 이슈로 지방 부동산에 대해서 '소멸'이라는 딱지를 붙이며 낮은 밸류, 즉 낮은 멀티플을 부여하고 있다. 반대로 서울을 포함한 세종 등 장기간 생존할 것으로 예상되는 지역에는 높은 밸류에이션과 멀티플을 부여하고 있다. 당연히 집값에도 영향을 미칠 수밖에 없다.

이런 추세는 과거에 이어 현재, 미래에도 이어질 것이고 미래의 자산시장에 부정적 영향을 미칠 가능성을 완전히 배제해선 안 된다. 그런 의미에서 2023년 말을 기점으로 국내에 초저출산 이슈가 닥치며 서울마저 멀티플이 1.9배 평균에서 1.8배 수준까지 내려오는 것이 심상치 않다. 물론 지금은 기우이자 매우 먼 미래일 것이다. 그보다는 2025년 이후 국내에 일어날 변화는 지방 소멸이 먼저고, 수도권 1극 체제가 심화되며 과잉된 수요가 나타날 가능성이 높다는 것이다.

그럼에도 한발 앞서 생각해야 할 것은 주택의 '가격'만 보는 것이 아니라, 가격을 2가지 요소로 나눠 지금 집값의 변화가 임차료에 기반한 변화인지, 멀티플이 변하는 것인지 살펴보면서 대응해야 한다는 점이다. 임차료가 변한다면 금리나 임대차 수급 요인의 변화이고, 미시적인 환경의 변화를 의미할 가능성이 높다. 물론 금리는 거시적 요인이지만, 멀티플의 변화는 그보다 더 거대한 미래의 성장성에 대한 변화를 보여준다. 그렇기에 집값 흐름의 요인을 여러 갈래로 나눠 고려해보자.

금리에 좌우되는
주택 가격

금리는 부동산 가격에 절대적인 영향을 미칠 정도로 중요한 지표다. 금리는 통상적으로 자산가격 측면에서 미래 현금 흐름의 할인율로 받아들여질 때는 낮을수록 유리하며, 반대로 임차료 측면에서 경제 성장률의 기저로 판단할 때는 성장률이 낮을수록 금리도 낮아지는 경향이 있다. 그러므로 이때는 오히려 성장률이 높은 것이 좋고, 저금리는 성장의 둔화를 의미하니 낮은 것이 자산에 부정적으로 영향을 미친다. 즉, 금리 개별 요인은 부동산에 긍정적일 수도 있고 일부는 부정적일 수도 있다. 그러나 성장률과 같이 볼 때는 현재의 금리가 부담되는 수준인지, 혹은 완화적인지 비교할 수 있기에 이 둘을 같이 비교해서 금리의 영향을 판단하는 것이 적합하다.

2025년 한국의 기준금리는 어떨까? 최소한 중립 금리 수준까지 내릴 압력을 받을 것이다. 이미 2024년 하반기 시장 금리는 한국의 금리가 인하될 것을 선반영해서 기준금리보다 50bp 이상 낮은 상태를 유지하고 있다. 한국은행의 기준금리 인하가 발생하더라도 당장 부동산 시장에 엄청난 과열을 불러일으킬 것으로 보이지는 않는다. 2024년 8월 시점으로 시장 금리는 2%대 후반을 기록하면서 기준금리가 2~3회 인하(75bp down)될 것을 기정사실화하고 있어 이런 수준으로 금리가 변화하는 건 이미 선반영을 어느 정도 하는 것이다.

2025년의 금리 환경은 2024년보다는 자산가격에 우호적인 영향을 미칠 것이다. 물론 시장 금리가 한국은행의 기준금리보다 이미 6개월~1년 이상 선행했기에 시장 금리가 미리 변화하고 기준금리가 따라오는 형태로 결정되는 것처럼도 보인다. 2024년이 그랬던 것처럼 2025년도 유사한 흐름일 수 있다.

다만 2024년과 달리 2025년에는 다소 터프한 경제 여건이 발생할 부분이 2가지 있다. 첫째는 PF 문제가 2024년 말부터 해소될 거라고 기대되는 과정에서 일부 충격이 초반에 나타날 수 있다는 것이고, 둘째는 2024년 11월 미국 대선 결과로 인해 무역 정책을 포함한 다양한 북미 경제 정책의 변화로 한국의 산업이 복잡한 영향을 받을 가능성이 있다는 점이다. 경제는 항상 도전의 역사다. 한국의 경제가 도전을 받고 반도체로 대표되는 기업들의 경기가 좋지 못하다고 가정한다면 이때는 성장률이 위축되는 흐름이 이어지고 금리가 하락 압력을 받을 가능성이 적지 않다. 설상가상으로 GDP 중 민간 소비 비중이 계속 하향하는 추세다 보니, 체감하는 실물 경기가 개선되지 못하고 있다는 점도 고려해야 한다.

결국 금리가 인하된다면

기본적으로 금리가 내리면 임차료는 상승한다. 같은 월 200만 원의 현금 흐름이라도, 금리가 4%일 때 200만 원×12개월(연세) / 4%를 계산하면, 전세 6억 원이 된다. 그러나 이를 3%로 할인하게 되면, 전세 8억 원이 된다. 그렇기 때문에 시장 금리가 4%에서 3%가 되는 과정에서 다른 조건이 동일하다면 임차료는 월세 기준으로 동일한 지출이 발생하지만, 전세 기준으로는 30% 이상 상승하는 경우가 발생한다. 6억에서 8억 원으로 계산된 것처럼 말이다.

과거 2011~2017년에 일어난 일들을 살펴보자. 기준금리와 시장 금리가 지속해서 하락하고, 당시 6~7%의 시장 임대차 금리가 이후 3%대까지 내려오면서 평균적으로 전세가 3억이 6억이 되는 일이 발생한 게 서울 주택 시장이었다. 멀티플도 1.4배에서 바닥을 찍고 1.9배까지 상승했기에, 전세가격 6억 원×1.9배를 하면 11억 4000만 원까지 단박에 올라간 것이 이 시기였다.

따라서 다른 조건, 가령 경제 성장률이 크게 훼손되지 않는 국면에서 금리가 내려오는 속도가 더 빨라질 수 있다면, 이는 집값이 상승하는 요인이 될 것이다. 2025년 이후의 부동산 시장에서 금리는 그래서 중요한 요소다. 다만, 금리 그 자체만으로 모든 것을 설명하기는 어렵다. 이미 시장은 2024년 7~8월의 조정을 통해서 경기가 둔화될 우려가 더 클 때, 자산시장이 이례적 조정을 받을 수 있음을 확인한 바 있다. 그러니 금리 인하를 볼 때는 경제가 어느 정도 탄탄한 가운데 금리를 서서히 내리는 것과, 경제가 좋지 못해서 내리는 것 사이에 막대한 차이가 있음을 인지해야 한다.

1기 신도시
정비 사업의 시대

현 정부의 부동산 공약 중 가장 시장 친화적인 공약이 '노후 계획도시 법'이다. 시작은 '1기 신도시 특별법'이었으나 일부 지역의 특혜 시비 와 함께 노후 계획법으로 이름을 변경해 국회에 통과되며 제정되었 다. 2024년 말 기준으로 선도지구 3.6만 호 내외를 규정하고 이들 지 역에 대해 특별 정비 구역을 정하게 되면, 한국 역사상 최초로 1기 신 도시의 재건축이 본격화될 것이다.

1기 신도시 재건축이 추진되는 과정이나 이를 통해서 미래의 주거 상을 짐작하는 것은 어렵지 않다. 이전의 도시 정비법을 기준으로 하 면 약 30만 호인 1기 신도시가 10만 호 늘어나 약 40만 호가 될 것으 로 예상되었는데 노후 계획법으로 재건축을 진행할 때는 거의 2배 에 해당하는 60만 호로 30만 호가 더 지어질 수 있기 때문이다. 왜냐

하면 노후 계획법의 용적률 상한은 450%로, 현재 1기 신도시의 평균 용적률 210%의 2배를 넘고 있어서다. 면적이 동일하게 지어진다면 2배 이상 증가할 가능성이 높다.

이만큼의 대규모 정비 사업이 한국에 등장한 적은 없었다. 1기 신도시가 일제히 재건축된다고 가정하고, 그 시기에 서울도 정비 사업이 활성화된다면 특정 연도의 주택 멸실 물량과 이주 수요의 폭증이 약 3년간 그대로 쌓일 가능성이 있다. 예를 들어 2028년도에 이주한다고 하고 이때 첫 이주를 3.6만 호, 이 시기에 서울의 정비 사업을 2만 호로 생각하면 1차 연도에 5.6만 호가 이주하게 될 것이다. 2차 연도에도 준공 주택이 없으니 5.6만 호, 3차 연도에도 5.6만 호가 이주하게 될 것이다.

경기도에서만 도합 10.8만 호, 서울에서도 6만 호가 이주하는 경우 이때 이주하는 수요만 16.8만 호에 해당하는데, 4년 차가 되어서 공사가 준공된다고 하면 4년 차에도 5.6만 호가 멸실되고, 반대로 서울은 2.4만 호 준공, 경기도는 3.6만 호의 2배인 7.2만 호가 건설되어 총 9.6만 호 내외가 건설될 것이다. 그렇다면 이때 실질적 증가는 9.6만 호에서 5.6만 호를 차감한 4만 호가 된다. 따라서 매년 4만 호가 늘어날 것을 고려하면, 3년 누적으로 약 15.6만 호가 누적된 것을 따라잡는 시점은 4~5년 차가 된다. 이는 멸실된 것부터 합치면 무려 7~8년 차라는 의미다. 즉, 신도시 정비와 이주로 임차료가 최고치로 상승할 것이고 이에 따라 기존 주택 역시 집값 상승의 압력이 대거 발생할 것이다.

설령 전체 1기 신도시가 아니더라도 이와 유사한 효과가 발생한다. 1기 신도시 재건축에서 가장 중요한 것은 먼저 개별 단지의 경우엔 자기 단지의 정비 사업을 무사히 마무리 짓는 것이다. 그리고 부동산 시장을 다루는 정책을 펼치는 부서에서 해야 할 일은 임대차 시장에 대한 균형 관리일 것이다. 이게 실패한다면 2020~2021년에 일어난 일들과는 비교할 수 없을 수준의 임대차 대란이 올 수도 있다. 이는 결코 기우가 아니다.

신도시 재개발, 집값은 얼마나 오를까

다만, 위의 집값 상승 예측이 그대로 일어날 가능성은 아직 낮다. 첫째, 정비 사업은 시행 과정에서의 돌발 변수가 너무 많다. 민간 정비 사업의 주체는 어디까지나 민간이다. 그래서 정부가 기획하는 시기보다 사업이 더 더뎌질 가능성이 늘 있다. 역사상 민간 정비 사업이 갈등 없이 진행된 사업이 없었으며, 갈등의 종류도 시대가 발전함에 따라 매우 다양해졌다. 특히 2022~2024년을 거치며 공사비가 상승한 문제도 있다. 과거에는 조합원들끼리의 갈등이 조합과 비대위 형태로 나타났다면, 현재는 조합과 시공사, 조합과 인허가청 등 다양한 이해관계자들이 얽인 갈등 양상이다. 그렇기에 정비 사업의 주무 부처인 국토부 차원에서도 이러한 민간 조합사업의 갈등을 충분히 조정할 필요도 고려된다.

둘째는 정비 사업이라면 '사업성'이 사업의 알파이자 오메가인데, 사업성에 대해 무조건 유리하게 생각하기가 현재로서는 어렵다. 일반 분양, 즉 제3자의 수분양 대금을 통해서 사업을 추진하는 현재의 정비 사업 체제는 '남의 돈을 써서 사업을 하는' 형태가 된다. 이는 장기수선충당금을 쌓아서 '자기가 자기 집을 고치는' 개념의 주택 정비와 대비된다. 남의 돈으로 정비 사업을 해온 건 한국의 오랜 정비 사업의 역사다. 일반 분양의 가격이 높아야 진행할 수 있었고, 사회는 이런 방식에 익숙해졌다.

그런데 현재 수도권에 이 정도 규모의 정비 사업이 진행되었을 때 해당 지역에 쏠리는 매매 수요를 소화할 수 있을지는 아직 불확실성이 높다. 또한 수도권 안에서도 수요 공급의 쏠림현상이 나타나고 있는데 한국의 장래인구추계상 경기도 역시 인구가 마냥 증가하고 있진 않다. 이런 상태에서 대규모 정비 사업이 발생하는 지역으로 가구 이동이 발생한다면, 반대급부로 이탈이 나타나는 도시에서는 멀티플이 내려올 가능성이 적지 않다.

현재는 지방의 출생률이 더 높지만, 멀티플은 지방이 더 낮다. 이유는 앞서 말했듯 지방에서 태어나 성인이 되었을 때 수도권으로 이동하는 인구가 많기 때문이다. 마찬가지로 경기도 역시 1기 신도시 정비 사업이 되는 시점에, 상당한 가구 이동이 나타날 가능성이 적지 않다. 따라서 이때는 다소 큼직한 수준의 가구 이동이 발생하면서 경기도 안에서 주택 시장이 일부 양극화될 가능성이 있다. 이를 고려한다면, 현재 1기 신도시 재건축 속도는 기대했던 것보다는 둔화될 가능성이 적지 않다. 상당한 갈등이 지자체 간에 발생할 수 있어서다. 결국 정비 사업은 관이 개입하고 인허가를 해주는 절차 사업이다. 자기 지역에서 가구 이동이 발생하는 지자체의 몽니가 있을 가능성도 적지 않다.

셋째는 현재의 노후 계획도시법을 2024년 말 기준으로 생각한다면, 선도지구는 전체 정비 사업 지구에서 선정하겠지만, 경제성을 고려한 실질적 추진은 분당 신도시 정도로 제한될 가능성이 적지 않다는 점이다. 이렇게 된다면, 이 법에 대한 특혜 논란이 불거질 수도 있다. 물론 법대로 했는데 분당만 재건축하는 것에 뭐라고 할 사람은 없다. 그러나 당시 여당 측 인사인 국민의힘 김희국 의원이 회의 중 "이 법은 분당 신도시 재건축을 위한 법으로 노후 계획도시법의 이름을 한 양두구육법"이라는 말을 할 정도였기에 논란의 소지가 될 가능성을 눈여겨봐야 할 것이다. 논란이 생기면 이에 대응하고자 정비 사업이 인허가 방식임을 활용해 시간을 끌 가능성도 없지 않다. 그렇기에 노후 계획도시법상의 정비 사업을 적극적으로 끌고 간다고 하더라도 향후 발생할 최선과 최악의 변수들을 모두 고려할 필요가 있다.

부동산 시장
생존 전략

모든 자산은 순환한다. 과열이 있고 과하게 침체하는 시기가 있다. 높은 가격은 사람들에게 관심을 불러일으키지만 무리한 포지션을 잡게 하고, 자산이 조정되는 과정에서 시장에서 퇴출당하게 만든다. 한번 퇴출당하면 시장에 재진입하기가 쉽지 않다. 반대로 시장이 저점이라면 그때는 용기를 낼 필요가 있다. 시장은 끝없이 순환하는 게 기본 생리이기 때문이다.

그런 의미에서 현재 부동산 시장이 어떤 상태이며 앞으로 어떻게 될 것인지 예측할 때 좋은 방법은 해당 자산의 상승 폭과 하락 폭의 상-하한선을 고려하는 것이다. 한국 부동산의 경우 서울은 멀티플이 최대 1.9배를 기록한 것이 정점이며, 이는 1.8배인 지금 대비 약 6% 내외의 업사이드가 존재한다는 뜻이다. 반대로 하락의 경우에는 1.4배를 기록한 바 있고, 이는 아래로도 약 22% 정도의 다운사이드가 존재함을 의미한다. 이런 경우에는 집값이 다소 비싸다는 인식 하에 보수적으로 대응해서 나쁠 것이 없다. 유명한 기업이라고 주가가 좋은 것은 아니라는 워런 버핏의 말처럼 내가 아는 지역, 아는 아파트라고 해서 그 아파트 가격이 매수에 좋냐면 그건 또 아닐 수 있다. 반대일 때도 그렇다. 그러니 앞서 강조했듯 가격만을 볼 것이 아니라, 집값을 움직이는 두 개의 레버인 임차료와 멀티플의 변화를 모두 보면서 대응한다면 좋은 성과를 볼 수 있을 것으로 사료된다.

마지막으로 정부 대책도 눈여겨봐야 한다. 2022년엔 금리 인상과 함께 대출 수요 고갈, 자산시장 폭락이 발생했으나 이 시기 이후에 정부의 적극적인 프로그램 발표가 있었다. 2023년 특례보금자리론, 2024년 특례신생아론이 그것이다. 2024년 8월 발표한 부동산 안정 대책에서는 빌라 무제한 매입 프로그램을 발표하기도 했다. 금융 시장의 안정성을 중요하게 생각하는 것처럼 부동산 시장의 안정성 역시 중요하게 생각하고 정부가 대응한다는 의미일 것이다.

주요 국가의 정부는 거대한 자산시장에 대해 여러 프로그램을 사용하면서 관리하고 있고 한국도 그 방향으로 거듭나고 있다. 시장의 변화에 따라 정부가 발표하는 정책을 활용해서 내 삶에 맞도록 따라가는 것도 방법일 수 있다. 특례보금자리론과 특례신생아론은 상당한 파워를 자랑했고 시장을 돌려세우는 위력을 발휘했다. 인위적인 수요 촉진 정책이라고 하더라도 시장을 안정화하고자 하는 의지를 드러냈다는 점에서 의의가 있다. 모든 정책이 다 성공적이지는 않을 수 있겠지만 그보다는 정책의 힘을 과소평가하지 않고 내 삶에 맞는 방향으로 따라가는 것이 시장에서 오래 생존하는 길일 수 있음을 기억하자.

필진: 채상욱

MONEY TREND 2025

4장

과거와 관성을 버려야
돈이 보인다

RESETTING DESIRE

오프라인의 역습,
러닝

2024년 7월 기준으로 인스타그램에서 해시태그 #러닝을 검색하면 360만 개의 게시글이 나온다. 또한 #런스타그램 122만, #러닝스타그램 52만, #러닝크루 59만, #런닝 68만 개에 러닝화(런닝화)와 관련된 게시물도 수십만 개에 달한다. 국내뿐만 아니라 전 세계적으로도 러닝이 트렌드다. 마찬가지로 인스타그램에서 관련 해시태그가 #running 9500만, #runner 3081만, #runners 1394만, #runningmotivation 1131만, #runhappy 1069만, #runningcommunity 548만, #runninggirl 535만, #runnerslife 380만, #runninglife 253만 개이며, #marathon 1402만, #jogging 541만 개다. 달리기와 관련된 게시물을 주요 언어별로 합치면 아마 수십억 개의 게시물이 나올 것이다.

#런스타그램
게시물 **122만**

팔로우

인기 게시물

 확실히 러닝 열풍이다. 밀레니얼 세대가 '덤벨 이코노미'라고 하여 피트니스 시장의 성장을 견인했다면 Z세대가 현재 러닝 이코노미를 견인 중이다. 특히 기록이나 순위를 경쟁하는 것이 아니라 뛰는 행위 자체를 즐기는 펀 런Fun Run에 대한 관심이 크다. 인스타그램에서 검색하면 #Funrun 134만, #펀런 5만 3000여 개가 뜨는데 모두 최근 등장한 게시물이다.

 과거 러닝은 주로 건강이나 운동 효과, 기록 경쟁으로 여겨졌고 즐거운 놀이라는 인상은 아니었다. 나이키에서 마라톤 대회와 달리기 행사를 후원하며 마니아층 사이에서 러닝 열풍이 간간이 불긴 했지만 지금처럼 전방위적인 인기는 아니었다. 그래서 2030이 적극적으로 하는 편은 아니었는데 Z세대의 놀이로 러닝 바람이 불고 기업 마케팅에서도 펀런을 적용한 행사가 확산되었다. 오픈런에 빗대어 장바구니를 드는 달리기 대회, 재미있는 복장으로 코스프레를 하는 달리기 대회, 서울 롯데월드타워, 63빌딩을 계단으로 오르는 수직 마라톤 대회, 마라톤 코스를 여러 명이 릴레이로 달려 완주하는 대회를 비롯해 마라톤 대회에서 수육과 막걸리를 제공하거나, 빵을 좋아하는 사람들이 모여서 빵을 먹고 그만큼의 칼로리를 소모하는 러닝 대회를 하는 등 달리기에 다양한 놀이와 재미를 결합하는 식이다.

러닝은 역사가 아주 오래된 운동이지만 그동안 진지한 분위기였다면 이젠 진지함과 가벼움이 공존한다. 역시 놀이로 인식될 수 있고, SNS에 공유할 만해야 소비자의 욕망이 반응하며 열풍으로 이어지는 것이다. 틱톡에서도 러닝, 달리기, 마라톤 쇼츠가 셀 수 없이 많고, 계속 증가하는 추세다. 한때 골프 열풍이 불었다. 그러나 골프, 테니스, 승마, 요트 등 인스타그램에 과시하기 좋은 운동은 상대적으로 비용이 많이 든다. 하지만 러닝은 운동화 하나만 있으면 된다. 비싸고 좋은 운동화를 산다 해도 다른 운동에 비해 전체 비용을 고려하면 가성비가 탁월하다.

러닝이 욕망이 되면 열풍이 오래갈 수밖에 없다. 트렌드로 받아들일 경우의 수가 아주 많을 수 있기 때문이다. 러닝의 유행으로 수혜를 본 분야는 아무래도 운동화, 의류 브랜드일 것이다. 기능성이 좋은 전문 러닝화에 대한 수요가 커지는 상황이 펼쳐지며 수많은 스포츠 브랜드들의 희비가 엇갈리기 시작했다.

러닝 열풍 속에서
왜 나이키는 오히려 추락할까?

세계 최고의 스포츠웨어 기업을 꼽으라고 하면 나이키를 들 수 있을 것이다. 위기론이 불거지고 하락세를 타고 있지만 글로벌 스포츠웨어 기업 중 매출과 시가총액에선 여전히 선두다. 시가총액은 2021년 고점일 때 2768억 달러까지 갔고, 2024년 현재 1100억 달러까지 내려왔다. 나이키의 회계연도 2024년 전체 매출은 513억 6200만 달러로, 2023년 512억 1700만 달러보다 1% 줄었다. 겨우 1% 감소라고 생각할 수 있겠지만 나이키는 1980년대 이후 줄곧 독주하다시피 했고 지속적으로 성장한 기업이다. 2000년 이후 매출 증가율이 마이너스를 기록한 시기는 2008~2010년 글로벌 금융 위기나 2020년 코로나19 팬데믹으로 천재지변 같은 외부 변수가 있을 때뿐이었는데, 이번 하락세는 시장 트렌드에 대한 대응 착오라는 내부 변수 때문이란 점이 치명적이다. 그럼에도 여전히 아디다스보다는 매출도 2배 가까이 많고 시가총액은 3배 가까이 된다. 러닝 열풍에 힘입어 최근 1년 사이 주가가 많이 오르고 매출도 증가한 아식스, 온, 호카 등에 비해서도 시가총액과 매출은 비교할 수 없을 정도로 아직까진 나이키가

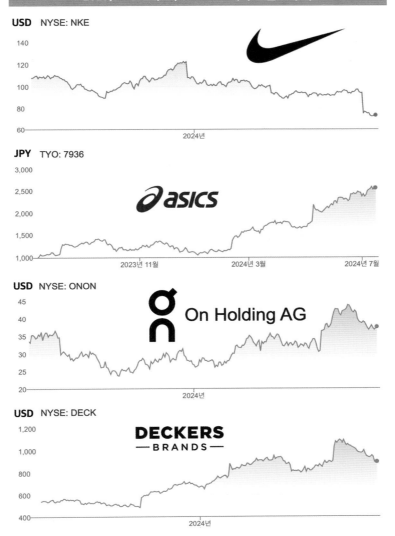

많다.

　그러나 나이키가 점점 지는 해가 된 것은 맞다. 폭발적인 러닝 열풍에도 그만큼 수혜를 제대로 입지 못했고, 온라인 직접 판매 전략에 집중하느라 오프라인 스토어를 소홀히 한 대가도 치르고 있다. 나이키와 아식스, 그리고 스위스에서 시작한 러닝화 전문 기업 온On Holding AG, 프랑스에서 시작한 스포츠웨어 기업 호카Hoka One One의 모기업인 데커스Deckers Outdoor Corporation의 최근 1년간 주가를 보자. 나이키의 하락만큼 눈에 띄는 게 아식스와 호카(데커스)의 고공행진이다. 압도적 선두로 격차를 유지하던 나이키가 한참 후발주자인 호카, 온, 그리고 아주 오래되었지만 시장은 제한적이었던 아식스에 러닝화 시장을 내준 결과다. 이는 러닝화뿐만 아니라, 브랜드 가치의 하락이자 라이프 스타일 시장에서도 추가적으로 타격이 되고 있다.

　나이키에 비해 아디다스는 양호하다. 마찬가지로 2023년 7월부터 2024년 7월까지 1년간 아디다스의 주가는 34% 정도 상승했다. 아디다스가 반유대주의 관련 이슈로 손실을 보지 않았다면 아마 주가와 매출은 더 올랐을 것이다. 같은 기간에 아식스가 150%, 호카(데커스)가 65% 정도 오른 것에 비해선 적어 보여도 시가총액이 훨씬 더 큰 아디다스로서는 가파른 상승이다. 나이키와 아디다스 모두 2021년 3~4분기가 주가의 정점이었고, 이후 2022년까지 크게 하락세를 이어간 모습은 같지만, 아디다스는 2022년 4분기를 기점으로 반등해 2023~2024년에 계속 상승한 반면, 나이키는 반등하지 못한 채

2024년에 계속 하락세를 이어갔다.

물론 주가 그래프만 보고 나이키가 끝났다고 하긴 어렵다. 축적한 자본과 인재가 풍부하기에, 패착을 극복하고 반등할 방법을 찾을 가능성이 크다. 브랜드에 대한 매력도나 성장세는 꺾였어도 나이키가 쉽게 무너질 기업은 아니다. 그동안 나이키는 마케팅이 세계 최고라고 꼽혀왔다. 그렇기 때문에 침체기를 겪는 지금, 2024년과 2025년에는 나이키에서 과감한 구조조정과 공격적인 마케팅이 필연적일 것이고, 이것이 어떤 결과를 만들지 지켜봐야 한다. 나이키로 인해 러닝 열풍도 더욱 커지고, 러닝에 이어 일상에서 쉽게 참여할 수 있는 다양한 생활 스포츠 열풍도 일어날 수 있다. 이건 스포츠웨어에만 영향을 주는 것뿐만 아니라 식음료, 다이어트, 패션 영역까지 모두 영향을 미치게 되고, 누군가는 이때 돈을 벌 기회를 가져갈 것이다.

나이키, 아디다스, 아식스, 데커스의 상장 이후 전체 기간의 주가 추이를 비교해보자. 나이키와 아디다스는 현재 1, 2위를 다투는 기업인데 전문적인 스포츠에서 라이프 스타일 패션이라도 해도 과언이 아닐 만큼 대중화되었고, 힙합, 스트리트 패션, 리셀, 한정품 마케팅, 레트로 등 문화적 마케팅 코드로 브랜드를 성장시켰다. 그에 비해 아식스나 호카는 마라토너, 전문적인 운동선수나 마니아층에서 기능성을 강조해 브랜드를 성장시키고 자리 잡았다. 체급으로 따지면 나이키와 아디다스가 시장을 독식하다시피 한 종합 브랜드라면 아식스와 호카는 전문 브랜드다. 여기서 주목할 사실은 지금 시대의 스포츠

주요 스포츠웨어 브랜드 상장 이후 주가

USD NYSE: NKE

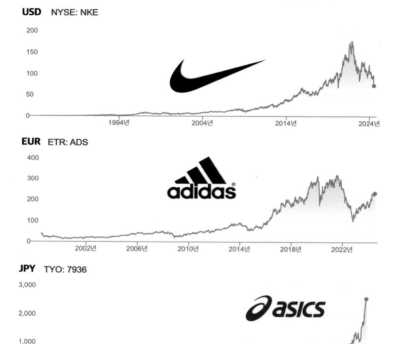

EUR ETR: ADS

JPY TYO: 7936

USD NYSE: DECK

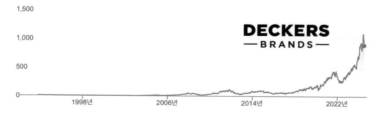

웨어와 운동화를 선택하는 소비자들이 패션 스타일의 접근에서 진짜 운동으로의 접근으로 태도가 전환되었다는 점이다.

그렇다고 해서 나이키가 패션에만 치중하고 운동을 외면한 게 아니다. 올림픽이나 세계육상대회 등에서 신기록을 세우고 금메달을 딴 선수들을 보면 나이키 운동화를 가장 많이 신었다. 원래 나이키는 기능성에서도 늘 혁신적인 선두 주자였다. 그런데 최근 수년간 나이키는 패션 스타일에 더 집중했다. 결과적으로 리셀 시장도 커지고 한정판 마케팅 역시 잘 통했고, 전 세계에서 나이키 스니커즈 수집 열풍도 번졌다. 하지만 예전의 유명한 모델을 다시 기용하며 신선한 이미지를 구축하지 못했고, 당장 잘 팔리는 품목에 집중하다가 기술 혁신과 제품 개발에는 점점 소홀해졌다. 크고 작은 리스크들이 누적되어 러닝의 인기가 고공행진인 지금 시점에서는 소비자가 나이키를 선택하지 않게 된 것이다. 나이키가 주춤하는 사이 때마침 더 전문적이고, 더 좋은 기능을 가진 아식스, 호카, 온 러닝이 선택을 받았다. 이들이 주목받게 된 것도 엄밀히 말하자면 나이키 때문이다. 누군가의 위기가 누군가의 기회가 되고, 누군가가 트렌드를 잘못 읽으면, 누군가는 반사이익을 보기 때문이다.

나이키가 주춤하게 된 요인에 대해 좀 더 자세히 살펴보자. 압도적 브랜드 가치를 가진 나이키는 온오프라인 유통 채널 수수료를 물지 않기 위해서 자사 온라인 쇼핑몰을 통해 직접 판매하는 D2CDirect to Consumer로 전환하는 것이 이익이라고 판단했다. 그래서 2019년 말

아마존에서 나이키 상품을 철수했고 전체 매출에서 D2C 비중을 높였다. 도매 파트너들 중에서도 일부만 남기고 손절을 하기 시작했다. 때마침 2020년 코로나19를 갑작스럽게 맞이하게 된 상황에서 D2C 전략은 효과적이었다. 오프라인 쇼핑이 멈춘 사이 온라인 쇼핑이 급증했다. 덕분에 2021년엔 전년 대비 19.1% 매출 증가라는 실적을 거뒀고, 나이키 주가도 그해 역사상 최고점을 기록했다. 나이키 전체 매출을 보면 도매 판매 비중이 2012년 85%에서 2022년 58%로 줄었고, D2C 비중은 42%까지 올라갔다.

하지만 여기서 문제가 발생한다. D2C의 성공적인 안착과 실적 고공행진에 시장을 낙관적으로 보고 생산량을 늘렸는데, 2022년 중국을 중심으로 한 소비 위축 상황에서 재고가 막대하게 쌓인 것이다. 도매 판매 비중이 줄었기 때문에 재고를 D2C에서 처리해야 했고, 대대적인 가격 할인과 판촉 행사로 물건을 팔다 보니 자연스럽게 실적이 악화되었다. 도매 판매를 지는 해라고 진단한 나이키로선 재고 관리 측면에서 도매 판매가 가진 힘을 간과했다. 경제가 계속 호황이고 소비 위축이 생기지 않았다면 나이키의 D2C 전환 전략이 계획대로 이루어져 2025년 D2C 비중이 60%까지 갔을 것이며, 지금 같은 위기를 겪지 않았을 수 있다. 하지만 재고 관리와 소비 침체에 대한 대응은 선택이 아닌 필수라는 점에서 나이키의 불운이 아니라 경영적 패착이 분명하다. 나이키가 D2C에 집중하느라 도소매에 소홀한 틈을 비집고 들어온 브랜드는 아디다스다. 똑같이 소비 위축과 재고 문제를 겪었지만 상대적으로 수월하게 문제를 극복해갔다. 또한 오프라인 소매점에서 나이키가 철수한 이후 호카, 온 러닝 같은 새로운 브랜드와 아식스, 뉴발란스 등이 기회를 잡았다. 결과적으로 나이키는 경쟁자들을 도와준 셈이다.

오프라인은 계속 필요하다. 사람들의 욕망은 오프라인을 버리지 않으며, 오프라인 유통과 소매는 사라질 수 없다. 아무리 첨단 디지털과 모바일 시스템으로 무장하고 소비자에게 편리함을 제공한다고 해도, 우리의 몸은 오프라인이라는 현실에서 살아가기 때문이다. 더 이상 오프라인 vs 온라인이라는 이분법적 구도로 시장을 봐선 안 된다. 소비자에게는 둘 다 필요하다. 오프라인과 로컬의 비즈니스 가치가 점점 커지고 있다. 2030 세대가 온라인 게임을 많이 하고 SNS에서 활발히 소통하면서도, 오프라인에서 달리기를 하고 운동도 열심히 하고 여행도 다닌다. 20대가 유튜브와 틱톡을 열심히 보는 한편 최근 종이책과 활자에 대한 관심이 커진 것도 마찬가지다. 뭐든 흔하지만 희소한 것이 새로운 욕망이 된다. 오프라인과 아날로그는 퇴색된 구시대의 유물이 아니라 여전히 돈이 되는 현시대의 욕망이다.

Young-Old와
케어 이코노미

서로 반대말인 Young과 old를 섞은 묘한 단어가 있다. 바로 Young-Old다. 줄여서 '욜드YOLD' 혹은 'YO'라고도 한다. 성인 발달 및 노화 심리를 전문적으로 연구하는 미국의 심리학자 버니스 뉴거튼 박사가 정의한 개념으로, 그가 1974년 발표한 연구 논문 '미국 사회의 연령대와 젊은 노년층의 부상Age groups in American society and the rise of the young-old'에서 비롯되었다. 뉴거튼 박사는 지금의 노인이 예전의 노인이 아니라며, 55~75세를 젊고 건강한 신중년 혹은 젊은 노인으로 봐야 한다고 말했다. 오래전부터 언급되던 용어가 최근 급부상하기 시작했다.

신중년 범위를 55~69세로 묶기도 하고, Young-Old 대신 '액티브 시니어Active Senior', '뉴 시니어New Senior'로 부르기도 한다. 건강을 유지하며 은퇴 이후에도 적극적으로 소비 생활과 여가를 즐기는 이들을 뜻한다. 여기서 말하고자 하는 바는 나이 범위나 신중년이 어떻게 명명되는지 중요하지 않다는 것이다. 우리가 생각해봐야 할 것은 이미 1970년대부터 노인을 세분화해서 젊은 노인과 늙은 노인으로 구분했다는 점이고, 그 중 젊은 노인이 75세까지라는 점이다. 미국에선 50년 전에도 75세까지 해당하는 이들을 젊다고 인식하기 시작했다. 그렇다면 지금 기준으로 80세까지도 젊게 볼 수 있을 것이다. 한국의 경우 평균수명이 80대를 훌쩍 넘었으니 건강을 유지하며 젊게 사는 노인들은 80대 후반, 아니 90대까지도 수명이 이어진다. 전통적인 의미에서 인생을 마무리하기 시작하는 시기는 80세 이후라고 봐야 하고 그들이 진정한 노인이다. 그 전의 나이는 젊은 노인, 예비 노인, 혹은 신중년으로 봐야 할 것이다. 최근 국내외 트렌드 리포트에서 주기적으로 Young-Old나 액티브 시니어를 대두시키는 이유는 그만큼 젊은 노인의 소비력, 그들의 자산이 큰 비중을 차지하기 때문이다. 그러니 그 속에 담긴 의미와 시장의 방향에 집중해야 할 때다.

펜실베이니아 와튼 스쿨의 국제경영학 교수 마우로 기엔은 "앞으로 나이와 세대 구분이 완전히 사라지는 멀티 제너레이션이 도래하면서 '퍼레니얼Perennial(자신이 속한 세대의 생활 방식에 얽매이지 않고 나이와 세대를 뛰어넘는 사람)' 속성을 가진 개인들이 출현할 것"이라고 말했다. 그는 2023년에 저서 《Perennial》을 출간했고 노인 시장 공략을 계속 주장한다. 나이와 세대를 뛰어넘는다는 얘기를 좋아할 젊은 이들은 많지 않을 것이다. 나이는 숫자에 불과하다는 말을 실제로 나이 든 사람들이 좋아하듯, 'Perennial'도 마찬가지다. 마우로 교수는 또한 이렇게 덧붙였다. "지금 기업은 MZ가 아닌 60세 이상 세대에 주목해야 한다. 2030년이 되면 세계 60세 인구가 35억 명에 달할 것이다. 젊은 인구는 줄어들지만 60대 이상 세대는 세계 어디를 가도 늘고 있다. (중략) 나이 든 소비자가 경영의 지평을 새롭게 바꿀 것이다. 실버 시장을 눈앞에 두고 있는데 특히 개발도상국에서는 무시하지 못할 소비의 중심으로 성장하고 있다. 실버의 구매력은 2030년이 되면 무려 20조 달러(약 2경 6000조 원)에 달할 것으로 추산한다." 앞으로 YOLD를 가장 중요한 소비 세력으로 보는 것이다.

구글이나 네이버에서 '노인'을 검색하면 노인 일자리, 요양, 돌봄, 연금 같은 내용이 상단에 나온다. 이것이 우리 사회가 노인에 대해 가지는 대표적 인식이자 노인과 관련된 핵심 욕망, 즉 비즈니스 트렌드의 방향성인데 이 중에선 노인에 대해 과거부터 쌓인 선입견과 관성이 그대로 있는 경우도 많다. 더 많은 돈의 기회를 얻으려면 이런 관성을 지워야 한다. 새로운 노인상이 머릿속에 그려져야 그들이 만들어낼 기회도 내다볼 수 있다. 젊은 노인이 늘어나면 그에 맞는 일자리 확충도 필요하고 노인의 소비도 더 확대될 것이며, 나아가 노인의 이혼과 결혼(재혼), 연애도 더 활발해질 수 있다. 5060대를 위한 시니어 데이트 앱이 출시된 것도 이런 이유 때문이다. 이미 5060대부터 중년의 관성을 벗어나고 있고, 7080대도 안티 에이징, 에이지리스Ageless 등 적극적으로 나이를 지우고 있다. 이 과정에서 모두 소비가 이뤄지고 돈이 움직인다.

다 쓰고 가겠다는 노인이 늘어나는 게 왜 중요할까?

우리는 지금 역사상 가장 젊은 노인들을 만나고 있다. 이들의 취미와 소비는 중요한 비즈니스다. 특히 케어 이코노미Care Economy가 점점 중요해지므로 여기에 주목해야 한다. 결국 스스로를 보살피려면 돈이 필요하다. 투자든, 사업을 하든, 일해서 벌어들이든 돈을 많이 벌어놔야 하는 시대다. YOLD가 늘어나고, 케어 이코노미 시장이 커질수록 개인의 투자 시장 역시 커질 것이다. 실제로 60~80대의 관심사를 살펴보면 '건강'보다 '투자'가 압도적으로 높아졌다. 주식, 부동산 등 투자를 통해 부를 쌓아야겠다는 60~80대가 늘어났고 앞으로도 이들의 투자가 계속될 것이다. 인생의 마무리 단계라고 여겨서 투자를 소극적으로 하거나 멈추며 안정적으로 자산을 운용하는 것이 아니라 아직 자신을 젊다고 여기다 보니 자산 운용과 투자 방향성, 돈을 대하는 태도도 더는 과거의 노인 같지 않다. 또한 이들은 돈을 벌어도 자식에게 상속하기보다 자신이 다 쓰고 가겠다는 마인드가 강하다. 현재 한국의 7080대가 가진 부양과 노후에 대한 관성 역시 변화하고 있다는 뜻이다.

2024년 7월 11일, 행정안전부에서는 65세 이상 주민등록인구가 1000만 명이 넘었다고 발표했다. 이는 전체 인구 중 19.51%다. 65세 이상인 노인의 인구 비중이 14%가 넘으면 고령사회, 20%가 넘으면 초고령사회인데 한국은 2017년 14%를 넘었고, 2025년이면 20%를 넘을 것으로 본다. 2035년이면 30%를 넘고, 2050년이면 40%를 넘을 것이라고 예측된다. 즉 올드나 액티브 시니어가 만들 비즈니스 기회가 매년 더 커진다는 점이고 그런 의미에서 2025년은 중요한 기점이 된다. 노인의 기준을 바꾸자는 여론 역시 거세질 것이다. 65세 기준으로 따지면 노인이 20%이지만, 70세 기준으로 높이면 크게 줄어든다. 대중교통 무료 이용부터 각종 노인 복지와 혜택이 65세에 맞춰져 저항 심리도 있겠지만 늘어나는 노인의 흐름을 생각하면 결국 바뀔 수밖에 없다.

2024년 6월, 이미 서울시에서는 새로운 복지 사업부터 노인 복지 혜택을 누릴 수 있는 기준 연령을 65세에서 70세로 상향하겠다고 발표했다. 노인을 가르는 나이의 기준이 65세가 된 건 1981년 제정된 노인복지법 경로우대 조항에서 비롯되었다. 이를 기본으로 하여 기초 연금, 대중교통 무임승차 등이 제공되었는데 시시각각 바뀌는 사회에서 40여 년 전에 만든 기준을 지금도 적용한다는 사실이 넌센스다. 당시 한국인의 기대수명은 66세 정도였고 지금은 그보다 20세 가까이 늘어났다. 결국 서울시가 먼저 나섰고 정부도 나설 수밖에 없는 흐름이다. 사실 그동안 노인의 기준을 높이려고 몇 번 시도를 했지만 노인 단체의 반발이나 노인의 표심을 고려하다가 흐지부지된 경우가 많았다. 하지만 변경은 더 이상 미룰 수 없다. 이 과정에서 누군가는 위기를, 누군가는 기회를 얻을 것이다. 65~70세가 약 400만 명이다. 기준이 변경되면 이들이 누리던 혜택이 사라지지만, 반대로 그 혜택에 준하는 소비와 비즈니스 기회가 생겨날 수 있다는 얘기가 된다. 그리고 65~70세면 젊은 노인 중에서도 또 젊은 축에 속한다. 아직 은퇴하지 않았거나, 은퇴한 직후이기 때문에 그중에서도 경제력이 상위 20% 정도라고 하면 아주 강력한 소비 세력이 된다. 2024년 60~80대가 약 1383만 명이다. 2029년엔 1618만 명으로 늘어난다고 본다. 이때 역시 인원수만 늘어나는 것이 아니라 그들이 가진 부의 규모 또한 커질 것이다.

케어 이코노미가 뜬다

케어 이코노미는 노인과 장애인, 어린아이 같은 취약계층을 대상으로 간병, 간호, 보조, 보육 등 모든 돌봄을 지원하는 거대한 산업이자 비즈니스다. 2024년 UN에서는 세계 케어 이코노미 규모를 11조 달러로 추산했는데, 이는 전 세계 GDP의 9%에 해당되는 큰 규모다. 한편 국제노동기구ILO는 케어 이코노미의 성장에 따라 관련된 돌봄 일자리가 2015년 2억 600만 개에서 2030년 3억 5800만 개로 늘어날 것으로 추정했다. 각 국가에서 사회 복지 분야에 투자를 2배로 늘릴 경우엔 돌봄 일자리가 최대 4억 7500만 개까지 늘어날 것으로 봤다. 비즈니스 측면으로도, 일자리 측면으로도 케어 이코노미는 가장 중요한 메가 트렌드인 것이다.

케어 이코노미의 핵심은 노인이다. 노령화는 전 세계적으로 일어나는 일이고 선진국일수록 가속화되고 있기 때문이다. 미국은 65세 이상인 인구가 18% 정도이고 곧 초고령사회의 기준인 20%에 진입한다. 유럽은 독일, 프랑스, 이탈리아, 스페인이 이미 초고령사회에 진입했다. 아시아에서는 일본이 가장 먼저 초고령사회에 진입했고 한국은 2025년에 진입한다. 경제력이 높은 선진국이 노인 돌봄 시장을 먼저 열어가는 셈이다.

이중에서 가장 대표적인 서비스가 시니어 타운이다. 미국에서 이런 서비스를 CCRCContinuing Care Retirement Community라고 하는데, 쉽게 은퇴자 커뮤니티를 말한다. 여기에 사는 은퇴한 노인들만 70만 명가량 되며 이들이 낸 입주비(보증금)가 평균 44만 594달러이고, 매달 평균 3862달러 정도를 낸다고 한다. 보증금이 약 6억 원이고 매달 500만 원씩 지출하는 것이니 결코 싸지 않다. 노인 돌봄 서비스도 결국 고급 시장과 대중 시장으로 나뉠 텐데 고급 시장의 산업적 가치는 점점 높아지고 있다. 미국과 유럽, 일본에선 수조 원대 매출을 기록하는 노인 케어 서비스 기업이 이미 여럿 존재하며 성장세도 가파르다.

은퇴하고 나면 노인 중 상당수는 빈곤층이 되고 정부의 복지에 의

존하게 되지만 경제력 상위권인 노인은 다르다. 사실 케어 이코노미 뿐만 아니라 어떤 분야든 고급 시장이 만들어지면 준고급 시장, 대중 시장 등으로 세분되며 시장이 발달한다. 결국 미래에는 중산층 이상 의 노인이 각자 집에서 자체적으로 노후를 보내는 것이 아니라, 시니 어 타운 같은 커뮤니티에서 의료 서비스를 받고 또래 친구들과 어울 리며 풍요롭게 살아갈 것이다. 이런 곳에서 살기 위해 자녀가 돈을 지 원할 수도 있겠지만 본인이 노년을 위해 대비해야 한다.

기대수명은 점점 길어지고 노후에 쓸 돈은 더 많이 필요해진다. 자 녀에게 부를 대물림할 여력 역시 점점 떨어진다. 이미 여러 국가의 노 인이 자산을 상속하지 않고 본인이 다 쓰고 가는 경우가 많다. 이런 현상은 비단 미국과 유럽만의 얘기가 아니다. 한국에서도 자녀가 부 모를 부양하는 건 이제 당연하지 않은 일이 되었다. 결국 노년의 부모 를 돌보는 건 자녀의 몫이 아니라 돈의 몫이다.

한국은 이미 케어 이코노미가 시작되었다

케어 이코노미가 고속 성장할 나라 중 하나가 한국이다. 일단 한국 의 기업들이 이를 간과하지 않는다. 주요 생명보험사들이 실버 케어 시장에 뛰어들었고, 건설사와 부동산 개발 회사들도 고급 실버타운 시장에 뛰어들었다. 학습지 회사도 실버 케어, 액티브 시니어용 교육 서비스를 펼치고 있다. 저출산과 줄어드는 학령 인구에 비해 늘어나 는 노인 인구와 노령화 추세를 감안해 주로 어린이를 상대하던 학습지 회사가 노인을 상대하는 서비스로 사업 확장을 한 셈이다. 그뿐만 아니라 노인을 위한 돌봄 로봇이자 반려 로봇, 노인과 장애인의 이동권을 위한 자율주행 서비스도 케어 이코노미에 포함될 수 있다. 국내의 건설 회사, 보험 회사, 교육 회사, 자동차 회사, 전자 회사 등 업종을 가릴 것 없이 케어 이코노미가 만들 미래 시장을 주목하고 있는 중이다.

수면 이혼과
슬립 테크

미국에서 수면 이혼Sleep Divorce이 증가하고 있다. 수면 이혼은 부부가 함께 살지만, 잠은 분리된 침대·침실에서 자는 것을 말한다. 즉, 각자의 침대, 혹은 각방에서 잔다는 얘기다. 2023년 미국 수면 의학회AASM에서 미국인을 상대로 수면에 관해 조사한 결과 응답자의 3분의 1은 수면 이혼 상태라고 한다. 특히 27~42세인 밀레니얼 세대에선 이 비율이 43%에 달했다. 43~58세(33%)와 59~76세(22%)도 각방 수면을 택했다. 수면 이혼이 증가하는 이유는 수면의 질이 낮아서다. 특히 여성의 경우 수면의 질이 더 낮은 것으로 나타났다. 다른 연구 결과를 보면 미국 남성의 55%가 항상 혹은 자주 푹 잤다고 답했지만, 여성은 30%만이 그렇다고 답했다. 31%의 여성들은 기상할 때 피곤하다고 했으며 그 이유로 배우자의 코골이 등 잠버릇을 꼽았다.

이런 이유 때문에 미국에서는 집 리모델링을 하면서 일명 코골이 방을 따로 만드는 경우도 있다고 한다.

왜 잠을 둘러싼 트렌드와 비즈니스가 계속 커질까?

미국에서만 벌어지는 일이 아니다. 미국에선 수면 이혼이라고 부르지만 우리는 이걸 각방이라고 부른다. 부부가 한 방에서 자더라도 각각 침대를 쓰는 경우도 늘었고, 각자의 방에서 수면을 취하는 모습이 이제 낯설지 않을 만큼 보편화되었다. 예전에는 부부가 각방 쓰는 것을 금기처럼 여겼다. 부부 싸움을 하거나 사이가 좋지 않을 때 각방을 쓴다는 이미지가 강했기 때문이다. 하지만 이제 한국인도 합리적이고 실용적인 차원에서 각방 쓰는 것을 받아들이고 있다. 아무리 사이가 좋은 부부여도 잠을 자는 환경이 다를 수 있다. 누군가는 따뜻하게 자고 싶어 하고, 누군가는 시원한 환경을 추구한다. 수면 시간 역시 이르거나 늦는 등 차이가 있으며 나아가 잠버릇의 문제도 고려된다. 과거에는 서로가 서로에게 맞췄다. 그러나 이제는 수면의 품질을 높이는 것이 건강을 위해서도, 관계를 위해서도 이득이라는 것을 인식하면서 각방, 각 침대에 대한 태도의 변화가 생긴 것이다.

수면에 관한 인식의 변화는 고스란히 침대 시장이 수혜자가 되었다. 2021년 국내 침대 및 매트리스 시장은 1조 5000억 원이었는데

2023년 2조 원 규모로 커졌다. 5000억 원이 단기간에 커진 건 수면 품질에 대한 관심이 증가한 영향 때문이다.

시몬스침대는 2019년 2038억 원이던 매출이 2023년 3138억 원으로 4년간 무려 1100억 원이나 늘어났다. 영업이익도 106억 원에서 319억 원으로 3배 늘었다. 2010년에 매출 795억 원이었던 것에 비하면 10여 년 사이에 수직 상승을 한 셈이다. 에이스침대도 마찬가지다. 2010년 1721억 원 정도에서 2023년 3064억 원으로 늘었다. 국내 침대 분야의 1, 2위를 다투는 회사가 최근 10여 년간 고속 성장을 했고, 범위를 좁히면 최근 5년간 팬데믹 위기의 영향을 받고 인플레이션으로 인한 소비 침체를 겪었음에도 가파르게 성장했다. 특히 시몬스는 프리미엄 시장을 타깃으로 삼고 있으며, 에이스도 마냥 저렴한 제품을 파는 게 아니다. 비싼 품목이지만 한국인들이 수면 품질에 대한 관심이 커지면서 좋은 침대에 대한 관심도 커졌고 매출도 따라간 셈이다.

국민건강보험공단에 따르면, 건강보험 진료 데이터에 근거한 수면장애 환자가 2018년 85만 5025명에서 2022년 109만 8819명으로 24만 3794명이 늘었다고 밝혔다. 4년간 28.5%, 연평균 7.8% 증가한 것이다. 2022년 기준 수면장애 환자 중 남성은 47만 5003명이고, 여성은 62만 3816명이다. 확실히 수면장애를 겪는 경우는 여성이 남성보다 훨씬 많다. 갑자기 이런 현상이 생긴 것은 아니고 늘 그래왔다. 미국과 한국 모두 수면 품질에서 여성이 더 열악했다. 이건 대부분의 국가가 비슷하다. 즉 수면 산업에서 있어서는 여성이 좀 더 중요한 소비자가 되는 셈이다. 수면장애를 겪는 환자를 연령대로 살펴보면 60대, 50대, 70대, 40대 순서인데, 50~70대가 전체의 60%가량을 차지하지만, 3040대의 수면장애 환자가 증가하는 추세도 가파르다. 지금 한국에서는 연간 약 110만 명이 수면장애로 진료를 받고 있다. 정상적으로 수면을 취하지 못하지만 진료까지 받지 않은 사람도 꽤 많다는 점을 감안하면 실제로 잠에 관한 불편함을 겪는 이들은 수백만 명 이상일 것으로 추측된다. 2005년에 수면장애 환자가 약 12만 명이고 2010년에는 약 29만 명이었다. 최근 10년간 거의 3배 정도 늘었다.

수면장애를 겪는 추세는 앞으로도 계속 이어질 가능성이 크다. 한국리서치 '여론 속의 여론' 팀이 2024년 2월 성인 남녀 1000명을 대

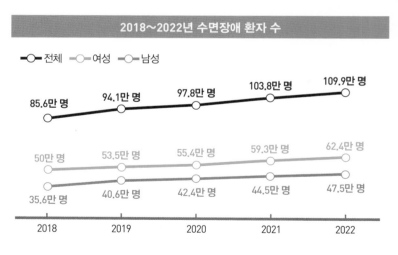

2018~2022년 수면장애 환자 수

─○─ 전체 ─○─ 여성 ─○─ 남성

85.6만 명 94.1만 명 97.8만 명 103.8만 명 109.9만 명

50만 명 53.5만 명 55.4만 명 59.3만 명 62.4만 명

35.6만 명 40.6만 명 42.4만 명 44.5만 명 47.5만 명

2018 2019 2020 2021 2022

출처: 국민건강보험공단

머니 트렌드 2025

상으로 수면에 대한 조사를 했는데, 잠자리에서 아무것도 하지 않고 바로 잠드는 사람은 16%에 불과했다. 복수 응답인 설문이었는데 스마트폰, 태블릿 PC를 사용하는 이들이 65%였고, TV를 보는 이들도 36%였다. 즉 스마트폰과 TV 둘 다 보는 사람도 꽤 있는 셈이다. 세부적으로 보면 연령대가 낮을수록 스마트폰을 보고, 연령대가 높을수록 TV를 보다가 자는 경우가 많았다.

기회의 시장, 슬립 테크

한국인의 스마트폰 사용 시간은 계속 늘어날 것이다. 쇼츠나 유튜브 중독도 줄어들 기미가 보이지 않는다. 불면을 겪을 환경이 커지는 셈이다. 치열한 경쟁 사회에서 취업, 학업, 투자 등 일상의 다양한 측면으로 스트레스가 심하면 심했지 줄어들 리는 없다. 수면장애 환자를 비롯해 크고 작게 불면을 겪는 사람이 늘어난다는 것은 수면 산업의 기회가 커진다는 의미다. 침대와 매트리스뿐만 아니라 수면장애 치료나 수면 음료 등의 시장도 점차 더 생겨나고 활발해질 것이다.

과거로 거슬러 올라가보자. 지금 기성세대는 경제 성장 과정을 겪으며 잠을 줄여가며 일하는 것을 미덕으로 여겨왔고 주 6일, 주 7일에 상시적 야근도 비일비재했다. 가장 수면 시간이 적은 나라 중 하나가 한국이다. 반대로 보면 잠과 관련한 비즈니스 기회가 앞으로 많아질 나라가 한국이라는 의미이기도 하다.

한국과 함께 주목할 나라가 일본이다. 2023년 《이코노미스트》에서 국가별 평균 수면시간을 조사했는데, 일본이 35개국에서 35위로 꼴찌, 그 다음 34위가 한국으로 최하위를 기록했다. 미국의 싱크탱크 랜드연구소에 따르면 수면 부족에 의한 일본의 경제적 손실이 GDP의 2.92%인 약 15조 엔이라고 한다. 수면장애가 경제적 손실을 만들기 때문에 수면장애를 해결하는 건 결국 경제적 손실을 막는 길이기도 하고, 수면장애를 해결하기 위해 쓰는 돈은 생산적인 투자가 되는 셈이다.

수면장애는 이제 슬립 테크Sleep Technology로 이어진다. AI와 IT 기술을 활용해서 수면 전부터 수면, 기상할 때까지의 데이터를 분석해 수면장애를 개선하는 웨어러블 디바이스가 확대된다. 조명과 음향, 향기, 가구, 침구에서도 IT 기술이 적용된 제품과 서비스가 커질 것이며, 편안한 잠을 돕는 수면 관련 치료제, 수면 유도 음료나 영양 보조제 산업도 확대될 것이다. 이미 멜라토닌이 포함된 수면 젤리가 미국을 중심으로 확산되고 있기도 하다. 미국에서는 10여 년 전부터 직원들의 수면 품질을 높이고 업무 집중력을 향상시키기 위해 고가의 수면 캡슐이나 낮잠 방을 설치하는 기업이 늘어났고, 깊은 잠에 빠지기 전에 깨는 파워 낮잠Power Nap을 허락하는 기업도 많아졌다. 이러한 움직임이 결국 슬립 테크, 수면 산업의 성장에 일조한다. 잠은 이제 알아서 혼자서 자는 일상적 행위에 그치지 않는다. 누군가에겐 막대한 시장이자 부의 흐름이 만들어지는 중요 결핍 중 하나다.

2025년 뜨는 음식 유행의 비밀

탕후루의 인기가 저물었다. 그 자리를 두바이 초콜릿이 차지했지만 두바이 초콜릿의 열풍도 금세 식을 수밖에 없다. 편의점만 가도 두바이 초콜릿 스타일의 과자나 초콜릿이 많아졌다는 게 보이고 진짜 두바이 초콜릿은 비싸도 줄 서서 먹는 상황이지만 이런 열풍은 반년 이상 지속되기 어렵다. 그동안 한국에서 유행한 과자들을 보면 알 수 있다. 한때 허니버터칩, 먹태깡 등이 품귀 현상을 겪으며 떠들썩했는데 금방 끝이 온 것처럼 말이다.

물론 잠깐의 유행이어도 잘 활용하면 좋은 비즈니스가 된다. 그러나 반짝 유행을 지속적인 트렌드로 오인하면 곤란하다. 대중이 유행의 정도를 오해하는 데는 언론의 영향도 무시할 수 없다. 특이하고 흥미로운 '현상'을 보고 확대해석하거나, 여러 후속 기사로 오래갈 트렌드처럼 여기거나, 주목도를 높이기 위해 헤드라인에 '열풍'이라는 단어를 붙이곤 하지만 실제로는 그렇지 않은 경우가 많다. 탕후루도, 두바이 초콜릿도 지속되는 트렌드가 아닌 일시적인 유행이다. 과거 약과, 달고나, 대만 카스테라, 흑당도 마찬가지였다. 단기 유행이지 장기적인 흐름이 아니었다. 그런데 이들의 공통점이 있다. 바로 달고 값싼 간식이라는 것이다. 즉 달콤한 디저트이자 간식을 소비하는 행위 자체는 지속적인 트렌드가 맞다. 우리는 이 점을 인지해야 한다.

앞서 언급한 먹거리 유행은 6~7년 사이에 일어난 일들이다. SNS에 사진을 올리기 좋게 인스타그래머블한 '시각적으로 새롭고 화려한' 디저트가 꾸준히 이슈가 되었다. 사람들은 늘 새로운 것을 원해왔다. 싸고 달콤한 간식이 끊임없이 등장하는 이유다. 이런 유행은 '호기심'에 의한 접근이 많고, 남들보다 '먼저' 경험했다는 것이 중요하기에 초반에 인기가 강하다. 하지만 경험이 확산되면 '호기심'과 '먼저'라는 욕망은 가치를 잃어버린다. 간식 유행은 필연적으로 단기 유행이 되기 쉽고 빨리 왔다가 빨리 진다.

앞으로 새롭게 뜰 먹거리 유행도 달콤한 간식일 가능성이 아주 높다. 사람들은 단맛이 가득한 디저트를 오랫동안 소비할 것인데 주목할 점은 디저트가 달달해질수록 매운 음식 시장도 건재할 가능성이 높다는 것이다. 즉 탕후루는 사라져도 마라탕은 지속된다. 소비층이 10대 중심이었던 탕후루와 달리, 마라탕은 2030대를 비롯해 4050대까지도 사 먹는다. 현재 매운맛의 중심인 마라탕 외에도 매운 음식

두바이 초콜릿

출처: 픽스 디저트 쇼콜라티에 인스타그램

이 계속 새롭게 등장할 것이다.

한국만 매운 음식을 선호하는 건 아니다. 미국에서 가장 많이 팔리는 양념은 매운 할라페뇨를 재료로 한 스리라차 소스다. 2023년 기후위기의 영향으로 캘리포니아와 뉴멕시코에서 할라페뇨 생산이 줄어들어 미국에서 품귀 현상이 일어나고 공급 중단을 겪었다. 스리라차 소스의 가격이 10배 이상 폭등하고 암거래까지 벌어질 정도였는데, 스리라차 소스의 원조로 통하는 업체인 후이퐁 식품에선 2024년에도 할라페뇨 재고가 부족해 5월에서 9월 초까지 생산을 중단하기로 했다. 9월 초 할라페뇨 수확철이 되면 생산을 재개하기로 했는데 기후위기 영향이 사라지지 않는 데다 공급에 비해 수요가 증가하고 있어서 스리라차 소스의 품귀 현상은 계속될 수 있다. 여기서 중요한 포인트는 매운맛이 미국에서도 주류가 된 점이다. 한국의 불닭볶음면과 신라면같이 매운 라면이나 여러 매운 한국 음식이 미국에서도 통하게 되는 건 이미 그전부터 스리라차 소스를 비롯해 매운 음식에 대한 저변이 확산된 배경도 있다. 한국에서도 스리라차 소스가 뜨는 먹거리가 될지는 지켜볼 필요가 있다. 한편, 달콤한 디저트 역시 미국에서도, 일본에서도, 유럽에서도 수시로 바람이 분다. 인스타그래머블한 먹거리가 주목받기 시작하면서 가장 수혜인 푸드 분야가 바로 디저트이기 때문이다. 현재 먹거리 유행에서 매운 음식과 달콤한 디저트는 쌍두마차이고 한동안 이어질 흐름이다.

탕후루의 끝은
예견된 것이었다

탕후루에 대한 관심이 정점이던 시점은 2023년 가을이다. 2023년 10월 국회 보건복지위원회 국정감사에 탕후루 프랜차이즈 업계 1위인 회사의 대표가 증인으로 출석할 정도였다. 소아 당뇨 이슈와 연결된 부분 때문에 증인이 된 것이다. 필자는 2023년 봄 즈음부터 탕후루 열풍이 금방 꺼질 것이라고 전망했다. 첫 번째 이유는 앞서 말했듯 탕후루 소비층이 10대(특히 초, 중학생)에 너무 집중됐기 때문이다. 호기심으로 먹어본 2030대가 있지만 일회성에 가깝고 크게 확산되는 데에는 한계가 있었다. 다이어트나 건강관리에 관심이 높아진 2030

대에게 탕후루는 지속적으로 소비될 조건이 부족하다. 40대 이상은 애초에 관심조차 두지 않은 경우가 많았다. 두 번째 이유는 흑당, 달고나, 대만 카스테라, 약과, 생과일주스 등 싸고 달콤한 간식 열풍이 그간 수시로 불었고 일시적 유행으로 그친 전적이 있기 때문이다. 모두 지속적인 소비로 이어지지 못하고 간식 시장에서 자리를 잡는 데에 실패했다. 저렴한 가격 때문이었다. **쉽게 충족되지 못하는 욕망은 오래가지만, 누구나 언제든 몇천 원으로 쉽게 충족할 수 있는 욕망은 오래가기 어렵다.**

네이버 검색어 트렌드에서 먹거리 유행에 가장 민감하게 반응하는 13~29세를 기준으로 최근 3년간 탕후루, 두바이 초콜릿, 밤 양갱, 약과, 달고나 등 유행이 된 먹거리의 검색량(관심도) 추이를 보면 급격히 치솟았다가 다시 급격히 떨어지는걸 볼 수 있다. 탕후루는 관심받는 기간이 좀 더 길었는데, 그럼에도 돈의 관점에서 보면 득보다 실이 클 위험성이 있었다. 단기간 치고 빠지는 게 아니라면 말이다. 결과적으로 위험을 직접적으로 겪는 이들도 발생했다.

물론 간식 트렌드에서 떡볶이와 붕어빵처럼 수십 년 이상 소비되며 한국인의 소울 푸드로 자리 잡은 경우는 다르다. 이는 싼 먹거리여도 오래간다. 국내 토종 먹거리와 외래 유입 먹거리를 같은 기준으로 보면 안 된다. 최근 외국에서 유입된 새로운 먹거리는 남들보다 먼저 먹어봤다는 경험을 SNS로 공유하는 즐거움의 용도가 크다. 일회성 소비에 그치게 되는 경우가 많다는 뜻이다. 특히 탕후루는 마라탕후루 챌린지가 퍼져서 사람들이 춤을 추고 SNS에서 많이 소비되었지만 그에 비해 실제로 탕후루를 사 먹는 비율은 낮았다. 탕후루를 음식으로 인식하기보다 재미있는 놀이로 받아들이기 때문이었다. 그밖에 탕후루 수요가 줄어든 이유에는 기후위기로 과일값이 올라 그로 인해 가성비가 떨어진 점도 있고, 당뇨와 건강에 대한 우려가 드러나는 간식이라는 부정적 이미지도 있다.

결과적으로 탕후루 프랜차이즈는 급격히 위축되어 폐업으로 이어졌다. 2023년 신규 개업한 탕후루 가게는 1300여 개다. 대부분의 탕후루 가게가 2023년에 개업했다고 해도 과언이 아닌데, 2024년에는 신규 개업이 거의 없고 상반기에만 수백 개가 폐업했다. 안타까운 일

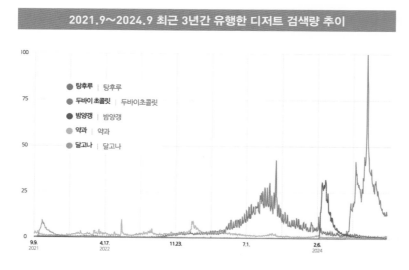

출처: 네이버 Data Lab 검색어 트렌드

이지만 탕후루 열풍이 다시 불 확률은 낮다. 오히려 탕후루 가게의 폐업이 늘어날 것이다.

탕후루의 사례에서 알 수 있듯 이제 어떤 디저트가 뜨기 시작하면 그게 왜 트렌드가 되었는지 살펴봐야 할 것이다. 단기 유행FAD과 트렌드Trend는 다르다. 트렌드라고 하면 수년간 흐름이 이어질 수 있어야 한다. 트렌드는 아주 광범위하게 커지면서 메가 트렌드가 되거나 수십 년 넘게 이어지며 문화로 자리 잡기도 한다. 그러나 단기 유행은 대부분 몇 달(길어도 1년 미만) 동안 잠깐 주목받고 만다. 그렇기 때문에 단기 유행 아이템을 가지고 창업을 하는 건 사실 위험한 일이다. 물론 단기 유행이라도 원조이자 유행을 일으킨 진원지는 입지를 유지할 수 있다. 대중적으로 퍼지지는 못해도 마니아들이나 단골손님 덕택에 유지될 수 있기 때문이다. 하지만 후발 주자들에게까지 혜택이 미치기는 어렵다.

그러니 단기 유행인 아이템은 소비자의 입장에서 즐기는 것이 낫다. 그걸로 돈을 벌기 위해 창업을 하는 것은 신중해야 한다. 물론 프랜차이즈라면 본사와 프랜차이즈에 가입하는 영세 자영업자의 이해관계가 다를 수 있다. 중요한 것은 트렌드에서 돈의 흐름을 파악하고 써먹으려면 트렌드의 껍데기가 아닌 알맹이를 충분히 알고 뛰어들어야 한다는 점이다. 트렌드의 핵심은 신조어 같은 말이 아니라 트렌드가 된 '이유'와 '배경'에 대한 이해다. 그것을 알아야 어떤 위험 요소가 있는지 가늠할 수 있고, 내가 어떤 기회를 얻을 수 있을지 보인다.

일본 디저트에
주목하라

그동안 유행한 탕후루와 마라탕, 대만 카스테라, 흑당 등은 모두 비슷한 시기에 국내에 유입되었다. 주로 2018~2019년이 시작점이었는데 당시 한국인들의 해외여행이 역대 최고치를 찍은 때이기도 하다. 보통 여행 경비가 충분하지 않은 편인 2030대가 유럽이나 미국보다 가까운 중국이나 일본을 첫 여행지로 삼는 경우가 많은데, 노 재팬 영향 때문에 상대적으로 중국, 대만, 홍콩 같은 중화권 지역에 많이 방문하는 흐름이 있었다. 그리고 SNS에 적극적으로 자신을 드러내는 2030대가 중화권 음식을 포스팅하고 현지의 경험과 문화를 공유하면서, 공교롭게도 중화권 먹거리가 국내에서 유행하기 시작한 시기와 맞물려 더 큰 관심을 자아냈다. 2020년 코로나19로 해외여행이 멈추며 중화권 먹거리는 수년간 더 확대되었고 그렇게 탕후루까지 열풍이 이어졌다.

이제는 상황이 달라졌다. 중국에 가는 한국인보다 일본에 가는 한국인이 더 많다. 국토교통부 항공 통계에 따르면 2024년 상반기 국제선 항공편 이용자(출발·도착 합산)는 4277만 명으로 2023년 상반기 2950만 명보다 45% 늘었지만, 2019년 상반기 4556만 명보다는 적었다. 전체적으로 코로나19 이전인 2019년 수준에 근접해도 아직은 조금 적다. 그런데 이 중 일본 여행객은 2019년보다 더 늘었다. 2024년 상반기에만 1217만 명이 일본을 오갔는데 2019년 상반기 1122만 명보다 100만 명이나 많다. 2023년 상반기에 일본에 간 사람이 846만 명인 것을 보면 2024년 상반기엔 43.8%나 늘어난 것이다. 이런 현상의 중심에는 엔저 영향이 있었다.

확실히 일본 여행이 열풍이라고 해도 과언이 아니다. 일본의 먹거리와 문화를 경험하는 2030대가 늘어나는 데다 이들이 적극적으로 SNS에서 일본 여행 사진을 공유한다. 이제 일본의 먹거리, 그중에서도 일본의 디저트 중에 탕후루를 잇는 새로운 유행이 될 아이템이 있을 것이다. 새로운 디저트 유행을 만들어서 비즈니스 기회를 만들어내려는 이들이라면 이제 일본의 디저트나 먹거리를 적극적으로 공략할 때다. 유행은 선도하는 사람도 있어야 하지만 받아주는 사람도 있어야 한다. 최근 일본 여행 경험을 통해 일본 먹거리에 대한 관심이 높아진 이들이 많아진 건 아주 중요한 배경이다. 일본 여행 열풍은 당분간 이어질 수 있기에 2025년에 뜨게 될 먹거리의 범위를 일본으로 좁혀보

자. 일본 디저트에는 일본어로 '푸링'이라고 읽는 푸딩プリン을 비롯해 와라비모찌, 생야츠하시 같은 화과자, 당고, 일본식 크레이프, 일본식 빙수 카키고리, 수플레 팬케이크 등이 있다. 그밖에 완전히 새롭고 낯설게 접근하자면 인도 전통 디저트 굴랍자문Gulab Jamun도 있고, 고대 그리스에서 올림픽 경기 우승자에게 준 디저트라는 루쿠마데스도 있다. 여행 수요의 확대와 SNS, 쇼츠가 가진 영향력의 확대는 다양한 해외 먹거리의 유입, 새로운 먹거리 유행을 만드는 결정적 배경이다.

다이어트 이코노미와
올라운드 안티 에이징

다이어트 이코노미는 가장 유망한 트렌드 분야 중 하나다. 우리는 누구나 노화를 겪기 때문이다. 나이가 들면 사람들이 건강관리에서 중요하게 여기는 것이 당뇨와 비만이다. 이들은 서로 연결된다. 비만이면 당뇨가 될 가능성이 높고, 노화도 당뇨로 연결된다. 질병관리청에서 발표한 질병 통계를 보면, 2021년 기준 19세 이상 성인의 당뇨병 유병률은 남성 12.8%, 여성 7.8%이다. 그런데 50~59세는 당뇨병 유병률이 남성 21.7%, 여성 10.1%이고, 60~69세는 남성 28.8%, 여성 20.9%, 70세 이상은 남성 33.8%, 여성 30.4%이다. 노화될수록 당뇨병 유병률이 급증하는 것이다. 그렇기 때문에 다이어트가 중요해진다. 다이어트를 해서 비만을 해결하면 당뇨병 유병률도 그에 따라 줄어들고 결국 수명이 늘어나는 과정으로 이어지게 된다. 그래서 비만

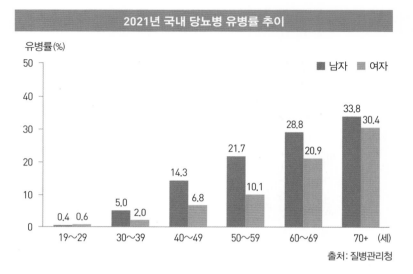

유병률(%)

■ 남자 ■ 여자

19~29: 0.4 0.6
30~39: 5.0 2.0
40~49: 14.3 6.8
50~59: 21.7 10.1
60~69: 28.8 20.9
70+: 33.8 30.4 (세)

출처: 질병관리청

치료제는 부정적인 인식이 있음에도 엄밀히 당뇨 예방약이자 수명 연장약으로써 역할을 한다.

비만은 기대수명을 10년 이상 단축한다. 따라서 다이어트 신약(오 젬픽, 위고비, 삭센다, 젭바운드 등)은 체중 감량 약을 넘어 생명 연장 약이 될 수 있다. 다이어트에 대한 기존의 관성과 오해를 버리자. 다이어트 는 이제 미용보다 수명 연장이다. 즉 선택이 아니라 필수라는 얘기다. 앞으로 비만 치료제 시장은 점점 커질 수밖에 없다. 운동으로 건강관 리를 일상적으로 하는 운동홀릭족도 많아질 수밖에 없고, 근력 운동 을 하며 단백질 섭취를 늘리는 이들도 많아질 수밖에 없다. 술과 담 배, 설탕을 점점 기피하고, 과식은 점점 하지 않을 것이다. 이건 각자의 취향이나 다양성의 문제가 아니다. 비만은 이제 취향이 아닌 질병으로 인식된다. 실제로 비만은 당뇨로 이어지고 수명을 줄이는 중대한 질병이 맞다. 날씬하고 건강하게 사는 게 필수가 되면 관련된 시장은 가장 중요한 미래 시장일 수밖에 없다.

비만을 잡는 자가 돈을 잡는다

당뇨와 비만은 질병에 이어 치료제와도 연결된다. 당뇨병 시장의 선두 기업이 곧 비만 치료(다이어트 신약) 시장의 선두 기업이기도 하다. 세계적으로 살펴보자면 글로벌 당뇨병 시장 점유율 1위는 노보 노디스크이고, 2위는 일라이 릴리다. 주사제에서 글루카곤 유사 펩타이드-1GLP-1 계열의 치료제를 노보 노디스크와 일라이 릴리가 양분하는데 이는 전체의 98%가량을 차지한다. 인슐린 시장에선 노보 노디스크, 일라이 릴리, 사노피가 빅 3이다. 이 세 회사가 전 세계 인슐린 공급의 95% 이상을 차지한다. 당뇨병 시장은 주사제와 경구제로 나뉘는데 주사제 시장이 1.5배 더 크다. 경구제 시장에선 베링거인겔하임, 머크, 아스트라제네카 세 곳이 3/4 정도를 차지한다.

비만 치료이자 다이어트 신약 시장에서는 노보 노디스크가 앞서 있었다. 오젬픽(세마글루타이드 성분), 위고비(세마글루타이드 성분), 삭센다(리라글루타이드 성분)가 대표 제품이다. 삭센다는 당뇨병 치료 목적으로 개발되었으나 부작용으로 나타나는 식욕 부진과 체중 감소

효과로 인해 다이어트 약으로 급부상했다. 그리고 일라이 릴리의 젭바운드(티제파타이드 성분)가 2023년 미국 식품의약국FDA의 승인을 받으며 다이어트 신약 시장의 주도권 다툼이 치열해지면서, 시장 전체가 폭발적으로 성장할 기세다. 2023~2024년 노보 노디스크와 일라이 릴리 모두 주가가 상승했다. 일라이 릴리는 최근 5년간 주가가 7배 정도 올랐고, 노보 노디스크는 4.5배 정도 올랐다. 회사가 상장한 1984년 7월 이후 2024년 7월까지 전체 기간으로 따지면 일라이 릴리와 노보 노디스크 둘 다 주가가 수백 배 올랐는데, 비만 치료제 신약 이후 더욱 드라마틱하게 올랐다. 두 곳은 다이어트 이코노미의 대표적인 기업이기도 하다.

과거엔 부자가 뚱뚱했다. 먹고살기 어려울 땐 풍족하게 먹을 수 있는 부자가 비만이 될 수 있었고 배가 나온 모습이 부의 상징이었다. 하지만 지금은 반대다. 음식이 충분하고 저렴한 식품도 많다. 가난해도 굶을 일은 드문 시대인 것이다. 값싼 정크푸드나 패스트푸드로 끼니를 해결할 수 있게 되면서 아이러니하게도 가난할수록 뚱뚱한 경우가 많다. 이제 부자들은 질 좋은 음식을 풍족하게 잘 먹으면서도 퍼스널 트레이너와 함께 열심히 운동하고, 비만 치료제와 비만 치료 시술도 적극적으로 받는다. 돈을 들여 날씬해지는 것이다. 아무것도 하지 않고 타고나기를 날씬한 사람은 극소수이기 때문에 대다수의 사람은 돈을 쓰면서 날씬해진다. 다이어트는 더 이상 2030대가 중심인 시장이 아니다. 오히려 돈은 구매력이 좋은 40~60대가 더 쓴다.

다이어트에 성공하는 사람들이 많아질수록 패션, 뷰티 산업도 커진다. 다이어트에 성공해서 건강뿐만 아니라 외적인 매력까지 얻으니 그걸 드러내려는 욕망이 자연스럽게 생기는 것이다. 옷과 화장품도 더 사고, 미용실에도 더 자주 간다. 어쩌면 외식하는 횟수도 늘고, 여행도 더 많이 갈 수 있다. 그렇게 삶의 만족도가 높아지면서 타인과의 관계도 활발해지고 연쇄적으로 데이팅 앱이나 연애와 관련된 시장도 커진다. 몸매 관리는 건강관리이자 외모 관리에 속해있다. 다이어트를 해본 사람이라면 알겠지만 한 번으로 끝나지 않는다. 계속 해야 한다. 결국 피트니스와 퍼스널 트레이닝 시장을 비롯해 골프, 테니스, 요가, 러닝 등 취미 운동 시장과 스포츠웨어 시장, 인바디처럼 건강관리를 위한 데이터 시장도 같이 커질 것이다.

다이어트와 직결되는
안티 에이징

앞서 말했듯 다이어트는 노화와 밀접하게 관련이 있으며 이는 안티 에이징과 연결된다. 더 나아가 알아야 할 것은 안티 에이징이 중장년에만 국한되는 이야기가 아니라는 점이다. 관심을 두는 연령층이 낮아져서 안티 에이징은 이제 20대부터 모든 연령에 전방위로 적용되는 욕망이 되었다. 안티 에이징에 신경 쓰는 10대까지 있으니 한마디로 올라운드 안티 에이징 시대다. 안티 에이징을 일찍 시작하는 것을 얼리 안티 에이징Early Anti-Aging이라고 한다. 안티 에이징 시장에 2030대가 대거 진입했다는 이야기다. 피부 노화를 미리 관리하기 시작하는 프리 케어Pre-care, 얼리 케어Early care라는 용어도 보편적으로 쓰일 정도다.

안티 에이징의 시작은 화장품 회사의 피부 관리였다. 이후 뷰티 테크로 진화했는데 궁극적으로 뷰티 테크는 수명 연장을 위한 생명공학까지 연결된다. 구체적으로 보면 노화 방지, 세포노화 방지, 신체 부위 재생, 연골 교정, 장기 생성, 치아 재생, 노화 관련 유전자 치료 및 질병 연구 등 노화를 막기 위한 과정이 생명 연장과 이어지기 때문에 불멸(영생) 서비스Immortality-as-a-service가 안티 에이징의 최종 목적지인 셈이다. 낯선 개념이지만 불멸(영생) 서비스는 아주 극소수 부자를 위한 시장에서 먼저 시작한다. 결국 대중적으로 확대되겠지만 오랜 시간이 걸릴 것이다. 그러니 지금은 부자의 수명 연장보다 다이어트로 비만과 당뇨를 잡는 시장이 중심이라고 보면 된다. 다이어트로 10년의 수명 연장을 보장받는다고 해도 과언이 아니니 말이다.

대한당뇨병학회는 매년 당뇨병 환자와 규모와 실태를 조사하는 '당뇨병 팩트 시트Diabetes Fact Sheet'를 발표한다. 2012년 팩트 시트에서 당뇨병 인구 추계가 약 320만 명이었고, 2050년에 당뇨병 유병 인구가 약 590만 명이 될 것으로 추정했다. 그런데 2022년 팩트 시트를 보면 당뇨병 유병 인구가 605만 명으로 집계됐다. 10년 전에 예측한 2050년의 당뇨병 유병 인구수를 30년 정도 앞당겨 도달해버린 것이다. 그만큼 당뇨병 환자가 늘어나는 추세가 학자들의 전망을 크게 넘어설 정도로 빠르다. 당뇨병 환자가 600만 명이란 사실은 당뇨병 환자까진 아니지만 고위험군에 해당되는 사람이 1500만 명가량 된다는 의미고, 그렇다면 2100만 명이 당뇨병 관리에 시간과 돈을 써야 한다는 이야기다. 당뇨병 환자가 지금보다 더 늘어나면 의료계가 대응할 여력을 넘어선다. 당뇨 대란이란 말이 이 때문에 등장한 것이다. 당뇨는 다양한 질병을 유발하고 심각한 합병증도 겪을 수 있는 병이다. 당뇨병 환자가 심근경색, 허혈뇌졸중, 간암 등 주요 합병증으로 사망할 위험이 당뇨병이 없는 사람보다 평균적으로 55% 더 높다. 인류의 질병 중 가장 중요한, 어쩌면 킹핀 같은 질병이 바로 당뇨병이다. 이는 비만과 연결되니 다이어트는 인류를 위한 가장 중요한 숙제라고 봐도 될 것이다.

건강보험심사평가원에서는 2018년에 13만 9682명을 기록했던 2030대 당뇨병 환자가 2022년 17만 4000여 명으로 4년 사이에 24.9% 급증했다고 밝혔다. 연령별로 보면 당뇨병 환자는 70대 이상, 60대, 50대, 40대 순으로 많지만 과거엔 아주 적었던 2030대 당뇨병 환자가 가파르게 증가하고 있다는 건 주목할 일이다. 또한, 대한당뇨병학회에 따르면 30대의 당뇨 전 단계 유병률은 30.8%에 이른다. 10명 중 3명은 당뇨 전 단계라는 분석이다. 전체 성인의 유병률이 41.3%인 것에 비해선 낮지만 꽤 높아진 수치다.

2030대뿐만 아니라 10대의 당뇨병도 증가하지 않을까 예상한다.

앞서 탕후루 유행의 중심에 초중고생이 있었다고 말했다. 그리고 이미 6~18세 소아 청소년 5명 중 1명은 과체중과 비만이라고 한다. 최근 유행한 간식과 먹거리인 탕후루, 약과, 흑당, 달고나, 생과일주스 등은 모두 고당도 음식이다. 아울러 2030대들의 카페, 디저트에 관한 관심도 수년간 급상승하는 추세다. 고당도 음료와 고당도 디저트 소비가 증가할 수밖에 없는 배경이니 2030대가 당뇨병에 걸릴 확률도 높고 10대에게도 그대로 영향을 미치게 될 것이다.

지금 10대가 성인이 되고, 중년이 되고 노년이 될 때면 당뇨병 환자는 요즘과 비교할 수 없을 정도로 많아질 것이다. 당뇨병 환자는 대개 발병 20년 후쯤 합병증을 겪게 된다. 그렇다면 5060대 당뇨병 환자는 7080대에 들어서 합병증으로 문제가 될 수 있는데, 2030대 당뇨병 환자는 4050대에 합병증을 겪게 될 수 있다. 한창 일하는 4050대가 경제 활동을 멈출 수도 있다는 것이다. 이 상황까지 다다르지 않기 위한 근본적인 접근은 다이어트일 것이다. 비만에서 벗어나야 당뇨에서 벗어난다. 이건 다이어트 이코노미가 훨씬 더 커진다는 뜻이다. 비만을 잡는 자가 결국 돈을 잡는다.

4554, 한국 사회의
킹핀이 되는 사람들

볼링에서 스트라이크를 만드는 데 가장 중요한 핀이 킹핀이다. 다른 핀들에 영향을 주는 위치에 있기 때문에 볼링공의 타깃이 된다. 그렇다면 현재 한국 사회에서 킹핀이 되는 존재는 누구일까? 2025년 기준으로 45~54세에 해당하는 1971~1980년생들이다. 대기업에서도 이 나이대의 임원이 가장 많고 결정권자인 사장 중에서도 50대 초중반이 많다. 직장뿐만 아니라 문화 분야의 영화, 방송, 음악 산업에서도 영향력 있는 감독, PD, 경영자가 대부분 이 나이대다. 2030대가 새로운 소비 트렌드를 가장 잘 흡수하지만, 사실 그들이 반응하는 트렌드를 만든 사람들은 4050대가 많다는 점에 주목해야 한다. 2030대가 서울 성수동 팝업스토어에 가고 아이돌 그룹에 열광하고 신상품이 발매되었을 때 오픈런을 하는 모습을 보면 그들이 트렌드의 주

인공인 것처럼 느껴질 수 있다. 하지만 누가 2030대들이 즐길 공간을 만들고, 콘텐츠를 제작하며 욕망을 부추겼을까? 4050대다. 다만 모든 4050대가 아니라 다양하게 경험을 쌓고 안목과 경제력을 갖춘 4050대이다. 이들이 영포티이자 영피프티가 된 X세대이자 후기 베이비붐 세대다. 현재 한국의 경제와 문화를 이들이 쥐고 있다고 해도 과언이 아니다. 이들이 트렌드 세터다. 흔히 트렌드 세터라고 하면 젊은 연예인이나 인플루언서로 인식하지만 트렌드 세터의 의미를 재해석할 필요가 있다. 트렌드를 만들어내고 이끄는 힘은 '나이'보다 '안목과 돈'에 있다.

후기 베이비붐 세대이자 X세대인 사람들이 중요한 이유

한국에서 가장 많은 인구수를 가진 나이는 2025년 기준 54세가 되는 1971년생이다. 91만 명가량 된다. 그다음이 1969년생, 1970년생, 1972년생 순이고, 이들 모두 각 90만 명 정도다. 모두 한 해에 100만 명 이상 태어난 사람들이다. 이어서 1973년생이 87만 명, 1974년생이 86만 명 정도인데, 1968~1975년생은 2차(혹은 후기) 베이비붐 세대로 불리지만 X세대에도 속한다. 1차 베이비붐 세대인 1955~1967년생들의 특성을 어느 정도 가지면서 X세대의 중심 세력이기도 하다. 즉 X세대는 집단주의적 속성과 수직적 위계 구조에도 익숙하고 미국의 소비문화와 자본주의적 자유주의, 개인주의적 속성에도 익숙한 것이다. 그러니 X세대를 베이비붐 세대와 밀레니얼 세대 사이의 사람들이 아니라 두 세대의 속성을 모두 가진 교집합으로 봐야 한다. 이들이 경험과 경제력을 갖춘 50대가 되었고 이들의 자녀가 Z세대라고 불리는 이들이다.

45~54세들의 힘은 굳건하다. 한국에서 연간 출생자 수가 20~30만 명대가 된 지 꽤 되었으니 Z세대의 다음인 알파 세대는 4년의 인구수를 합쳐야 X세대이자 후기 베이비붐 세대 1년 인구수와 맞먹는다. Z세대 역시 2년의 인구를 합쳐야 X세대의 1년과 맞먹는다. X세대는 현재 소득이 가장 정점에 있고 보유한 자산도 꽤 있다. 1020대를 자녀로, 7080대를 부모로 둔 사람들이면서 중간 세대로서 이들 모두에게 직접적 영향력을 미친다.

소득과 소비력 측면에선 1980~1982년생도 주목해야 한다. 이들의 인구수는 각 82만 명 정도로 1975~79년생보다 근소하게 많다. 이들은 40대 초반에 접어들어 새롭게 영포티에 합류했으며 또한 알파 세대의 부모다. 한국 역사상 40대 초반 중 결혼을 가장 적게 하고, 아이도 가장 적게 가진 사람들인 것이다. 지금 4554를 이을 그룹이 3944인데 그중 1980~1982년생이 중심이 된다는 것을 기억해야 한다. 1980~1982년생이 영포티에 진입했다고 해서 그 이전 세대와 동일하게 바라보면 안 된다. 10년 전 영포티와 지금의 영포티는 같지 않다. 오히려 과거의 영포티는 지금 영피프티와 같은 사람이다. X세대가 40대에 접어들었을 때의 영포티와, 밀레니얼 세대가 40대가 된 지금 영포티는 비슷하긴 해도 똑같진 않은 것이다. 그러니 이들을 타깃으로 삼은 기업이라면 영포티를 재해석하고, 영포티 중에서도 40대 초반과 후반을 나눠 마케팅 전략을 재설정할 필요가 있다. 분명한 것은 한국에선 2030대보다 4050대가 훨씬 더 중요한 소비 세력이라는 것이다. 그러나 이를 놓치고 2030대에만 집중하는 기업들이 꽤 있다. 과거의 관성으로 볼 때는 4050대가 자식을 위해서만 소비하고 내집 마련 대출을 갚는 것과 노후 준비에 치중하는 것처럼 여겨질 수 있겠지만, 지금의 4050대는 '자식'만큼 '자신'에 투자하고, '노후'만큼 '현재'에 집중하고 있다.

인생이 꺾이는 나이는
이제 30세가 아니다

영포티Young Forty는 2012년 출간된 《라이프 트렌드 2013: 좀 놀아온 오빠들의 귀환》에서 필자가 제시한 트렌드 신조어다. 그 후 X세대를 가리키는 말로 자리 잡았다. 일부 젊은 세대가 40대 전체를 비꼬는 의미로 쓰기도 하지만, 영포티는 모든 40대를 지칭하기보다 한국에서 첫 번째로 개인주의적 속성을 드러내며 새로운 소비문화를 향유하고 해외 문화도 적극적으로 받아들인 X세대(40대)의 현상을 해석하기 위한 말이다. 단순히 외모를 젊게 가꾸는 게 핵심이 아니라 삶의 태도와 가치관, 소비력, 조직을 대하는 방식이 진화한 X세대의 태도를 특징적으로 보여주는 단어다.

그러니 영포티의 의미를 제대로 보자. 그들은 친구 같은 부모가 되거나 자식을 위해 올인하며 자신을 희생하기보다 스스로를 위해 소비도 하고, 해외여행이나 수입 자동차 소비에도 적극적이다. 2025년 기준 한국의 중위연령은 46.7세다. 중위연령은 총인구를 연령순으로 나열할 때 한가운데에 있는 사람의 연령을 말한다. 1990년대 초반까지는 중위연령이 20대 후반이었다. 그래서 그때는 30세가 되면 인생이 '꺾인다'라고 표현했고 그 의미가 아직까지 남아있다. 그러나 이제는 47세쯤 되어야 꺾어진다. 1990년대 초반 TV에 비춰진 성숙한 30세의 모습과 현재 아직도 어린 듯한 30세의 모습을 비교해서 떠올리면 확연히 느껴지지 않는가. 젊음이 연장되었다.

40대는 늙은 것이 아니라 청춘이다. 마케팅 차원에서 40대를 공략하고 소비를 부추기려고 만든 말이 아니라 실제로 40대는 여전히 젊다. 과거 세대와 비교할 수 없을 정도로 외모뿐만 니라 행동도 젊다. 10여 년 전의 영포티가 나이를 먹어 50대에 접어들며 영피프티Young Fifty가 되었다. 그 사이에 밀레니얼 세대 일부가 지금 40대에 접어들었다. 이들은 자연스럽게 오리지널 영포티의 특성에 영향을 받고 있다. X세대 영포티와 영피프티, 즉 45~54세가 한국 사회의 중심 세력이다. 이들은 지금 4050대에서 만들어지는 트렌드와 4050대가 반응하는 욕망을 주도하면서 밀레니얼 세대인 35~44세에게도 직간접적으로 많은 영향을 끼친다.

지금은 60대도 젊다. 아니 70대도 젊다. 현재 4554가 6070대가 되면 지금보다도 더 젊은 욜드Young - Old와 액티브 시니어가 될 것이다. 젊음이 연장되었기 때문에 결코 과거의 노인과 같은 라이프 스타일과 소비를 반복하진 않을 것이고, 변화가 생기는 만큼 누군가는 비즈니스 기회를 찾아낼 것이다.

소비 코드가 된
DEI

몰락했다고 인식되기까지 했던 미국 캐주얼 의류 브랜드 아베크롬비 앤 피치(이하 아베크롬비)는 2023년 6월부터 2024년 6월 1년간 주가가 450% 정도 올랐다. 이후 조금 하락했지만 2023년 7월 말에서 2024년 7월 말까지 보면 300% 정도 올랐다는 점이 인상 깊다. 더 길게 최근 2년간 추이를 보면 거의 1000% 정도 오른 모습이다. 아베크롬비는 첨단 테크 기업도 아니고 미래 가치를 따질만한 미래 유망 사업도 아닌 100년도 더 된 오래된 패션 기업이다. 1990년대와 2000년대 초반에 전성기를 누렸지만 이후 10여 년 넘게 긴 하락세를 겪었다. 그럼 어떻게 죽어가던 기업이 갑자기 고공행진을 했을까?

사실 패션에 민감한 사람들이라면 아베크롬비의 부활을 2023년부터 눈치챘을 것이다. 매출도 늘고 1020대가 다시 찾기 시작했다.

2024년 5월 30일 아베크롬비가 발표한 1분기 실적은 순 매출 10억 달러, 영업이익 1억 3000만 달러로 전년 동기 대비 22.1% 증가(분기 영업이익률은 12.7%)했다. 회사 역사상 최고의 1분기 실적을 기록하며 주가가 폭등했다. 2024년 6월에 시가총액 90억 달러에 육박했고, 조정받은 이후 7월 말 기준 약 80억 달러가 됐다. 주가와 실적 모두 상승하며 부활에 성공한 것이다.

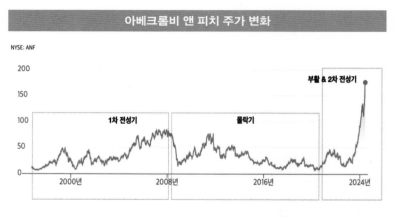

출처: 뉴욕증권거래소(NYSE)

1020대를 주 타깃 고객으로 삼는 아베크롬비는 1990년대와 2000년대 초반 향수 냄새가 가득한 매장과 성적인 분위기의 백인 모델을 내세워 쿨한 이미지로 인기를 끌었다. 그러나 2000년대에 접어든 이후 인종, 사이즈 등의 이슈가 발생했고 다양성과 자연스러움을 강조하던 사회 트렌드에 적응하지 못해 2010년대에 몰락했다. 몰락의 원인은 아이러니하게도 이 회사를 전성기로 만든 일등 공신이었다. 마이크 제프리스는 1992~2014년까지 22년간 CEO로 장기 집권했다. 그는 아베크롬비로 전성기를 누렸고 전성기의 성과에 취해 트렌드 변화에 둔감하게 반응했다. 결국 브랜드를 몰락시킨 주범이 되었다. 특히 2006년 1월 《Salon Magazine》과의 인터뷰에서 "젊고, 아름답고, 마른 사람들만 우리 옷을 입었으면 좋겠다", "뚱뚱한 고객이 매장에 들어오면 물을 흐리기 때문에 엑스라지 이상의 여성 옷은 팔지 않는다"라는 망언을 했다. 이 발언은 브랜드 불매 운동을 불러일으켰고 몰락의 신호탄이 되었다. 그의 망언은 전 세계적으로 퍼지며 이후에도 사라지지 않았다. 온라인 시대이기 때문이다. 온라인 시대엔 자비가 없다. 2013년에 나온 미국 인터넷 신문인 《Business Insider》 기사에서는 앞선 살롱 매거진 인터뷰의 발언이 다시 언급되었는데, 과거의 일이 다시 현재의 일이 되며 불매 운동과 함께 플러스 사이즈를 제작하라는 청원 운동으로 번졌다. 그리고 1020대에게 온라인상에서 입소문이 퍼지며 브랜드의 이미지가 끝없이 추락했다.

아베크롬비는 2016년 미국 고객만족지수American Customer Satisfaction Index에서 고객이 가장 싫어하는 소매업체로 선정되기도 했다. 인기가 절정이던 2007년 아베크롬비의 시가총액은 70억 달러 이상이었는데 하락세를 타며 10억 달러 이하로 줄었고 매각설에도 휘말렸다. 그렇게 망하고 사라져버릴 것 같았던 아베크롬비가 부활한 것이다. 비결은 CEO 프란 호로위츠의 리더십이다. 마이크 제프리스가 실적 부진의 책임을 지고 퇴진한 이후 2년 가까이 신임 CEO를 찾지 못하다가 내부 승진을 통해 홀리스터 사업부 부문장(책임자)이었던 그녀가 2017년 CEO가 되었다. CEO가 되자마자 그녀는 브랜드의 정체성을 재정비했다. 향수 냄새가 가득한 매장의 분위기를 바꾸고, 상의를 벗은 모델과 남녀의 성적 이미지를 강조한 모델 전략을 버렸다. 젊은 백인들이 매장에서 쇼핑하는 이미지에서 모든 인종과 성별을 포용하는 이미지로 변신한 것이다. 다른 곳에서는 찾을 수 없는 경험을 고객에게 제공하려고 했고 고객에게 무료 와이파이를 제공했으며 인스타그램 등 소셜 미디어 팔로워를 늘리는 데 총력을 기울였다. 이를 통해 브랜드의 신뢰를 잃은 고객과 브랜드의 변신을 알지 못하는 고객들이 아베크롬비의 변화를 알아가게 되었다. 아베크롬비는 DEI 이슈로 몰락기에 들어갔는데 결국 DEI 이슈로 난제를 해결했다. 지금 시대는 확실히 다양성Diversity, 형평성Equity, 포용성Inclusion이 소비 코드다.

왜 다양성이 '돈'이 되는가?

죽어가던 미국 패션의 상징 같았던 갭GAP도 아베크롬비와 마찬가지로 2023년 6월~2024년 6월까지 1년간 주가가 300% 정도 올랐다. 이후 조정을 받았지만 2023월 7월 말~2024년 7월 말까지 1년간 120% 정도 올랐다. 갭의 부활과 아베크롬비의 부활에는 공통점

갭 주가 변화

2023. 8
Richard Dickson CEO 영입

출처: 뉴욕증권거래소(NYSE)

이 있다. 2023년 8월 갭의 CEO가 된 리처드 딕슨은 4개 브랜드(올드 네이비, 갭, 바나나 리퍼블릭, 아슬레타)의 정체성을 트렌드와 시대 변화에 맞게 새롭게 정비했고, 전통적 브랜드를 다시 중심에 배치했다. 강도 높은 구조조정과 경영 혁신을 통해 결과적으로 4개 브랜드 모두 매출이 되살아났고 회사는 흑자로 전환했다. 공교롭게도 리처드 딕슨이 CEO가 된 이후 갭의 주가가 크게 상승했다. 결국 경영자가 브랜드의 정체성을 시대에 맞게 변화시키고 조직도 혁신하는 과감한 결단을 내렸기에 기업 가치가 긍정적으로 평가된 것으로 보인다. 여기서도 DEI가 중요하게 작용했다. 리처드 딕슨은 바비 인형으로 유명한 마텔Mattel의 위기를 해결한 경영자이기도 하다. 마텔의 대표 브랜드인 바비는 DEI 이슈로 위기를 겪었다. 금발에 날씬한 백인 바비 인형에 대한 대중의 거부감이 커지며 실적이 나빠졌었다. 마텔은 2010년대 중반부터 흑인 바비, 아시안 바비, 키 큰 바비, 키 작은 바비, 통통한 바비 등을 비롯해 휠체어를 탄 장애인 바비, 젠더 뉴트럴 바비, 시각 장애인 바비 등 다양한 정체성이 깃든 바비를 만들어내며 시장에서 되살아났다. 딕슨은 2000년에 입사해 승진을 거듭하며 President&COO까지 맡았고, 23년간 마텔에서 일했다. 바비 브랜드를 현대화하고 시장에 적합하게 조정하는 여러 가지 전략을 도입했으며 바비를 단순한 인형에서 문화적 아이콘으로 자리 잡게 했다.

그렇다면 DEI는 미국에서만 적용될까? 미국의 선례를 통해 한국에서는 어떤 기업이 DEI 이슈로 위기를 맞을지, 어떤 기업이 DEI 이슈를 잘 해결해 부활할 수 있을지 지켜볼 필요가 있다. 이건 결국 돈의 흐름이 되기 때문이다.

세계 최대 자산운용사 블랙록이 2023년 11월에 발표했던 보고서 〈Lifting financial performance by investing in women〉에 따르면, 성평등 수준이 높은 기업이 수익률에서 2% 포인트 더 높았다. 전 세계 1250개 대기업을 대상으로 2013년부터 2022년까지 MSCI 월드 지수를 분석했는데, 성비 균형 정도(5분위)에서 가장 중간인 성비 균등 그룹들의 평균 자산수익률 7.7%였고, 여성 비율이 가장 낮은 그룹은 5.6%, 여성 비율이 가장 높은 그룹은 6.1%였다. 여성이든 남성이든 특정 성별이 높은 것보다 균등한 기업이 수익률이 더 높은 것이다. 성비 균형과 자산 수익률의 관계는 국가와 산업 부문에 관계없이 동일하게 드러났다고 한다. 블랙록을 비롯한 세계적인 자산 운용사에서 자신들이 투자한 기업에 여성 임원의 비중을 높이라는 요구하는 것도 결국 성과(수익) 향상과 인재 확보 및 유지를 위해서다. 글로벌 기업들이 DEI를 중요하게 여기고 대응하는 이유 중 하나도 인재 확보다. DEI는 곧 투명한 평가와 공정한 보상과도 연결되기 때문에 우수한 인재일수록 DEI가 갖춰지지 않는 기업에서 일하길 꺼린다. 기업은 인재를 확보하기 위해서, 소비자를 공략하기 위해서 DEI를 중요하게 다뤄야 한다. 분명한 것은 지금 시대에 다양성이 돈과 무관하지 않다는 점이다.

사람들은 살면서 직간접적 경험을 통해 관성을 쌓는다. 어떤 것은 돈이 되고 어떤 것은 돈과 관련 없다는 기준이 생기기도 하고, 트렌드 중에서도 돈이 되는 것과 안 될 것 같은 것을 가른다. 사실 이런 기준과 구분 중에는 편견, 관성, 선입견에 따라 착오가 발생하는 경우가 많다. 그렇기 때문에 2025년에는 여러분이 주목할 소비&라이프 트렌드에서 과거와 관성을 버리고 욕망을 재조정Resetting desire하는 트렌드 이슈를 잘 살펴보길 바란다. 트렌드 분석가로서 공동 작업한 이 책에서는 비즈니스와 돈에 집중해 트렌드 이슈를 제시했고, 단독 작업한 《라이프 트렌드 2025》에선 다른 트렌드 이슈도 다양하게 제시하고 있다. 트렌드를 파악하려면 여러 정보를 수집하며 활용할 가치가 있는 것과 그렇지 않은 것을 가려내는 식견도 기를 필요가 있다. 이런 과정에서 트렌드를 보는 안목이 쌓인다.

트렌드는 운이 좋은 이들이 '빨리' 캐치하는 것이 아니라 지속적으로 관찰하고 분석하며 '제대로' 캐치하는 것이다. 트렌드 자체를 아는 것보다 트렌드를 활용해 어떻게 비즈니스 가치를 만들어내느냐가 훨씬 더 중요하기 때문이다.

투자는 늘 새로운 아이템을 쫓고 시장 역시 항상 새로운 소비 세력에 주목한다. 다만 돈은 단순히 유행어 파악이 아닌, 트렌드 이슈에 담긴 의미를 면밀히 파악하고 투자 정보로 활용하는 사람들에게 다가온다. 왜 트렌드가 되었는지, 어떤 방향으로 갈지, 언제까지 이어지고 언제쯤 식을 것인지 등 이는 오랜 기간 관심 있게 관찰해야 알 수 있다. 그러니 트렌드를 '분석'으로 접근해보자.

여러분의 일상을 간과하지 말길 바란다. 무엇을 먹고, 무엇을 입고, 어디에 살고, 어디로 가고 싶은지, 무엇을 사고 싶은지 등은 궁극적으로 트렌드를 이루는 아주 작은 퍼즐이다. 전혀 모르는 기술과 전혀 모르는 세상에서 기회를 찾기보다 이미 알고 계속 관여하는 영역에서 기회를 찾는 것이 효과적이다. 앞서 제시한 트렌드 이슈 모두 일상과 연관된 이야기라는 점을 잊지 말라. 돈은 늘 가까이 있다.

필진: 김용섭

MONEY TREND 2025

5장

평균이 올라가는
사회

UPWARD LEVELING

모든 것이
계급화되는 나라

부모의 소득에 따라 금수저, 은수저 등으로 경제적 계급을 나눈 수저론은 드라마나 웹툰 콘텐츠에도 쓰일 정도로 한국 사회에서 일상적인 용어가 되었다. 이에 한술 더 떠 온라인상에서는 계급 측정기라는 이름의 소득표까지 퍼지기도 했다. 사람들은 더 높은 계급을 갈망하듯 소득에 대한 눈이 높아지며 연봉 1억 원을 이제 표준으로 여기기까지 한다. 그러나 현실은 다르다. 국세청에서 발표한 연봉 데이터를 살펴보면, 연봉 1억 원이 상위 7%, 연봉 5100만 원이 상위 27%, 연봉 3200만 원이 상위 50%다. 1억은 100명 중 7명이 받을까 말까 하고, 평범 혹은 하위층이라고 인식되는 5000만 원 또한 100명 중 약 30명이 받는다. 사회적 인식에 비해 실질적으로 낮은 연봉이 아니며 저소득자가 훨씬 많다.

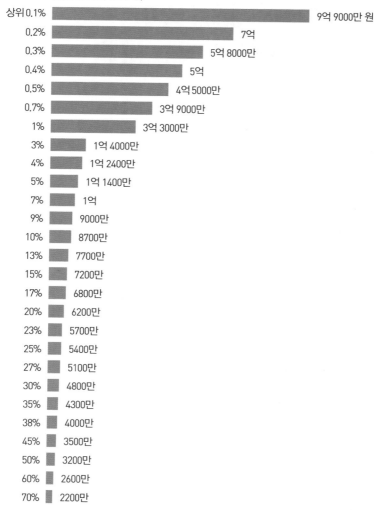

2022년 한국인 연봉

(총급여 기준, 단위: 원)

구분	연봉
상위 0.1%	9억 9000만 원
0.2%	7억
0.3%	5억 8000만
0.4%	5억
0.5%	4억 5000만
0.7%	3억 9000만
1%	3억 3000만
3%	1억 4000만
4%	1억 2400만
5%	1억 1400만
7%	1억
9%	9000만
10%	8700만
13%	7700만
15%	7200만
17%	6800만
20%	6200만
23%	5700만
25%	5400만
27%	5100만
30%	4800만
35%	4300만
38%	4000만
45%	3500만
50%	3200만
60%	2600만
70%	2200만

출처: 국세청(2022년)

계급 측정기라는 이름은 매우 적나라하지만 아주 놀라운 일은 아니다. 각종 온라인 커뮤니티에서는 부동산, 자동차, 명품 등의 계급표가 심심찮게 업로드된다. 예를 들어 부동산 계급표는 수도권의 지역구를 비롯해 지방 주요 도시의 급지를 나눈 것이다. 사실 같은 동네 안에서도 집값의 차이가 천차만별이기 때문에 이런 계급표는 다소 불확실하다. 그러나 여기서 느낄 수 있는 사실은 우리가 소비하거나 투자하는 분야마다 사람들이 최상위와 최하위까지 계급을 나누고, 이를 기준점으로 삼게 된다는 것이다. 자신의 취향이나 기준이 아닌, 타인의 선호도를 신경 쓰고 따라가게 된다는 점에 주목해야 한다.

모범 답안대로 사는 사람들

한국은 사회적으로 '잘 사는 인생'의 답이 정해져 있다. 학교 진학, 결혼, 취업 등 삶의 대소사에 관해 모범 답안이 존재하며 모범에 속하기 위해 달린다. 가구 하나를 사더라도 주변 사람들이나 온라인 커뮤니티에 묻고 댓글을 참고해 구입하는 일이 흔하다. 질문하는 게 틀린 것은 아니지만, 스스로 고민해서 결정하기보다 남들이 긍정적으로 평가하는 것을 좋다고 여기는 심리가 만연하다.

한국 사회가 모범 답안에서 벗어나려 하지 않게 된 데는 평범한 인생의 기준이 점점 상향되고 있는 분위기와도 맞물린다. '최소 이 대학교는 나와야지', '수도권 지역에서 자가 없으면 결혼하지 말아야지',

'취업하려면 대기업은 가야지'라며 상위 10%인 사람이 영위할 만한 생활을 점차 평범하다고 여기는 것이다. 대다수가 평균 이하인 현실과 사회적 인식 사이의 괴리감 때문에 사람들은 자연스럽게 우울감이 생길 수밖에 없다.

수저론의 핵심인 부모의 재력은 한국에서 중요성이 매우 크다. 4개국 대학생을 상대로 사회적 성공 요인 중 1순위가 무엇인지에 대해 조사했을 때 한국 대학생의 50% 이상이 부모의 재력을 꼽았다. 더 이상 개천에서 용 나는 일은 없다고 체감하게 되니 부모의 재력에 의미 부여를 하는 것이다. 물론 이런 인식의 차이가 나는 이유는 사회적 구조나 국민성 등 여러 가지가 있을 것이다. 어쨌든 한국에서 부모의 재력은 무시하기 힘든 요소다. 그럼 현실적으로 보았을 때 부모의 재력

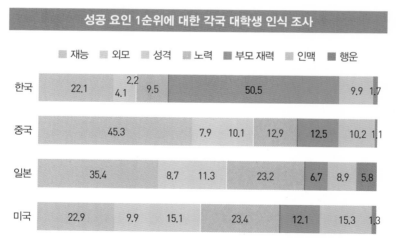

성공 요인 1순위에 대한 각국 대학생 인식 조사

출처: 광주과학기술원

이 좋은 사람들이 많을까, 적은 사람들이 많을까? 부자는 항상 소수였다. 그렇기에 금수저가 아닌 대다수는 노력해도 의미 없다는 생각에 휩싸여 사회적으로 패배주의가 만연하게 되었다.

수저론의 시작은 8~9년 전쯤부터로 보고 있다. 이 시기에 또 하나의 사회적 문제로 대두된 것이 바로 출산율이다. 2015년부터 합계출산율이 하락하기 시작하면서 전문가들은 흙수저의 등장과 출산율 하락이 맞물려 세대 간, 성별 간 일자리 경쟁이 본격화되었다고 본다. 또한 기획재정부에서는 수저계급론 확산과 성별 갈등이 격화된 게 노동 시장에서의 경쟁이 낳은 결과라고 진단했다. 베이비붐 세대 상당수가 노동 시장에 머물러 있는 시점에 자녀인 청년층이 노동 시장에 진입하면서 경쟁이 치열해졌고, 여성 또한 과거 대비 취업 시장에 진입하는 비중이 커지면서 경쟁이 벌어져 사회가 다각도로 분열되고 있다는 것이다.

해소되지 않는 노동 시장 문제, 그리고 결혼과 출산의 의미가 희미해지면서 자녀 세대의 계층 상승 가능성이 높다고 생각하는 국민의 비율이 2013년 39.6%에서 2023년 29.1%로 급격히 떨어졌다. 흙수저를 물려주기 싫어서 아이를 낳지 않을 거라는 사람들이 소수에서 다수의 여론으로 바뀌는 것이다. 경제력이 자녀의 미래에 영향을 주는 부분이 있기 때문에 아주 틀린 이야기는 아니다. 한국경제학회에 따르면 금융 자산 4분위(상위 25%)인 부모를 둔 자녀 대비 1분위(하위 25%)인 부모의 자녀가 대기업과 정규직 등의 일자리를 구할 확률이

7.6% 포인트 낮다고 했다. 첫 일자리 임금의 차이 또한 1분위 부모의 자녀는 4분위 부모의 자녀보다 10.7% 적었다. 환경, 교육 등 다양한 분야에서의 격차가 유의미하게 드러나고 있고, 가속화되고 있다.

세분되는 계급 속
나아가야 할 길

사람들은 일상 곳곳에서 수많은 계급표를 마주한다. 부동산부터 자동차, 명품, 향수, 가구 등 소비하는 품목마다 순위를 살펴보고 더 좋은 것을 갈망하게 된다. 이런 순위에 매달리는 이유는 계급도의 상위를 차지하는 게 개인의 성공을 보여주는 척도로 여기는 풍조 때문이다. 좋은 직장, 비싼 차, 좋은 예물, 좋은 집으로 자신을 표현하는 것이다. 각종 통계 자료를 보면 가구별 소득이 높을수록 사람들의 행복감도 올라가고 사회적 지위도 높다는 것이 밝혀졌듯이 이제 한국은 소득이 삶의 만족도와 직결되는 나라라고 봐도 될 정도다.

사실 계급화는 한국에서만 통용되는 이야기가 아니다. 계급이 없는 사회는 없다. 한국에서 현재 알게 모르게 계급화가 일어나고 있기 때문에 문제라고 인식할 수 있지만, 다른 국가 역시 계급이 존재하며 한국은 오히려 덜 하다는 시각도 있다. 유럽과 선진국은 이미 굳어져 있고, 한국은 이제 오는 것으로 보인다. 한국이 지금 계급화가 일어나는 이유는 역사적 요인도 있다. 일제 강점기와 전쟁을 겪으며 나라가 주저앉았다가 무에서 유를 창조하기 시작했기 때문에 이전에는 가시적인 계급이 없었다. 극소수의 부자가 존재했고 국민 대부분이 똑같이 가난했다. 그러다 경제 선진화가 이뤄지며 격차가 벌어지는 것이 현재 상황이다.

그렇기 때문에 한국 사회에서 아직 공정한 경쟁은 가능하다. 기존의 성공 방식으로 잘 살기 어려워지고, 성공의 문이 좁아지고 있는 것은 사실이지만 그 속에서 기회는 있다. 한국은 경제 선진국 중 사회 변화가 빠르다. 잘되는 기업도 수시로 바뀌고, 이차전지처럼 무에서 유를 만들기도 한다. 역동성이 큰 만큼 계급 이동도 다른 국가에 비해 열려 있다고 볼 수 있다.

그럼 우리는 어떻게 해야 부의 사다리를 붙잡을 수 있을까? 지난 시간을 되짚어 보면 답이 보인다. 10여 년 전만 해도 유튜브 시장이 커질 거라고 예상하는 사람은 많지 않았다. 그러나 지금은 유튜버가 되지 못해서 난리다. 이처럼 최근 10년 사이 새로 생겨난 분야와 산업, 파생된 직군이 매우 다양하다. 유튜버, 인플루언서, 이커머스, 각종 창업, 온라인 마케터처럼 새로운 분야의 파이가 커진 것만 봐도 그렇다. 흥망을 떠나 언제든 새로운 기회와 직업이 생기는 환경이다.

아직 대다수의 사람은 기존의 방식을 그냥 따라간다. 기회의 문이 좁아지고 있는 이 시대에, 성공하는 사람은 기존의 방식을 따르는 이보다 새로운 방식을 찾는 사람일 것이라고 본다. 과거에는 자영업을 하기 위해선 상가를 임차하고 보증금부터 인테리어까지 많은 창업

비용이 필요했다. 큰돈을 들인다고 해서 사업의 성공을 보장하지도 않았기에 쉽게 창업을 결심할 수 없었다. 그러나 지금은 달라졌다. 과거 대비 다양한 인프라가 생겨나고 초기 비용이 급격히 떨어져 용돈 수준으로도 1인 창업을 할 수 있다. 본인의 재능을 개화하기 훨씬 쉬운 시대가 된 것이다.

한 가지 확실한 것이 있다. 앞으로 10년, 돈 벌 기회는 과거와는 확실히 다른 곳에 있을 것이라는 점이다. 디지털 세상이 점점 세분되는 만큼 이에 맞는 기회와 틈새시장이 더욱 많이 생길 것이며, 이를 노려 기회를 찾는 사람들이 돈을 버는 기회 또한 많아질 것이다.

럭셔리 집착과
명품 시장

'1인당 명품 소비 1위 국가.'

최근 한국이 차지한 타이틀이다. 글로벌 투자 은행인 모건스탠리에서 발행한 개인 명품 소비액 보고서에 따르면 명품에 대한 한국인의 총지출은 2022년 기준 168억 달러(20조 9000억 원)로 1인당 소비금액으로 산출하면 약 325달러다. 280달러인 미국, 55달러인 중국에 비하면 매우 높은 수준이다.

이에 힘입어 1년에 한 번씩 가격 인상을 했던 명품 브랜드들이 이제는 시계나 가방을 불문하고 1년에도 수시로 가격을 올리는 추세를 보이고 있다. 한국에서 명품 가격이 오르는 현상에는 일종의 패턴이 있다. 글로벌 브랜드의 경우 다른 나라에서 가격이 오르면 한국도 오르거나, 결혼을 많이 하는 시기에 맞춰 인상되는 등 일명 명품 가격

주요 국가 1인당 명품 소비 비용

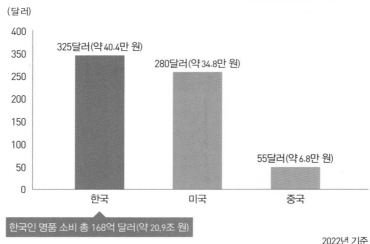

(달러)

- 325달러(약 40.4만 원) — 한국
- 280달러(약 34.8만 원) — 미국
- 55달러(약 6.8만 원) — 중국

한국인 명품 소비 총 168억 달러(약 20.9조 원)

2022년 기준
출처: 모건스탠리

인상의 법칙이 존재한다. 수요가 높은 브랜드의 인상 금액은 10% 이상으로 결코 적은 돈이 아니지만, 그럼에도 불구하고 물건이 없어서 팔지 못한다는 이야기가 나오기도 한다.

우리가 주의 깊게 봐야 할 것은 가격이 인상되면 명품을 사지 말아야겠다고 생각하는 것이 아니라, '오늘이 가장 저렴하니 빨리 사야겠다'라고 마음먹게 되어 수요가 몰린다는 점이다. 한 마디로 어차피 살 것이니 지금 사야겠다고 생각하는 것이다. 이에 따라 몇몇 명품 브랜드에서는 소비자에게 갑질을 하는 경우도 있다. 가격이 오르기 전에 예약 구매한 제품의 수령일이 가격 인상 이후의 날짜라서 일방적으로 구매를 취소시켜 인상된 금액으로 사게 하거나, 제품 하자로 교환을 신청한 시기가 가격 인상 시즌이라 추가금을 내야 교환이 가능하다고 요구한 일이다. 하지만 이런 일들이 생겨도 명품을 구입하려는 소비자들의 열기는 식지 않는다.

명품은 럭셔리로 인식된다. 럭셔리의 사전적 정의에는 비싸지만 필요하지 않은 것이란 의미가 있다. 즉 비싸지만 필수재는 아닌 것이다. 한국에서는 럭셔리와 명품이 동일선상에 있지만 더욱 적합한 단어는 사치재가 아닐까 싶다. 필요 없지만 갖고 있으면 기분 좋은 제품, 이것이 우리가 인식하는 명품이다.

명품은 이미지를 사는 것이다

유독 한국에서 명품 쏠림 현상이 일어나는 이유는 무엇일까? 사실 지금 시기에 물건의 가치를 따지는 것은 큰 의미가 없다. 300만 원대 명품 가방의 원가가 8~10만 원으로 밝혀지고 어느 브랜드는 가죽 장인이 아닌 하청 업체에서 제작한다는 사실이 공개되기도 하면서, 명품 구입의 핵심은 물건이 아니라 브랜드의 가치를 샀다는 것에 있다고 봐야 한다. 필수재를 넘어 사치품을 구입하면서 잘 살고 있다는 모습을 드러내고 싶은 심리 때문에 더욱 명품에 눈길을 돌리는 것이다.

사람들은 이제 차, 시계, 가방, 화장품, 의류 등 일상생활에서 쓰는 제품 대부분에서 명품을 추구한다. 이는 앞서 언급했던 계급화와도 연관이 있다. 선진국에서는 어느 정도 소득 차이에 따른 계급이 정리되어있기 때문에 자신이 가진 것 안에서 만족하는 경향이 크다. 상류층이라면 그에 맞는 교육을 받고 소비를 하는 것처럼 계급에 따른 돈의 흐름이 보인다. 그러나 한국은 아직 이런 모습은 보이지 않고 있다. 그러다 보니 '나도 비싼 물건을 사서 상류층처럼 보여야 한다. 안 그러면 사람들에게 무시당한다'라는 인식이 생긴 듯하다. 계급을 인정하기보단 남에게 무시받고 싶지 않다는 의미로 말이다. 흔히 누군가를 만났을 때 어느 동네 어떤 아파트에 사는지, 자가인지 전세인지 묻거나 질문을 들어본 적이 있지 않은가. 타인의 경제력을 묻는 풍경이 그리 이상하지 않다는 것, 즉 경제력으로 계급이 구분되는 분위기가 커지고 있다. 이런 사회에서 명품 소비는 나의 계급을 실질적으로 보여줄 수 있는 수단으로 작용하며 당분간 지속될 것으로 보인다.

소비가 나쁜 것만은 아니다. 돈이 많은데도 쓰지 않는 것은 자린고비이고, 자린고비를 좋다고 말하는 사람은 사실 거의 없다. 반면 돈이 많아서 비싼 명품을 쓰는 건 당연한 돈의 흐름이다. 국민 모두가 절약하면 경제가 원활하게 돌아가지 않기 때문에 소비하는 것은 경제에 도움이 되기도 한다. 다만 소비자로서 조심해야 할 문제가 있다면 경제력이 뒷받침되지 않는데 명품을 '사게 되는' 풍조일 것이다. 돈이 많지 않아도 명품을 사게 되는 이유 중에는 마케팅 효과를 들 수 있다. 앞서 말했듯 매년 명품 가격이 인상되기 때문에 브랜드들은 차라리 빨리 사는 게 낫다는 심리를 자극하는 마케팅을 펼친다. 그렇게 구입하고 났더니 실제로 가격이 올랐다면 이득을 본 셈이 되고, 당장 필요 없더라도 구입한 것 자체는 나쁘지 않을 수 있다. 또한 명품은 환금성(자산을 현금화하는 것)이 있기 때문에 중고 시장도 활발하다. '확실한 명품을 잘 골라서 사면 재테크보다 낫다'라는 이야기가 아주 틀린 말은 아닌 것이다. 이런 현상들이 '사람들이 인정하는 명품을 사면 여러모로 손해 볼 것이 없다'라는 합리화를 형성한다. 그러다 보니 중고 시장만큼 '짝퉁' 시장의 파이도 만만치 않다. 요즘은 명품과 구분이 힘든 소위 'S급' 가품에 백만 원대의 돈을 쓰는 경우도 많아졌다. 명품에 대한 사회적 문화가 고가의 가품을 사게 만들고 있는 것이다.

　명품 소비를 더욱 가속화시키는 것은 단연코 SNS다. 비교 심리가 만연한 한국 사회의 특성상 '남들은 다 하는데 나만 안 할 수 없다'라며 하나쯤 갖고 싶다는 욕망을 자극한다. 명품을 선택한 기준을 묻는 경제지 설문에 지인의 SNS라는 답변이 가장 많다는 것만 봐도 그렇다. 명품을 사고 사진을 올린 지인, 명품을 광고하는 연예인, 인플루언서의 영향을 받지 않을 수가 없는 것이다. 그러다 보니 자신의 취향으로 명품을 사기보다 최대한 유행을 타지 않는 디자인이나 남들이 인정해주는 브랜드의 선호도가 높아지는 모습을 보이기도 한다. 특이한 디자인보다 대중적으로 선호도가 높은 제품이 중고 시장에서 빠르게 팔려 금전적으로 손해가 적기 때문이다.

　이런 명품 선호는 언제까지 이어질까? 한국에서 명품 가격이 계속 오르는 것으로 보아, 강한 경제적 침체기가 닥치지 않으면 쉽게 깨지기 어려울 것으로 보인다. 예전부터 명품 사랑으로 널리 알려진 중국은 불황이 닥치며 명품 소비 분위기가 조금 꺾였다. 이에 명품 기업들이 중국에서의 가격을 하향 조정하기도 했다.

럭셔리는 소비 시장에서 엄청난 마케팅이다. 가치를 스스로 부여하게 되기 때문이다. 또한 과시욕과 허영심 자극, 재테크가 가능하다는 마케팅까지 사치재를 구입하는 명분은 점점 많아지고 있다.

사회 전반적으로 명품 소비에 쏠리는 현상이 그리 바람직한 것은 아닐 수 있다. 하지만 사람들이 명품을 사면서 시장이 활성화되고 돈이 몰리게 되는 곳 또한 존재하는 것도 사실이다. 어떤 것이 옳다고 단정 짓기는 어렵다. 다만, 자신의 성향과 소득에 맞는 소비가 무엇인지 깊게 고민해볼 것을 권한다. 소비는 선택이면서도 결국 개인이 인생에서 어떤 방향을 추구하느냐에 따라 달라지는 영역이기 때문에 스스로 바라는 삶의 모습을 생각해보며 소비하는 것이 좋겠다. 그리고 이렇게 바뀌어가는 사람들의 인식에 따라 시장 또한 변화를 보이게 될 것이다.

웨딩
인플레이션

"웨딩드레스 시착 비용 100만 원"

"사진 촬영 한 장에 3만 원"

    결혼식 문화가 점점 변화하고 세분되면서 웨딩 비용 상승에 예비 부부들의 이목이 쏠리고 있다. '웨딩플레이션'이라는 신조어가 등장할 정도로 청년층의 결혼 준비 부담이 커진 것이다. 드레스 하나를 결정할 때도 피팅 비용, 착용을 도와줄 도우미 비용, 드레스 재가봉 추가금, 드레스 업그레이드 추가금 등 세세하게 비용이 들고, 부르는 게 값일 정도로 각 비용도 천차만별이다.

    올해 결혼정보회사 듀오에서 1~2년 차 신혼부부 1000명을 대상으로 조사한 바에 따르면, 총결혼 비용이 2억 9748만 원으로 이 중

신혼집 2억 4299만 원을 제외하면 나머지 결혼 준비 비용은 5500만 원가량 들었다고 한다. 2021년에 신혼집 제외 4347만 원 들었던 것과 비교하면 3년 만에 25%가 증가한 것이다. 그만큼 현재 한국 사회에서 웨딩 비용이 급등하는 추세다.

결혼식 준비에 있어 가장 큰 비중을 차지하는 것은 예식장 대여다. 보통 예식장 위치, 뷔페 구성, 수용 인원 등을 기준으로 예식장을 선택할 텐데 예비부부 사이에서 '괜찮다'라고 느껴지는 예식장은 대부분 1000만 원부터 시작하며, 호텔식 웨딩과 고급 코스 요리 등을 원하면 금액은 훨씬 더 많이 올라간다. 웨딩 시장이 겨냥하는 것은 '한 번뿐인 결혼식을 최대한 만족스럽게' 올리고 싶은 예비부부들의 심리다. 결혼을 진행하는 모든 사람이 위와 같이 준비하는 것은 아닐 테지만, 결혼하기 위해 치르는 기본적인 항목부터 세부적인 요소까지 값이 매겨지는 것이 현 상황이다.

웨딩 시장 속 창조 경제

바뀌는 웨딩 문화에 따라 하위 시장들이 생겨나고 있다. 부케 기프트 서비스가 그렇다. 결혼식 때 부케를 받은 사람이 부케를 잘 말려서 부부에게 돌려주면 부부가 행복하게 잘 산다는 의미를 담은 문화가 있는데, 꽃을 예쁘게 말리기 어려워하는 사람들을 대상으로 한 서비스인 것이다. 그리고 스튜디오 촬영 시 드레스 변경이나 장소 교체에 따라 머리 스타일을 바꾸는 문화가 자리 잡게 되면서 출장 미용 서비스를 추가하는 것도 자연스러워졌다. 게다가 인스타그램에 사진을 즉각적으로 올리기 위해 친구가 찍어준 것처럼 자연스러우면서도 전문가의 손길이 느껴지는 '아이폰 스냅' 시장도 커지고 있어 사진 촬영 클래스를 수료하고 주말마다 부업으로 스냅 촬영을 하는 이들도 생겼다. 스튜디오 촬영장의 꽃을 생화로 꾸미는 플라워 디렉팅까지 다양한 항목에서 틈새시장이 형성되고 있다.

결혼식 비용이 점점 치솟는 이유는 젊은 층의 보여주기식 문화와 경제적인 이유가 뒤섞인 것으로 추측된다. 통계청이 발표한 자료에 따르면 10년 사이 혼인 건수가 40% 감소했다. 요즘엔 결혼을 늦게

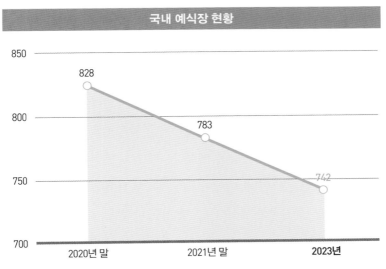

국내 예식장 현황

828

783

742

| 2020년 말 | 2021년 말 | 2023년 |

출처: 국세청

하거나 아예 하지 않는 사람이 늘어나는 추세라는 것은 모두 체감할 것이다. 여기에 2020년 코로나19를 겪으며 결혼을 미루는 이들이 늘었고, 이에 폐업한 예식장들도 많아졌다.

예식장이 폐업하는 와중에 2023년부터는 코로나19 때 미뤘던 결혼식이 늘어나게 되면서, 빠르게 줄어드는 공급이 이들의 수요를 따라가지 못하는 초과수요 상태가 발생한 상황이다. 1년 전에 미리 알아봐도 원하는 날짜에 만족스러운 예식장을 찾기가 하늘의 별 따기이다. 예식 일주일 전에 예식장이 폐업하는 사례도 있어 사람들은 피해를 최소화하기 위해 어느 정도 좋은 곳에서 해야겠다는 생각에 소수의 예식장에 수요가 몰리기도 한다. 그렇기 때문에 겨우 찾은 예식장을 놓치지 않기 위해 예산에 맞추는 것이 아니라 날짜에 결혼을 맞추게 되는 상황이 더욱 많아지고 있다.

전체적으로 보면 국내에서 결혼하는 인구가 줄어들고 있어서 업계 관계자들은 인건비 상승, 식자재 부담 등으로 5년 이내에 서울 예식장의 50%가 폐업할 것으로 내다보고 있다. 이게 현실이 되면 웨딩 시장은 가격이 더욱 상승할 것으로 예측된다. 앞서 말했듯 초과수요 상태이기 때문에 현재 살아남은 예식장은 코로나19 이전보다 매출이 급증하는 양상을 보인다. 빅데이터 상권분석 플랫폼 핀다 오픈업에 따르면 2023년 전국의 예식장 1곳당 평균 매출이 약 5억 3000만 원으로 전년 4억 2800만 원보다 23.8% 늘었다고 한다. 매출이 늘어난다는 것은 결혼식을 준비하는 데 드는 비용도 늘었다는 것이며, 급등하는 축의금 역시 이에 연쇄적인 현상일 것이다.

또한 최고급으로 결혼식을 올리고 싶은 욕구가 더해져 프리미엄 수요가 상승하고 있다. 호텔 웨딩이 늘어나고 스몰 웨딩도 더 이상 가격이 스몰이 아니라는 상황에서 결혼식 양극화는 점점 커질 것이다. 이에 따라 서울시에서는 결혼식 비용을 줄이고 싶은 커플을 위해 최대 120만 원을 내면 공공 기관을 통한 예식장을 대관하는 사업을 진행하고 있다. 일부 지방자치단체에서도 장소를 저렴한 가격에 대여해주며 결혼을 독려한다. 그러나 준비 비용이 아예 안 드는 것은 아니다. 장소만 대관하고 결혼식과 관련된 다른 항목은 준비되지 않아 비품 사용, 식대, 촬영 비용을 합치면 1000만 원 이상이 추가로 드는 경우도 있으며, 공공 예식장에서 치르는 비용이 일반 예식장보다 가격 차이가 크지 않아 일반 예식장으로 수요가 몰리기도 한다.

유의미한 것은 정부 차원에서 결혼 서비스 환경을 구축하고 있다는 점이다. 결혼식 상품의 가격을 기재하는 가격 표시제를 도입하는 방안을 마련 중이고 시청이나 박물관, 미술관 등 공공 예식장을 더욱 확대하고 편의를 개선하고자 추진하고 있다.

웨딩 시장은 지금까지 그랬듯 앞으로도 예비부부, 즉 청년층의 소비 심리에 따라 움직일 것이다. 모든 결혼식 준비를 고급스럽게 치르고자 하는 프리미엄 수요가 급증하고 있지만 한편에서는 가구면 가구, 집이면 집 등 결혼식보다는 자신이 중요시하는 실물 자산에 비용을 투자하고 그 외에는 최소화하려는 움직임이 있는 것을 보면 말이다. 비교 문화의 끝이라는 결혼식. 한 번뿐인 결혼식이라는 생각이 지배적인 웨딩 시장에서 각각의 수요가 어느 곳으로 쏠리게 될지에 따라 돈이 몰리는 곳이 보일 것이다.

지방 소멸과
식품 사막화

한국은 현재 지방 소멸 위기에 처했다. 한국고용정보원이 2024년 발표한 지방 소멸 보고서에 따르면 제2의 도시인 부산마저 광역시 중에 첫 소멸 위험 지역으로 분류되었다. 좋은 인프라를 위해 지방에서 대도시나 수도권으로 이동하고 저출산으로 인한 인구 감소로 벌어지는 문제다. 특히 부산의 경우, 고령자 비율이 2015년에는 14.5%, 2022년에는 21.3%를 보이며 4~5% 정도 상승한 다른 광역시에 비해 고령자 비율의 수치가 높았다. 젊은 층은 다른 도시로 인구가 빠져나가고 노인의 비중이 커지면서 나타나는 모습이다. 젊은이들이 도시를 빠져나가는 가장 큰 이유는 '직장'이다. 수도권 지역에 있는 대기업에 입사하려는 이들이 많고, 지역 기업에 들어가는 사람들은 점점 줄어들어 신규 인구의 유입이 원활하지 않은 것이다.

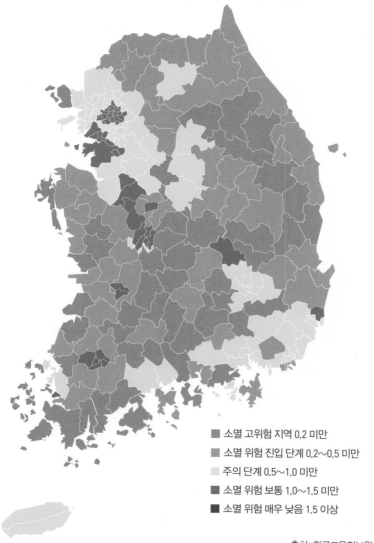

위험 지수에 따른 지방 소멸 위험 지역 현황

■ 소멸 고위험 지역 0.2 미만
■ 소멸 위험 진입 단계 0.2~0.5 미만
■ 주의 단계 0.5~1.0 미만
■ 소멸 위험 보통 1.0~1.5 미만
■ 소멸 위험 매우 낮음 1.5 이상

출처: 한국고용정보원

지방의 소도시는 이미 심각한 상태에 처해 있다. 한국은 대도시에 거주하는 이들이 많고 그중에서도 수도권에 사는 사람이 절반 정도이기 때문에 체감이 잘 안될 수 있겠지만, 소멸 위기인 소도시는 생활 측면에서부터 불편을 겪고 있다.

사라지는 마트들

소멸 위기 지역에서 벌어지는 가장 큰 특징에는 식품 사막화가 있다. 식품 사막Food desert이란 식료품이나 일용품을 판매하는 가게가 철수한 지역이라는 뜻으로, 집 근처에 대형마트나 슈퍼마켓이 드물어 신선식품을 구하기 어려운 상황을 사막에 빗댄 말이다. 1990년대 영국 스코틀랜드 공공주택 지역에서 시작해 고령화율이 높은 미국, 일본의 몇몇 지역에서도 사용되며 세계로 퍼졌다. 미국에서는 도시 기준 1마일(약 1.6km), 시골 기준 10마일 이내, 일본에서는 500m 이내에 식료품점이 없는 경우를 식품 사막으로 정의하고 있다.

국내 농촌에서는 이미 식품 사막화가 벌어지고 있다. 음료수, 과자, 생수 등 공산품은 판매하지만 달걀이나 과일 같은 신선식품은 점점 구하기 어려워졌다. 예를 들어, 큰 농협이 아닌 단위 조합의 농협에서는 신선식품을 거의 팔지 않아 채소를 사기 위해 2시간씩 다른 지역으로 원정을 떠난다. 식품 사막은 원래 도시 빈곤과도 연결되는 이야기였다. 도시가 가난해지면서 저소득층은 남아있고 고소득층은 얼마든지 인프라가 좋은 도시로 이동하는데, 저소득층이나 노인은 신선 식품을 섭취하지 못해 질병에 많이 걸린다는 것이다. 그러나 현재 식품 사막은 인프라가 작동하지 않는, 생존에 관한 이야기로 바라봐야 한다.

의식주 중 '식'에서 도시의 인프라가 작동하지 못한다면 그밖에 전기, 수도, 교통, 의료, 교육 등의 기본 인프라에서도 전방위적으로 위기가 나타날 수 있다. 인구 밀도가 낮아지기 때문에 전기, 수도를 공급하는 비용이 커지고 도시 환경 보수에도 세금 투입이 되지 않는 등의 문제가 생기는 것이다. 이에 따라 정부는 지방 소멸 위기에 대응하기 위해 기금을 마련하고 도시별 균형 발전을 위한 대책을 펼치고 있다. 지역 실정에 맞지 않는 규제를 풀거나 실질적으로 적용할 수 있는 특례 발굴하는 등 지역에 활력을 불어넣기 위해 주거, 문화, 일자리, 복지 방면에서 지역 정착을 지원하고자 노력한다.

한편 기업에서도 소도시 거주민들을 위한 서비스를 제공한다. 쿠팡에서는 물류 센터를 세워 배송 지역을 확대하기 시작했다. 폐광촌 등을 비롯해 인구가 적은 지역에 배송이 이뤄져 소도시 지역의 소비자를 끌어들이고 있다. 하지만 기업 차원에서의 시스템이 언제까지 작동될지는 미지수다. 지방 소멸은 현재 진행형이기 때문에 인구가 줄어드는 지역이 점점 늘어나면 들어가는 비용 대비 서비스를 제공하는 것이 어려워지는 상황에 봉착할 수 있기 때문이다.

지방 소멸에 관한 대응책 중에는 지방자치단체에서 거주지를 제공하는 방안도 있다. 국민에게 집을 사주거나 이사 비용을 지원하는 것이 전기나 수도 같은 공공 서비스를 제공하는 것보다 더 저렴할 수 있다는 관점에서다. 필수 인프라를 유지하는 비용을 줄이기 위해 동네를 무인화하는 것이 나을 수도 있겠다는 선택을 하게 되는 것이다. 하지만 이 또한 노인들이 삶의 터전을 옮기는 것이 쉽지 않기 때문에 바로 이뤄지기는 힘든 상황이다.

한국보다 먼저 고령화사회와 식품 사막에 대처하고 있는 일본의 사례를 살펴보자. 일본에서는 식료품 상점이 멀리 있거나 거동, 교통이 불편해 마트에 가기 어려운 사람들을 위해서 일주일에 2회 이동식 슈퍼마켓을 운영하는 지역이 있다. 한국 군대의 황금마차를 떠올리면 쉽다. 트럭이나 소형차에 생필품, 신선식품을 채워 이동식 매점, 이동식 5일장처럼 동네를 순회하는 것이다. 이 또한 세금으로 운영되다 보니 한국도 이런 제도를 도입할 수 있을지 단정 짓기는 어렵지만 사각지대에 놓인 이들을 위해 검토해볼 만하다.

부동산의 움직임에 주목하라

인구가 감소하는 나라에서 지방 소멸은 앞으로 소도시만의 문제가 아닐 것이다. 앞서 부산처럼 다른 대도시도 인구 이동이 나타나면 위기에 처할 수 있다. 청년뿐만 아니라 4050대 중장년 역시 인프라를 고려해 이동하게 된다면 지방 소멸의 속도는 더 빨라질 것이다. 저출산으로 인구가 감소해 제일 먼저 교육 인프라가 멈추고, 그다음으로 인구가 없으니 의료 인프라가 줄어들고, 계속 팔아도 적자를 면치 못하는 식품 사막처럼, 차례대로 인프라가 중단되는 지역이 더 많이 등장하게 될 것이다.

지방 소도시에서 상업용 부동산은 벌써 무너지기 시작했다. 아파트나 주택 같은 거주지가 아닌 상업용 건물은 빈 곳도 많아졌고 건물을 팔아 수도권의 부동산을 매입하는 이들도 늘었다. 수도권에 점점 몰리는 이유는 마지막까지 인프라가 작동할 곳이라고 판단했기 때문에 자산이 이동되는 것이다.

한국부동산원에 따르면 서울 아파트의 외지인 매입 비중이 2006년 17.9%에서 2023년 24.6%로 꾸준히 오르고 있다고 한다. 집값이 오르기 때문에 투자 목적으로 서울 아파트를 사는 이들도 많겠지만, 앞으로는 지방 소멸로 인한 대응으로 외지인의 매입 비중이 더 높아지지 않을까 싶다. 전국적인 부동산 양극화뿐만 아니라 수도권이나 대도시 안에서도 양극화는 계속 일어날 것이다. 양극화에는 다양한 요인이 있지만 그중에서도 지방 소멸이 있다는 점을 기억할 필요가 있다. 도시가 사라지는 속도만큼 앞으로 10~15년 사이에 부동산 시장에 큰 흐름의 변화가 있을 것이다.

표류하는 노인과
주택 난민

현재 한국은 세 가구 중 하나가 1인 가구일 정도로 혼자 사는 사람들이 많아졌고 동시에 노인 가구 역시 급격히 증가했다. 통계청이 발표한 '2023 한국의 사회지표'에 따르면 전체 가구 중 1인 가구의 비중은 2022년 기준 34.5%다. 2017년 28.6%, 2019년 30.2%, 2021년 33.4%인 것을 생각하면 매해 늘어난 셈이다. 2인 가구 비중도 28.8%로 증가하고 있으며 반면 3인 가구와 4인 가구, 그 이상은 줄어드는 추세다. 노인 가구를 살펴보면 독거노인의 비중은 37%로 가장 많고, 부부나 형제가 함께 사는 '1세대' 가구가 36.0%로 비슷한 비중이다. 자녀와 함께 사는 2세대 가구는 22.7%, 3세대가 같이 사는 경우는 3.1%였다. 여기서 우리가 주목해야 할 것은 노인 가구 역시 셋 중 하나는 1인 가구, 즉 독거노인이라는 점이다.

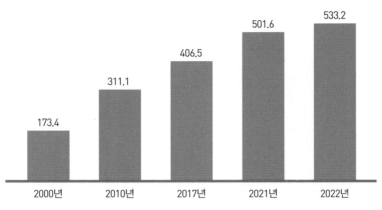

533.2

501.6

406.5

311.1

173.4

| 2000년 | 2010년 | 2017년 | 2021년 | 2022년 |

단위: 만 가구
출처: 통계청

'1인 가구'라고 하면 우리는 보통 2030 세대를 떠올리게 되는데, 전문가들은 연령대별 가구 증가 추이를 봤을 때 2028년부터 1인 가구를 뜻하는 세대의 의미가 노인층으로 바뀔 것으로 보고 있다. 2024년 약 211만인 노인 1인 가구 수가 2028년엔 약 263만 가구가 될 것이며, 2030세대 1인 가구는 2024년 258만에서 2028년엔 257만 가구가 될 것으로 예측한다. 저출산으로 인해 한창 현업에서 일할 생산 가능 인구가 계속 하락하면서 청년 1인 가구 대비 노인 1인 가구가 늘어난다는 것이다. 2050년에는 혼자 사는 예능 프로그램에 노인 연예인이 나올 것이라는 말까지 나올 정도로 중장년 이후의 세대가 우리 사회의 중심이 될 것이고 돈의 흐름도 실버 세대에 초점이 맞춰질 것이다.

눈앞에 다가온 하류노인

청년 1인 가구와 노인 1인 가구는 같은 1인 가구이지만 생활 측면에서 확연히 다르다. 노인 인구 비율 세계 1위를 기록한 일본에서는 2015년 '하류노인'이라는 신조어가 유행한 적이 있다. 국내엔《2020 하류노인이 온다》라는 책으로도 알려진 하류노인은 기초생활보장 수급자 정도의 소득으로 생활하는 고령자로, 주위에 경제적으로 의지할 사람이 없는 노인을 의미한다. 하류노인의 등장은 젊은 시절에 평균적인 소득을 유지하고 평범한 삶을 살았던 이들 또한 노년에는 어떻게 될지 모른다는 점을 꼬집고 있다.

하류노인만 문제가 아니다. 그다음에 등장한 '표류노인'은 더 큰 문제를 안고 있다. 표류노인은 말 그대로 떠돌아다니는, 정착하기 힘든 노인이라는 개념인데 일본에서 무주택 독거노인을 세입자로 받아들이지 않는 일이 비일비재해 거주지가 없는 노인을 뜻하게 되었다고 한다. 재산이 충분하다면 내 집 마련을 할 수 있겠지만, 그렇지 못한 노인들은 집이 없어서 주택 난민이 되는 것이다. 실제로 일본 부동산 30%가 고령자 입주를 거절한다고 응답한 것을 보면 이미 노인들의 난민화가 가속되고 있다는 것을 알 수 있다.

임대인 입장에서 노인을 꺼리게 되는 가장 큰 이유는 고독사 때문이다. 일본에서는 세입자가 집에서 사망한 경우 '사고 물건'이라고 칭하는데 사고 물건이 생기면 다음 세입자에게 공지해야 하는 룰이 있다. 고독사로 인해 사고 물건이 생기게 되면 계약하려는 이들이 없어 임대인은 경제적 타격을 입는 것이다. 고독사뿐만 아니라 세입자가 고령일 때 집세를 체납하는 문제도 있다. 대부분의 노인이 경제력이 떨어지기 때문에 발생하는 일이다. 그 외에도 노인과 관련된 사후 처리 문제가 있기 때문에 아예 세입자로 받아들이지 않는 경향이 점점 늘고 있다. 표류노인은 밀리고 밀려 선호도가 떨어지는 주택으로 향하게 된다. 문제는 주변 환경과 인프라가 노인이 살기에는 좋지 않은 곳이 많다는 점이다. 이에 노인을 위한 임대 주택을 지어달라는 의견이 지배적이지만 현실적으로 복지 예산을 모두 쏟기 어려운 것이 일본의 상황이기도 하다.

하류노인 다음은
표류노인이다

한국 역시 머지않았다. 노인 인구가 빠르게 증가하고 있어 복지 주택 수를 늘리거나 노인을 위한 의료 및 편의 시설을 갖추는 방향으로 정책적인 대책 마련이 필요하다. 2030 세대는 하류노인이나 표류노인이 먼 미래의 이야기처럼 느껴져 피부로 와 닿지 않을 수 있다. 하지만 고령화사회를 넘어 초고령사회에 접어들 것이라고 우려되는 지금, 노인은 앞으로 더 늘어날 것이라는 점을 깨달아야 한다.

　노인 인구가 증가하면 지금으로썬 예상치 못하는 또 다른 문제들이 생길 것이다. 예를 들어 나중에 집값이 하락하면 그때 집을 사야겠다고 막연히 생각할 수 있는데, 막상 그때가 되면 노인 인구가 늘어나 노인이 살기 좋은 지역에 수요가 몰려 사지 못할 수 있다. 집값이 떨어지는 곳은 아마 본인 스스로도 살기 어려운 인프라 낙후 지역일 테니 말이다. 또한 노인일수록 보호자의 존재와 경제력이 중요시된다. 지금 국내에서도 간병 비즈니스가 점점 다양화되는 점을 떠올리면 미래의 나 자신을 책임지기 위한 경제력을 갖추는 것은 필수다. 게다가 지금도 고급을 추구하는 젊은 층의 소비 성향이 노년에 접어들었다고 해서 갑자기 달라지지는 않을 것이다. 자신의 안락한 삶을 영위하기 위해서라도 노후를 대비해야 한다.

　미래는 아무도 모른다. 내가 나중에 하류노인, 표류노인이 될 수도 있다. 책《2020 하류노인이 온다》에서 밝힌 바에 따르면 하류노인이라고 분류되는 이들 중에 전직 공무원과 대기업 임원도 있었다. 그들 대부분이 "내가 이렇게 될 줄 몰랐다"라고 말했다고 한다. 그렇기 때문에 지금 젊은 층일수록 꼼꼼하게 대책을 마련해야 한다. 노인 인구가 급증한다는 시나리오대로 흘러간다면 어떻게 해야 할까? 먼저 '노년에도 살기 좋은 지역의 집'을 구해야겠다는 계획이 필요하다. 그리고 은퇴하고 난 다음에 '수익형 부동산'이나 배당을 받을 수 있는 '배당 자산' 등 경제력을 유지하기 위해 투자 측면에서도 대비하고 공부

해야 한다. 당연하지만 미래는 내 손에 달렸다. 스스로 어떻게 접근하는지에 따라 답이 보이지 않는 노후가 올 수도, 미래가 선명한 노후가 올 수도 있을 것이다.

해외여행에
진심인 사람들

2020년 코로나19 팬데믹으로 주춤했던 여행 업계가 활기를 되찾았다. 3년여간 위축되었던 사람들의 여행 욕망이 2023년 엔데믹 이후 회복하기 시작한 것이다. 한국관광공사에서는 2021년 122만 명, 2022년 655만 명이던 해외여행객이 2023년에는 2271만 명 정도로 대폭 늘어났다고 밝혔다. 2019년 해외여행객이 2871만 명이라는 것을 감안하면 코로나19 이전으로 거의 돌아왔다고 볼 수 있다. 이 기세를 이어 2024년에는 코로나19 전보다 해외여행객 수가 더 높을 것으로 예측된다.

한국은행이 발표한 '2023년 거주자의 카드 해외 사용 실적'에 따르면 사람들이 2023년에 해외에서 쓴 신용카드와 체크카드의 금액은 코로나 전인 2019년을 뛰어넘었다. 또한 항공권 비교 사이트인 스

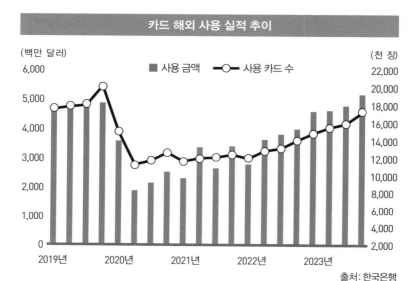

카이스캐너에선 한국, 싱가포르, 인도 세 나라의 3000명을 대상으로 설문조사를 했는데, 돈이 부족해도 해외여행을 떠나겠다는 한국인의 비율이 54%로 나타났다. 싱가포르 23%, 인도 35%에 비하면 확실히 해외여행에 대한 사람들의 욕구가 폭발했으며 해외로 흘러가는 돈이 많아졌다고 볼 수 있다.

해외여행의 수요가 늘어난 데는 차별화된 일상을 꿈꾸는 사람들의 비율도 높다는 점을 무시할 수 없다. 남들이 가는 곳과는 다른 여행지에서 색다른 레저 활동, 숨겨진 맛집, 미쉐린 레스토랑을 즐기기 위해 여행 예산을 늘릴 의사가 있다는 비율이 86%인 정도다.

한국인은 외국인보다 얼마나 해외여행을 많이 떠날까? 한국은 인구수 대비 해외여행을 경험한 비율이 56%다. 5130만 명 중 2869만 명이 해외여행을 한 것이다(2019년). 다른 OECD 국가를 살펴보면 한국보다 해외여행을 많이 떠나는 곳은 서유럽 국가들이다. 다만 유럽은 대륙이라는 지리적 특성상 국경이 맞닿은 나라가 많기 때문에, 자가용이나 기차로 비교적 부담 없이 여행을 떠날 수 있다는 점을 감안해야 한다. 한국으로 따지면 시간은 더 걸려도 서울에서 부산까지 기차 여행을 하는 것과 비슷한 것이다. 한국과 비슷하게 바다를 건너야 하는 나라들의 해외여행객 비율을 보면 미국 45.3%, 호주 41.5%, 일본 14.9%다. 일본은 엔화가 약세였던 시기가 있어 해외여행보다 자국을 여행하는 비율이 높다고 생각하겠지만, 일본인 중 여권 보유자가 약 20%라는 점을 보면 상대적으로 해외여행을 적게 한다고 볼 수 있다. 해외 관광의 큰손으로 꼽히는 중국 역시 예전에 비해서 많이 줄어든 추세다. 관광업으로 먹고사는 동남아 국가에 중국인 여행객이 없어 경제가 휘청인다는 기사를 어렵지 않게 접할 수 있다. 글로벌 항공 분석 업체 시리움에선 중국인들이 코로나19가 유행하기 전 2019년엔 2550억 달러, 약 333조 원을 해외 관광에 지출하며 세계 전체의 20%를 차지했지만 2020년에는 1310억 달러로 급감했다고 밝혔다. 엔데믹 이후 2023년에도 동남아를 여행하는 중국인 관광객은 계속 줄어들고 있다.

　최근 몇 년간 고물가로 인해 전 세계적으로 경기 침체기를 겪고 있다. 보통 경기가 좋지 않을 때는 여행 비중이 줄어들지만 한국은 계속 늘어난다. 환율이 좋아서 그런 것일까? 아니다. 코로나 이전엔 달러 환율이 1100~1200원을 오갔고 현재는 1300원대로 비용이 올랐는데도 여행을 떠나는 것이다. 한동안 엔화가 싸서 일본으로 여행을 가는 사람들로 인해 해외여행객이 늘어난 것도 있는데, 일본정부관광국 발표에 따르면 2023년에 일본에 방문한 한국인은 700여만 명이다. 2023년 전체 출국자 2200만 명 중 30% 정도가 일본에 방문하고 나머지 70%는 유럽과 미국 등 다른 나라로 여행을 떠났다.

해외여행이 증가하는 이유는?

여행 수요를 예측할 수 있는 여권 발급량 추이를 보면 2023년에 20대가 111만 8208건으로 가장 많이 발급했고 10대는 102만 5662건, 30대가 87만 3789건으로 집계되었으며 40대, 50대, 10세 이하, 60대 순으로 여권을 발급했다. 성별 역시 여성 50.9%, 남성 49.1%로 큰 격차는 없다. 연령, 성별 불문 한국인의 해외여행 선호도가 높다고 봐도 무방하다. 해외를 고집하는 이유에는 국내 여행이 해외보다 가성비가 떨어진다는 이유도 있다. 하지만 항공권 비용, 숙박비를 고려하면 실제 해외여행에 드는 비용이 국내 여행보다 훨씬 많다. 가성비라기보다 '가심비', 한 번 여행하는 것 제대로 가고 싶다는 심리가 발동했을 것이라고 본다.

색다른 경험의 축적, 코로나19가 앞당긴 디지털 노마드 생활, 일상을 다채롭게 즐기려는 마음이 섞여 2025년 해외여행의 수요는 더욱 커질 것이다. 국내 여행지들의 물가가 여전히 높고 다양한 관광 상품 개발 없이 비슷한 이벤트가 반복된다면 국내 여행에 대한 매력도가 떨어져, 비용은 더 들어도 만족도의 차이 때문에 해외여행을 선택하는 사람들이 늘어나지 않을까 예측해본다.

여행 후 예산이 남으면 저축할 것이냐, 혹은 또 여행을 떠날 것이냐는 물음에 61%가 비용을 보태 다시 여행을 가겠다는 설문조사 결과가 있다. 그만큼 현재, 그리고 앞으로 여행을 떠날 사람들은 많다. 폭발적으로 늘어난 여행객들의 움직임이 앞으로 어떻게 소비의 변화를 일으킬지 주목해보자.

필진: 정태익, 김도윤

MONEY TREND 2025

6장

빅테크 기업의
각축전

DIGITAL WAR

AI 반도체 전쟁의 시작

반도체, 전기자동차, 인공지능 분야의 발전은 2024년에도 지속적으로 이루어졌다. 특히 생성형 AI엔 2000년 닷컴 버블 이후 처음이라고 할 만큼 엄청난 자본이 집중되면서 AI 버블이 우려가 형성될 정도로 쩐의 전쟁이 심화되었다.

2025년엔 '생성형 AI 전성시대'가 시작될 것이다. 생성형 AI를 만드는 두 개의 중심축은 챗GPT로 상징되는 소프트웨어 분야와 엔비디아로 대표되는 AI 반도체 분야다. 그리고 생성형 AI와 융합하며 다양한 서비스 산업이 등장했는데 그 중 특히 눈에 띄는 것이 바로 스스로 코드를 생성해 움직이는 로봇 산업이다. 이미 2024년 주식시장은 이런 현상을 강력하게 반영하며 움직였다.

생성형 AI의 힘

이젠 생성형 AI 아래 반도체, 전기자동차, 인공지능 응용이 모두 통합되고 여기에 로보틱스, 온디바이스 AI, 자율주행 등이 추가되면서 2025년의 기술을 이끌어갈 것으로 판단된다. 2023년 본격화된 생성형 AI의 발전은 다양한 분야로 확산되고 있다. 생성형 AI 발전으로 가장 혜택을 본 기업이 바로 마이크로소프트다. CEO 사티아 나델라는 챗GPT를 만든 오픈 AI에 11조 원을 투자하고 지분 49%를 확보하는 한편, 비영리 법인이던 오픈 AI를 영리 법인으로 전환하고 마이크로소프트의 모든 서비스에 챗GPT를 탑재하기 시작했다. 2023년 내내 이 작업에 매달리던 마이크로소프트는 결국 큰 성공을 거뒀다. 구글에 비해 존재감이 없던 검색 서비스 빙Bing에 챗GPT를 달아 빙 챗 서비스로 전환하며 사용자가 폭발적으로 증가했고 MS 오피스에도 챗GPT 기반의 자동 생성 기능을 추가해 호평을 받았다. 그리고 2024년 1월 애플과 500조 원 이상의 격차를 만들며 시가총액 세계 1위 기업에 올라섰다.

생성형 AI에 대한 전략 부재로 주가 하락을 겪던 애플은 애플카 프로젝트를 중단하고 예산을 확보한 뒤, 애플 인텔리전스Apple Intelligence라는 독자적인 AI 서비스를 2025년부터 시작한다고 발표했다. 이 한방으로 애플은 다시 마이크로소프트를 꺾고 세계 1위로 올라섰다. 2024년 7월 두 기업의 시총은 4500조 원을 넘기며 막대한 자본을 끌어모았다. 제미나이Gemini라는 생성형 AI 소프트웨어 개발로 기술력을 인정받은 구글도 시총 3000조 원을 훌쩍 넘어서며 세계 4위에 안착했고 아마존도 클라우드 서비스에 생성형 AI 솔루션을 추가하고 관련 스타트업에 투자하는 전략으로 시가총액 상승을 끌어냈다.

　세계에서 가장 많은 SNS 데이터를 보유한 메타도 생성형 AI에 자본을 투자하고 있다. 마크 저커버그는 LLAMA라는 프로그램을 오픈소스로 공개하고 2024년 LLAMA3까지 내놓았는데 상당한 수준을 인정받아 경쟁 대열에 합류했다. 또 하나의 다크호스는 일론 머스크가 설립한 X.AI다. 샘 알트만과 함께 오픈 AI를 공동 창업했던 일론 머스크는 오픈 AI가 마이크로소프트의 투자를 받아 비영리 법인에서 영리 법인으로 전환하자 지분을 정리하고 독자적으로 X.AI를 설립했다. 자율주행에서 축적한 생성형 AI에 대한 기술력과 CEO 본인의 스타성을 인정받아 60조 원의 투자를 유치했다. 모든 빅테크 기업이 참전하고 엄청난 자본이 뒷받침된 만큼 2025년에도 놀라운 속도의 발전이 기대된다.

엔비디아 성장의 의미

엔비디아의 급성장은 자본이 얼마나 생성형 AI 반도체에 큰 기대를 걸고 있는지 보여준다. 생성형 AI 적용을 위해 필요한 GPU 시스템을 독점하고 있는 엔비디아는 2024년 7월 무려 4300조 원의 시가총액을 기록하며 세계 3위 기업에 올랐다. 엔비디아에 AI 반도체를 독점 공급하고 있는 TSMC도 시총 1000조 원을 훌쩍 넘기며 세계 10위로 급성장했다. 반도체 기업이라도 엔비디아, TSMC, SK하이닉스 등 AI 전용 칩을 만드는 기업들은 자본의 투자가 쏟아진 반면 삼성전자, 인텔 등 AI 반도체 생태계에 합류하지 못한 기업들은 고난의 시간을 겪었다.

실력이 입증된 상태에서 거대한 자본이 투입되면 빠른 속도로 비즈니스 모델이 등장한다. 이미 창작, 이미지 디자인, 광고, 영상 미디어 제작 분야는 실무에 광범위하게 적용되면서 일자리에 큰 변화를 일으키고 있다. 2024년에는 테슬라의 옵티머스2, 피규어사의 피규어01처럼 스스로 판단하고 행동할 수 있는 생성형 AI 기반의 로봇이 등장하고 현장에 투입되기 시작하면서 실질적 노동 인력 교체에 대한 기대감이 커졌다. 자율주행 기술에도 생성형 AI가 도입되면서 실용적인 완전자율주행차 개발도 큰 진전을 이룬 것으로 평가받고 있다. 샌프란시스코에 국한되었던 미국의 완전자율주행차 시범 서비스는 LA까지 확대되었다. 이 외에도 의료, 교육, 금융 등 다양한 분야에서 AI를 활용한 사업을 진행하는 많은 스타트업이 성과를 내기 시작했다.

2024년 7월 기준 앞서 언급한 생성형 AI 소프트웨어 관련 기업들과 AI 반도체 기업들의 시가총액을 모으니 2경 9000조 원에 달했다. 하나의 주제에 이 정도의 자본이 집중된 것은 2000년 닷컴 버블 이후 처음 있는 현상이다. 1995년부터 2000년 사이 인터넷이 세상을 모두 바꿀 것이라는 기대감에 거의 모든 인터넷 관련 기업에 자본이 쏟아졌다. 이때는 인터넷 기술에 대한 과도한 기대감을 등에 업으며 믿기지 않는 주가 상승을 만들었고 시간이 지나 주식 가치가 폭락하면서 거품이 빠져 닷컴 버블로 불리게 되었다. 이후 자본은 기술에 대한 지나친 집착을 버렸다.

그런데 24년 만에 많은 자본이 생성형 AI로 쏠리기 시작했다. 알파고가 이세돌을 이겼던 2016년에도 AI가 세상을 바꿀 것이라고 떠들썩했지만 자본은 움직이지 않았다. 메타버스에 관심이 쏠렸을 때도 불과 몇백조 원의 자본이 움직였을 뿐이다. 그러다 챗GPT 등장 이후 대략 1년 동안 검증을 끝낸 것처럼 이번에는 규모가 다르다. 물론 어느 정도 거품은 있을 테니 투자자라면 주의해야 한다.

역사를 돌아볼 필요가 있다. 닷컴 버블 때 엄청난 주가 폭등과 폭락을 일으켰던 기업은 애플, 마이크로소프트, 구글, 아마존 같은 빅테크 기업이다. 이들이 사업을 시작할 당시엔 인터넷이 거품이라며 속았다는 반응이 주를 이루었다. 하지만 이 기업들은 닷컴 버블을 뚫고 살아나 세계 최고의 빅테크 기업으로 성장했고 인터넷 근간의 디지털 문명으로 대전환을 이뤄냈다. 이 사실을 2024년 생성형 AI에 대한 자본 집중 현상에 대입해보자. 엄청나게 많은 자본은 에너지가 된다. 기업은 충분한 자본을 바탕으로 생성형 AI 서비스나 제품 개발에 투자한다. 그러니 이제 실적보다 실력을 보여줘야 하는 시기이다. 시간이 지나 버블이 꺼지고 생존한 기업은 세계적인 기업으로 성장할 것이다. 그리고 인류의 문명은 AI를 기반으로 또 한 번 대전환을 맞이할 것이다. 이것이 2025년 AI 대전환, AX에 대비하라고 하는 이유다. 역사는 반복된다.

인공지능의
버블

2025년의 키워드도 여전히 생성형 AI가 될 것이 분명하다. 2023년 CES에서 보여준 AI에 대한 기업들의 기대치는 2024년에 정점을 찍었다. 모든 기업들이 AI와 연계된 스토리를 내어놓고 우리도 AI 기업이라고 외쳤다. 뷰티 기업 세계 1위인 로레알은 안면인식 기술업체 모디페이스ModiFace를 인수해 뷰티 앱을 선보였다. AI가 개인에게 가장 잘 맞는 화장법을 알려주고 헤어드라이어와 세팅기에 AI를 적용해 전기를 적게 쓰고 모발 훼손을 최소화하는 지능형 기기를 개발했다고도 발표했다.

HD현대도 중공업 회사이면서 AI 기업이라는 기조연설을 했는데 핵심 내용이 불도저, 굴삭기, 덤프트럭이 현장에 나가 무인으로 작업을 한다는 영화 같은 이야기였다. 아직 많은 개발이 이루어지지 않은

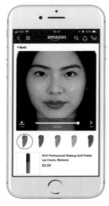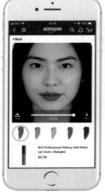

출처: 로레알

상태에서도 AI 기업을 지향한다는 메시지를 전달하고 싶었던 것이다. 2023년 농업용 기계 회사인 존디어가 AI 기업의 전환을 예고했던 것이 하나의 신호탄이었다면 이제는 거의 모든 기업이 AI 기업이라고 선언한다. 이런 변화를 이끈 것은 거대 자본이다.

미국은 기업의 주가가 떨어지면 전문 경영인인 대표이사를 바로 교체하는 나라다. 그만큼 이사회의 힘이 강하고 주주 보호에 대한 의지가 강력하다. 수십억에서 수백억까지 연봉을 챙기는 대표이사 입장에서 주가를 올리기 위해 무엇이든 해야 한다는 뜻이다. 그런데 생성형 AI 관련 대표 기업에 3경 원에 가까운 자본이 몰렸으니 모든 기업의 대표이사들은 주가를 올리려면 생성형 AI 기업 스토리를 만들라고 지시할 수밖에 없다. 2023년부터 시작된 바람이 2024년에는 거의 광풍이 되었으니 2025년에도 이 바람은 여전히 거세게 불 것이 명백하다.

다만 과거의 사례를 비추어 보면 이제 AI 옥석 가리기가 시작될 것이다. 2024년 하반기에 진입하며 주식시장에서 이미 이러한 현상을 반영하고 있다. 엔비디아 주가도 상당한 조정을 받았고 마이크로소프트나 구글도 견조한 매출에도 불구하고 상당 부분 자본이 빠졌다. 특히 인텔은 생성형 AI 시대에 필요한 기술 확보가 어렵다는 평가와 함께 실적까지 적자를 기록하면서 창사 이후 최대의 주가 폭락을 겪었다. 결국 2025년에는 모든 기업에서 내놓은 생성형 AI와 관련된 스토리들이 실질적으로 얼마나 좋은 실적을 만들고 있느냐에 대한 평가가 본격화될 것으로 보인다. 지금까지는 기술력과 스토리만 보고 묻지마 투자를 했다면 이제는 얼마나 많은 고객을 모았고, 얼마나 많은 매출을 일으키는지 그 성과에 따라 기업의 성패가 갈릴 것이다.

AI의 새로운 돌파구는?

모든 기업이 생성형 AI 스토리를 들고나왔다면 성장 가능성을 폭넓게 살펴볼 필요도 있다. 생성형 AI의 대표적인 수혜 기업 중 하나가 두산 에너빌리티다. 지금 미국은 생성형 AI 서버와 데이터센터 건설로 전기 수급에 큰 어려움을 겪고 있다. 버지니아주 같은 경우 더 이상의 데이터센터 유치를 불허한다는 입장을 밝히기도 했다. 엄청난 전기를 소모하는 데이터센터가 들어서면 일반 시민들이 전기를 쓸수 없는 사태까지 올 수 있어서 생긴 조치다. 그만큼 AI 시대에는 전기 생산이 필수적인데 화력발전은 탄소 배출 문제로 해결이 어렵고 친환경에너지는 아직 한계를 갖고 있어 원자력 발전이 대안으로 떠오르고 있다.

특히 미국은 발전 용량은 작지만 사고 위험이 적고 안전하다고 평가받는 SMRSmall Modular Reactor 개발에 매우 적극적이다. 빌 게이츠가 설립한 테라파워를 비롯해 뉴스케일, 엑스에너지 등 민간 기업들이 SMR 설계를 내어놓고 안전 인증을 획득하는 등 2030년 첫 상용발전을 위해 분주하게 움직이는 중이다. 설계는 미국 기업들이 하고 있지만 원전 부품을 만들 수 있는 기업은 많지 않다.

수십 년간 원전 주요 기기를 생산하면서 기술력을 축적한 기업이 바로 두산 에너빌리티다. 중국이나 러시아를 제외한 자유민주주의 진영 국가 중에서는 거의 유일하게 원전을 계속 건설해왔던 나라가 한국이다. 그래서 제조부터 운영의 탄탄한 생태계와 노하우 및 전문 인력을 보유하고 있다. 2024년 체코 원전 수주도 그 덕분에 성공할 수 있었다. SMR 시장이 본격화되면 원전기기 생산에 독점적 기술력을 확보한 두산 에너빌리티가 큰 수혜일 것으로 예상된다.

SMR 분야에서 가장 기술력이 앞서 있다고 평가받는 뉴스케일은 향후 데이터센터 건립과 SMR 건설을 동시에 추진하는 아이디어를 제시하고 있다. 이렇게 되면 AI 서비스 확대를 위해서는 전기 생산이 필수적이고 이에 따라 뉴스케일도, 두산 에너빌리티도 AI 핵심 기업으로 분류될 것이다. 가히 AI 관련 자본들이 주목할 만하다. AI 시대가 펼쳐진 지금, 기업들이 광범위하게 AI 스토리를 내놓고 있어 폭넓은 시야로 잘 살펴보는 것이 중요하다.

로봇은
디스토피아가 아니다

반도체는 향후 수년간 생성형 AI와의 연계성이 성패를 좌우할 것으로 예상된다. 엔비디아가 시가총액 4000조 원대를 오가는 타이탄 기업으로 성장한 만큼 이를 중심으로 AI 반도체 생태계가 크게 확장될 것이다. AI 반도체는 기본적으로 전기 소모가 많고 발열량도 매우 높다. 이것을 해결할 수 있는 기술은 주목받지만 그렇지 못한 기업은 큰 타격을 입을 수 있다. 이미 인텔이 그 예고편을 보여줬다. 2024년 8월 2일 인텔이 하루에 26.05%의 주가 폭락을 기록하며 50년 만에 최대 낙폭을 보였는데, 생성형 AI 생태계에 경쟁력이 충분치 못하다는 전문가들의 판단 때문이었다. 반면 엔비디아를 중심으로 AI 반도체 생태계에 편입된 기업들은 대부분 주가 상승을 경험할 수 있었다. 2025년에도 이러한 상승세는 계속될 것으로 보인다.

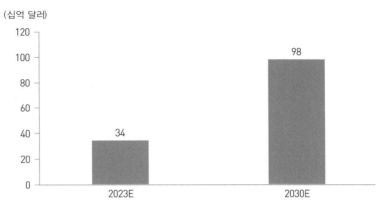

2030 AI 반도체 시장 규모 전망

(십억 달러)

출처: Gartner, KB증권

　AI 반도체 기업들도 계속 성장 중이다. 가장 눈에 띄는 스타트업은 삼바노바다. 삼바노바는 고성능 CPU 분야 대부 쿤레 올루코툰 스탠퍼드대학 교수와 인공지능 소프트웨어 전문가 크리스 레 스탠퍼드대학 교수가 공동으로 창업한 회사다. 직접 생산한 반도체로 생성형 AI 계산을 위한 팜을 제공하는데 실력 검증은 마쳤고 이미 상당한 실적까지 내고 있어 50억 달러의 가치를 인정받고 있다. 한편 세레브라스는 반도체 원판인 웨이퍼 한 장 전체를 하나의 반도체로 만들어 GPU에 비해 획기적으로 계산 능력을 높인 회사다. 오픈 AI CEO인 샘 알트만을 비롯한 투자 기업들로부터 7억 4000만 달러를 투자받았고 41억 달러 가치를 인정받았다.

　이 외에도 그래프코어라는 스타트업도 GPU와 차별화된 계산 능력으로 금융, 보건, 의료, 신약 개발에 특화된 서비스를 선보이며 발전을 거듭하고 있다. 구글 출신 조나단 로스가 창업한 그로크Groq도 기술적 우수성으로 주목받고 있다. 이곳은 삼성 파운드리를 통해 반도체를 생산하겠다는 목표를 갖고 있어서 삼성전자가 향후 성장하는 데에도 기준점이 될 것으로 기대를 모으고 있다. 한국도 사피온, 퓨리오사AI, 딥엑스, 텔레칩스, 망고부스트 등이 산업 분야별로 특화된 AI 반도체 모델을 내놓고 치열한 경쟁을 펼치고 있다. 2025년에는 성과를 내는 기업들이 나타날 것으로 기대된다.

또한 네이버, 카카오, KT, SKT 등에서는 생성형 AI 소프트웨어 분야에서 성과를 내기 위해 집중하는 중이다. 문제는 한국에 데이터 관련 규제가 많다는 점이다. 또한 GPU 같은 고성능 하드웨어 확보에도 어려움을 겪고 있다. 정부 예산의 지원이 얼마나 확대될지가 성과의 관건이 될 수 있다. 2025년의 실적을 기준으로 기업의 생존 여부가 결정되는 만큼 글로벌이든 국내든 생성형 AI의 알맹이를 가려내는 한 해가 될 것으로 예상된다.

로봇의 시대가 열린다

생성형 AI와 융합해 가장 큰 발전을 이루고 있는 분야가 바로 로보틱스다. 가장 먼저 선도적 기술을 선보인 회사는 테슬라다. 테슬라는 2023년 12월 옵티머스2를 선보였는데 비판받았던 옵티머스1에 비

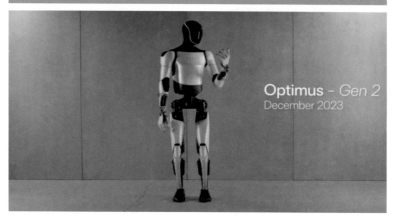

테슬라의 휴머노이드 로봇 옵티머스2

출처: 테슬라 유튜브

해 엄청난 발전을 보여주며 로봇 시대가 가까워졌음을 증명했다. 옵티머스2는 테슬라 차량에 들어간 자율주행 FSD 칩을 탑재하고 있으며 소프트웨어도 자율주행 자동차가 연결된 인공지능 신경망에 연결되어있어서, 스스로 학습이 가능하고 명령어를 생성해 자체적으로 움직일 수 있는 지능형 휴머노이드다. 챗GPT가 보여줬듯 생성형 AI는 코딩도 매우 잘할 수 있다. 이것을 로봇에 적용하면 임의의 상황에 대응하는 행동을 로봇이 스스로 판단해 실행할 수 있다. 즉 대화의 맥락 속에 필요한 행동이 있다고 판단되면 로봇이 직접 그 행동에 필요한 코딩을 생성하고 이를 실행하는 방식이다.

특히 생성형 AI는 데이터 학습량이 많아지면 훨씬 스마트해진다는 것을 증명한 바 있다. 즉 로봇도 학습량을 늘리고 생성형 AI 연산의 속도를 올리면 훨씬 많은 작업을 수행할 수 있게 된다는 뜻이다. 테슬라는 이미 옵티머스2를 테슬라 제조 공장에 투입해 훈련과 학습을 병행하고 있다. 매우 단순한 작업이라도 사람을 대체할 수 있다면 인력의 변화와 함께 경제적 효과를 거둘 수 있을 것으로 기대한다. 옵티머스1에서 옵티머스2로 발전한 엄청난 개발 속도를 감안할 때 충분히 일론 머스크의 예상이 현실화될 가능성이 있다고 판단하고 있다.

테슬라뿐만이 아니다. 로보틱스에서 가장 주목받고 있는 스타트업은 바로 피규어Figure사다. 2024년 3월 피규어01이라는 로봇을 공개하며 파장을 일으켰는데 오픈 AI와 파트너십을 맺은지 불과 3개월 만에 로봇 구동과 챗GPT를 제대로 결합시켜 놀라운 데모를 선보였다. 해당 데모 영상에서는 로봇과 사람이 자연스럽게 대화를 나눴는데 대화 도중 사람이 로봇에게 먹을 것을 달라고 하자 테이블 위에 있던 사과를 집어 건넸다. 사과를 왜 건네줬냐는 사람의 질문에 '먹을 것이 그것밖에 없어서'라고 대답했다. 즉 앞서 언급했듯 예정된 행동이 아니라 대화의 맥락 중에 '사과를 집어 앞에 있는 사람에게 건넨다'라는 행동이 필요하다고 인식하고 즉석에서 코딩해서 실행한 것이다.

이렇게 되면 로봇은 인간의 임의의 명령에 따라 행동할 수 있다. 즉 집에서 소파에 앉아 '물을 떠 와라', '커피를 내려달라', '창문 열어서 환기 좀 해라' 등 일상적이고 단순한 업무를 무리 없이 수행할 수 있게 되는 것이다. 이러한 실적을 인정받아 오픈 AI, 마이크로소프트, 삼성전자 등 많은 기업들이 피규어사에 투자했고 유니콘 기업으로 성장했다. 이 회사는 이미 성능이 3배가 개선되었다는 피규어02를 개발했고 이 로봇은 2024년 8월 6일 발표되었는데 미국 스파르탄버그 BMW 공장에서 파일럿 테스트 작업하는 장면까지 일부 공개되었다. 이런 추세라면 2025년에는 테슬라 공장이나 BMW 공장에서 열심히 학습하며 업무를 익혀가는 AI 로봇을 볼 수 있을 것이다. 집에서 어느 정도 가사를 돕고 나랑 대화하는 로봇 친구를 머지않아 볼 수 있을 것 같다. 로봇 산업도 생성형 AI를 만나 약진 중이다.

일상 속 인공지능 분야를 살펴라

또 하나 주목받는 신산업이 있는데, 온디바이스 AIOn-Device AI다. 2024년 갤럭시 S24에 탑재되면서 세계 최초로 소개된 이 기능은 챗GPT처럼 거대 서버를 활용하는 방식이 아니다. 스마트폰 안에 생성형 AI 계산을 위한 전용 칩을 넣고 이걸 구동하기 위한 전용 소프트웨어(가우스)를 개발해서 설치하는 것이다. 오픈 AI의 GPT-4처럼 6000억 개 파라미터를 가진 거대 프로그램은 아니지만 18억 개의 파라미터를 가진 미니 생성형 AI 프로그램이다. 갤럭시 S24는 온디바이스 AI 시스템을 활용해 13개국 언어에 대한 실시간 동시통역 서비스를 제공했다. 언어 공부를 하거나 여행을 좋아하는 이들의 구미에 맞는 서비스가 만들어진 것이다. 수많은 여행 유튜버가 전 세계를 누비며 기능을 테스트했고 큰 인기를 얻을 수 있었다.

또 구글이 개발한 서클투서치Circle to Search 기능도 구현했다. 유튜브나 구글에서 이미지를 선택하고 원을 그리면 그 이미지에 대한 정보를 보여주고 상품 구매까지 가능하게 해주는 서비스다. 단순하지만 사람들에게 필요한 서비스로 인식되면서 쏠쏠한 인기를 얻고 있다. 삼성전자는 하반기에 갤럭시 폴드 6와 플립 6를 출시하면서 더 개선된 기능을 선보였다. 수학 문제 이미지를 선택하고 원을 그리면 문제 풀이를 찾아 제공하는 수준에 도달했다. 생성형 AI의 장점은 학습량을 늘릴수록 더욱 똑똑해진다는 것이기에 미래가 더욱 기대된다.

삼성전자는 첫 기능이 초등학생 정도 수준이었다면 Z 폴드 출시 때에는 고등학생 수준으로 업그레이드되었다고 발표했다. 조금씩 더 나은 서비스의 출시가 기대되는 이유다. 그런데 온디바이스 AI는 꼭 스마트폰에만 넣어야 할까? 아니다. 테슬라의 옵티머스2에도 생성형 AI 전용 칩인 FSD 칩이 탑재되어있다. 원래 테슬라 자동차에 들어가 자율주행을 하는 데 사용되는 반도체다. 그렇다면 자동차에도 이 칩이 들어가고 생성형 AI 클라우드 서비스랑 연결하면 다양한 기능을 구현할 수 있지 않을까? 예를 들어 차를 타고 집으로 가고 있다고 생각해보자. 도착 10분 전쯤 차가 말을 건다. '도착 10분 전인데 집에 에어컨을 켜둘까요?' 그럼 사용자는 대답만 하면 된다. 온디바이스 AI는 에어컨을 포함한 모든 전자기기에 설치할 수 있다. 자동차가 에어컨에 연결해 미리 냉방 기능을 켜놓으라고 하면 AI끼리 연락해 작업을 수행한다. 잠들기 전에 '잠들면 30분 후에 에어컨을 끄고 선풍기를 켜라' 이런 요청도 할 수 있다. 손목에 찬 시계(워치)가 잠든 사실을 확인해주고 말이다. 이렇게 서로 연결하는 방식을 AI 에이전트라고 한다. 제조업의 미래는 온디바이스 AI에 달려있다는 말이 나올 만하다.

온디바이스 AI를 잘할 수 있는 나라는 많지 않다. 우선 전용 칩을 설계하고 생산할 수 있는 나라가 유리하다. 그리고 전용 칩에서 구동할 수 있는 생성형 AI 소프트웨어를 만들 수 있는 인력도 필요하며, 무엇보다 제조업이 탄탄해야 한다. 프리미엄 제품을 만들어 팔고 있는 한국이 아무래도 유리하다. 생성형 AI 프로그램을 세계에서 3번째로 출시했고, 7나노 이하의 반도체 설계 및 제조 능력을 갖춘 데다, 북미 가전 시장에서 거의 최고의 브랜드를 보유하고 있고, 세계 3대 자동차 회사를 보유하고 있으니 당연히 해볼 만하지 않을까? 우리 사회와 경제를 지키는 근간인 제조업을 놓쳐서는 안 된다.

방위산업으로 넓혀가는 AI

온디바이스 AI는 방위산업에도 더없이 중요하다. 러시아-우크라이나 전쟁에서 확인할 수 있었듯 이제 전쟁은 드론의 활용이 절대적이다. 드론을 움직이는 근본적인 힘은 AI다. 이미 전투기, 군함, 탱크, 자주포 등은 AI를 적용하는 게 당연시되고 있고, 특히 무인기의 활용은 전장의 양상을 바꿀 것으로 평가받고 있다. 군사 무기의 성능이 AI에 달려있다고 해도 과언이 아니다. AI가 탑재된 소총까지 등장해 명중

률을 높여주고 있으며 전투로봇까지 등장했다. 벌써 중국에서는 엄청난 물량의 전투로봇을 생산 중이다.

　세계 경제를 흔드는 생성형 AI는 군사 패권에도 결정적 역할을 할 것이 분명하다. 미국과 중국이 기술 패권을 두고 경쟁하는 것의 핵심도 결국 AI다. 고성능 반도체, 고성능 AGIArtificial General Intelligence 개발에 두 국가가 매진하는 것도 당연한 현상이다. AI를 인명 살상 무기에 적용하는 걸 금지하자는 성명서를 발표하기도 하고, 여러 연구자들이 AI의 평화적 활용을 외치고 있지만 인류 역사를 비추어 볼 때 그럴 가능성은 높지 않을 것 같다. AI 적용이 모든 방위산업에서 상식이 되었기 때문이다. 2023년에 이어 2024년에도 한국 무기에 대한 세계적 관심이 높았는데 그 중심에도 반도체와 AI 기술이 자리 잡고 있다. 기능적 우수성을 입증한 한국의 첨단 무기들을 AI 기술로 업그레이드한다면 인기가 더욱 올라갈 것이다. 2025년에도 방위산업의 약진이 기대되는 이유다.

이차전지의 방향

이차전지 분야는 향후 무한한 성장 가능성을 갖고 있는 전기자동차 핵심 기술 산업이다. 문제가 있다면 한 번씩 터져 나오는 사고다. 2023~2024년 겨울에 북미에 혹한이 닥치면서 수많은 테슬라 자동차가 멈춰서는 바람에 전기차에 대한 실망감으로 주가가 폭락한 사태가 있었다. 한국에서도 2024년 8월 인천의 한 아파트 지하 주차장에서 벤츠 전기차 화재로 엄청난 피해가 발생했고, 이후 전기차 구매취소가 잇따르면서 전기차 시장에 악재가 된 적이 있다. 차에 장착한배터리가 중국 기업으로 알려지면서 현대와 기아에서는 현재 사용중인 배터리 납품회사를 밝혔는데 대부분 외국 기업에선 이를 공개하지 않아 소비자의 거센 요구에 직면해 있다.

이러한 시장 상황을 반영하듯 2024년 상반기 한국 대표 이차전지기업의 주가는 모두 전년 대비 큰 폭으로 하락했다. 전기차에 대한 보조금 지급도 점차 줄어드는 추세로 결국 시장에서의 가격 경쟁력 확보도 중요해졌다. 중국 1위 업체 CATL이 글로벌 시장에서도 사용 고객을 확대하는 가운데 LG에너지솔루션, 삼성SDI, 포스코 퓨처엠, 에코 프로비엠 등이 얼마나 기술력으로 앞서갈 수 있는지가 관건이다. 액체에 비해 안전성이 우수한 전고체 배터리의 실용화를 앞당기는 것도 시장의 게임 체인저가 될 것으로 예상된다. 업계에서는 2027년 이후 상용화가 가능할 것으로 보고 있다. 전고체 배터리를 양산하는데에 성공하는 기업이 앞으로 이차전지 시장의 주도권을 쥐게 될 것으로 기대한다.

또 하나의 변수는 완전자율주행차다. 테슬라가 가장 앞선 것으로평가받고 있으며 조금씩 시범 서비스 지역을 넓혀가고 있다. 중국에서도 시범 사업 인허가를 받아 서비스를 준비 중이다. 완전자율주행차가 도입되면 자동차 시장은 이전에 없던 파괴적인 혁신을 경험하게 될 것이다. 생성형 AI 발전은 전기차 산업에도 큰 영향을 미칠 것이고 당연히 이차전지 산업 변화에도 큰 영향을 미칠 것으로 기대된다. 2025년에는 완전자율주행차의 발전과 확산 속도를 면밀히 들여다보는 것이 필요하다.

동남아 시장 선점
눈치 게임

현재 빅테크 기업이 생성형 AI 개발에 쏟는 돈은 어마어마하다. 무엇보다 이들은 세계 모든 지역에서 엄청난 데이터를 확보하고 있다. 2024년 빅테크 기업들의 가장 뜨거운 투자 지역은 동남아였다. 주제도 모두 AI다. 마이크로소프트는 AI 인프라 건설을 위해 인도네시아에 17억 달러, 말레이시아에 22억 달러를 투자하겠다고 발표했다. 구글도 비슷하다. 데이터센터와 클라우드 서비스 인프라 구축을 위해 20억 달러를 투자하겠다고 발표했다. AWSAmazon Web Services 역시 클라우드 컴퓨팅 기술 개발을 위해 싱가포르와 말레이시아에 150억 달러를 투자하겠다고 발표했다.

이들이 앞다투어 데이터센터와 AI 인프라 구축을 확대하는 이유는 동남아 소비자들의 디지털 전환이 빠르게 일어나면서 클라우드 서비스 시장을 선점하기 위함이다. AWS가 시장 1위를 유지하고 있지만 마이크로소프트도 챗GPT 탑재 이후 빠르게 격차를 줄이고 있어 경쟁이 가속화되는 중이다. 생성형 AI 서비스가 시장 확보의 핵심인 걸 깨달은 빅테크 기업들이 동남아에 더 많은 데이터센터 건립을 위해 투자를 늘린 것이다.

엔비디아도 풍부한 자금력을 바탕으로 말레이시아에 43억 달러를 투자해 AI 데이터센터를 건립하겠다고 나섰다. 그뿐만 아니라 직접 베트남을 방문해 거액의 투자를 약속하며 향후 베트남을 반도체 생산과 소비의 주요 거점으로 육성하겠다고 했다. 엔비디아 입장에서는 빅테크 기업의 데이터센터와 AI 인프라가 확대될수록 판매 수요가 늘어나는 만큼 동남아를 주요 거점으로 삼는 것이 당연하다고 할 수 있다.

빅테크 기업들의 투자에 싱가포르 정부도 이를 반기며 향후 5년간 7억 달러의 AI 연구 개발비를 투자한다고 밝혔다. 싱가포르 난양공대는 AI 분야에서 세계 탑3의 연구력을 보유하고 있기도 하다. 생성형 AI 개발에 있어서 가장 중요한 리소스는 바로 데이터다. 동남아는 우리보다 훨씬 앞서서 디지털 문명을 확장하고 규제를 철폐한 지역이다. 특히 싱가포르는 디지털 문명에서 우리보다 훨씬 앞서 있는 게 현실이다. 싱가포르에 기반을 둔 동남아의 우버 그랩grab은 싱가포르, 말레이시아, 인도네시아, 태국, 베트남, 필리핀, 캄보디아, 미얀마 등 동남아시아 8개국에서 이용 중이다. 한 달 이용자만 3500만 명이 넘는 거대 플랫폼이다.

동남아시아 최대 시장인 인도네시아에서는 고젝과의 치열한 경쟁도 벌이고 있다. 베트남에도 한국 카카오와 같은 메신저 플랫폼 잘로zalo가 1억 명에 가까운 사용자를 보유하고 있다. 이들이 데이터 학습을 통해 AI를 적용하면 훨씬 더 효율적이고 가성비 높은 서비스를 제공할 것은 자명하다. 미국의 빅테크 기업에서 디지털 시장이 커지는 동남아에 인프라 구축을 확대하는 건 당연한 전략이다.

중국이 아니라
동남아인 이유

그렇다면 왜 중국이 아니라 동남아일까? 사실 그동안 가장 빠르게 시장이 확대되고 발전한 곳은 중국이다. 당연히 빅테크 기업도 중국을 최고의 인프라 투자처로 생각하고 투자를 확대해왔다. 그러나 최근 미국과 중국이 갈등을 빚고 있는 상황에서 중국에 대한 AI 인프라나 데이터센터에 대한 투자를 확대할 수 없어 대안으로 동남아를 선택한 것이다. 중국에 비해서는 크지 않지만 성장 가능성이 높고 인건비나 인프라 비용도 중국에 비해 상대적으로 저렴한 동남아는 매우 매력적인 투자처가 되었다.

그럼 한국은 매력적인 투자처가 될 수 있을까? 한마디로 말하면 쉽지 않은 경쟁이 될 것이다. 일단 한국은 규제가 너무 까다롭다. 세계적으로 포진한 우버와 에어비앤비가 아직 불법 취급을 받는다. 한국인들의 디지털 활용 능력이 세계 최고라고 하지만 자국 플랫폼에 대한 인식은 여전히 전근대적이다. 택시 산업을 보호하기 위해 우버를 규제하고, 숙박업 보호를 위해 에어비앤비를 대부분 불법으로 규정하는 건 얼핏 보면 사회적 약자를 보호하는 장치로 여겨질 수 있으나 별다른 대책 없이 십여 년 이상 지속되다 보니 결국 여러 산업 분야에서 디지털 플랫폼 사업 추진을 막는 쇄국정책의 상징으로 인식되고 있다.

이뿐만 아니라 금융 산업도 규제가 매우 까다롭다. 특히 개인 정보 보호에 대해서는 지나칠 정도로 규제가 극심하다. 한국은 대표적인 포지티브 규제(법률·정책상으로 허용하는 것을 구체적으로 나열한 뒤 나머지는 모두 금지하는 방식의 규제) 국가다. 오직 허가된 사항에 대해서만 비즈니스를 할 수 있다. 미래 지향적이고 도전적인 사업은 모두 허가를 받은 뒤에야 진행이 가능하다. 생성형 AI 분야는 데이터의 활용이 가장 중요하다. 빅테크 기업이 데이터센터를 확충하려는 이유도 그 때문이다.

한국이 경쟁력을 갖추기 위해서는

빅테크 기업에선 생성형 AI를 적용했을 때 혁신 가능성이 높은 분야로 의료와 교육을 꼽는다. 그런데 한국에서 규제가 가장 강력한 분야가 바로 의료와 교육이다. 우리가 동남아와 경쟁하는 데 가장 큰 걸림

머니 트렌드 2025

돌이 이 규제다. 규제는 그냥 만들어지지 않는다. 사회적 인식이 규제를 만들어내는 힘이다. 우리 사회는 미국이나 동남아 지역에 비해 디지털 전환에 거부감을 느끼는 편이다. 기성세대의 권력을 보호하는 것이 새로운 기업에 기회를 주는 것보다 더 중요하다고 믿는다. 어찌 보면 오랫동안 선진국의 비즈니스 모델을 따라잡는 데에 익숙해진 개발도상국의 습성이라고도 할 수 있다. 무언가 도전적인 일을 하기보다는 이미 선진국에서 성숙한 산업을 도입하는 데 익숙한 관성이 만든 현상이다. 기존에 잘된 산업을 들여올 때 필요한 것은 도전 정신이 아니라 자본이며, 자본을 보호해주는 것은 규제를 만드는 권력자들이다. 권력을 가진 사람들은 당연히 규제를 통해 보호받고 싶어 할 것이다.

지난 10년간 디지털 플랫폼의 성장은 기존의 많은 비즈니스를 바꿨다. 전 세계적으로 공통된 현상이다. 디지털 문명을 경험한 인류가 스스로 선택하며 생활의 플랫폼을 전환한 것이다. 이러한 변화는 파괴적 혁신에 해당된다. 규제를 통해 이러한 변화를 막는다면 기존 권력은 파괴되고 외부의 힘에 지배당할 수밖에 없다. 이를 증명하듯 이미 수많은 해외 디지털 플랫폼들이 우리 생활에 활용되고 있다. 결국 우리의 규제 정책이 우리 미래를 막아서고 있다. AI 시대에 이런 현상은 더욱 심화될 수밖에 없다.

반면 싱가포르는 네거티브 규제(금지된 것을 제외하고 모든 것을 허용하는 방식의 규제)를 적용하는 나라다. 그래서 암호화폐든, AI든 새로운 기술을 활용한 사업화가 얼마든지 가능하다. 또한 미국은 새로운 기술로 혁신을 선도하는 것을 목표로 하는 사회적 관성을 가진 나라다. 이미 100년 동안 거의 모든 신기술을 독점하며 기술 발전을 선도해 온 만큼 규제보다 새로운 도전을 자유롭게 권장하는 사회적 분위기가 형성된 것이 어쩌면 당연하다.

싱가포르는 혁신 지향 도시 국가다. 그래서 자유로운 사업 도전과 R&D를 권장하는 사회 분위기를 유지하고 있고 규제도 이를 반영해 미국과 같은 네거티브 규제로 운영 중이다. 정부의 신기술에 대한 R&D 투자도 매우 공격적이다. 게다가 난양공대 같은 세계적인 연구 중심 대학을 보유하고 있다. 난양공대의 인공지능 연구 분야는 스탠퍼드, 하버드, MIT와 어깨를 나란히 할 정도로 뛰어난 역량을 자랑한다. 국가적인 지원 아래 연구 중심대학을 육성하기 때문에 좋은 근무 조건을 따라 우수한 과학자가 전 세계에서 몰려드는 중이다.

반면 우리는 16년째 등록금을 동결하고 대학을 평준화하는 데 집중하고 있다. 학생 선발도 오직 수능으로 평가하는 방식을 최고의 선으로 인식하는 분위기가 남아있고 인공지능 분야의 인재를 선발하는 데에는 관심이 덜하다. 이런 대한민국 사회 분위기를 제대로 알고 있다면 빅테크 기업들의 AI 인프라 투자에 그다지 매력을 느끼지 못할 것이 분명하다.

물론 인공지능 분야에서 인재를 보유하고 있고, 열정적인 태도를 가진 한국인의 특성 등 장점도 많이 있지만 아무래도 엄격한 규제의 장벽을 이길 만큼 매력적이지 않은 것이 현실이다. 더구나 인건비, 임대료, 전기료 등 인프라 투자 및 유지비도 동남아보다는 매우 높다. 한국에 반도체 공장 하나 건설할 때 인허가에만 5년씩 걸리는 것도 해외 투자자들에게는 엄청난 부담이 될 수 있다. 특히 데이터센터는 전기 사용량이 많아 까다로운 인허가 절차가 예상된다.

우리 눈앞에 있는 걸림돌을 개선하지 않는다면 거대한 자본을 확보한 빅테크들의 투자를 유치하기는 쉽지 않아 보인다. 복잡하고 까다로운 규제는 가장 큰 장애물이다. AI로 인한 디지털 문명 전환에 대해 사회 전체가 공감하고 함께 움직이지 않는 한, 풀기 어려운 숙제가 될 것이다.

희비가 교차하는
반도체

생성형 AI를 위해서는 반도체의 계산 속도를 올리는 것이 필수적이다. 엔비디아가 시가총액 세계 3위에 오른 것도 같은 이유다. 그렇기에 한국 경제에 큰 영향을 미치는 반도체 산업은 AI 반도체와 동반성장이 가능하냐, 아니냐에 희비가 엇갈릴 것이다. 2024년 삼성전자는 최고의 매출을 기록했지만 엔비디아에 납품하는 비중이 높지 않아 이익률이 높지 않았다. 그래서 HBM3E라는 최첨단 메모리를 개발해 엔비디아로부터 테스트를 받고 있다. 2025년에는 이러한 노력의 결과로 삼성전자도 AI 반도체 그룹의 중요한 일원이 될 것으로 기대한다.

반도체는 AI 열풍을 타고 가장 큰 혜택을 보는 산업이다. 거대한 서버를 구축해 AGIArtificial General Intelligence 개발에 열을 올리고 있는

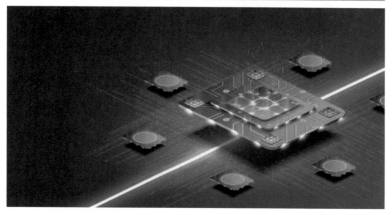

반도체 성장의 중요성

출처: 게티이미지

빅테크 기업들의 수요도 엄청나지만 대부분의 기업이 자체 데이터를 이용해 생성형 AI 개발에 투자하고 있어 엔비디아의 GPU에 대한 수요가 폭발적이다. 기업뿐 아니라 각국 정부도 독립적 생성형 AI 개발에 투자를 확대하는 중이다.

이렇게 자국의 데이터 주권을 확보하고 이를 기반으로 독립적인 생성형 AI 역량을 구축하는 전략을 소버린 AIsovereign AI라고 한다. 디지털 시대에 AI 주권을 확립하는 것은 국가 발전의 측면에서 매우 중요하다. 글로벌 빅테크 기업이 개발한 AI만 활용하게 되면 결국 모든 AI 역량이 종속되고 모든 산업에서 경쟁력을 상실할 가능성이 크다. 세계 각국에서는 소버린 AI 전략을 실행하기 위해 많은 예산을 투입하고 있다. 디지털 시대인 만큼 정부가 보유한 국민의 공공데이터

크기는 어마어마하다. 이걸 학습하고 AI 서비스로 개발하려면 거대한 GPU 시스템 구축이 필수적이다. 한국도 큰 예산을 투입할 예정이다. 국민들이 축적한 건강 검진 데이터만 학습하게 되더라도 향후 엄청난 혜택을 우리 산업계와 국민에게 제공할 수 있다. 이런 관점에서 소버린 AI는 매우 매력적인 전략으로 인식되고 있다.

한편 국가별로 독립적인 AI 프로그램을 개발하는 전략이 무모하다는 지적도 있다. 빅테크 기업이 투입하는 엄청난 개발비를 따라갈 수도 없을뿐더러 기술 수준을 추격하는 일도 불가능하기 때문에 차라리 그들의 프로그램을 활용하는 편이 낫다는 의견이다. 특히 메타가 개발한 라마 시리즈의 경우 오픈소스 정책을 유지하고 있기 때문에 이를 활용하면 효율적으로 고유의 AI를 확보할 수도 있다. 그렇다 하더라도 여전히 국가나 기업 측면에서 서버 비용과 인력 투자는 필연적이다. 오픈소스를 활용하더라도 서비스 개발을 스스로 해야 하기 때문이다. 또한 독립적으로 데이터센터를 구축해 장기적으로 데이터를 축적하고 학습해야 한다.

국가나 기업들이 소버린 AI 전략을 실천하면 가장 많은 이익을 얻는 기업은 엔비디아다. 생성형 AI 개발을 위한 데이터 학습이든, 소버린 AI를 이용한 서비스 제공이든 GPU의 확보가 필수적이기 때문이다. 일각에서는 자사 이익을 위해 엔비디아가 소버린 AI의 효과를 과장되게 홍보한다고도 하지만, 지금 분위기로는 많은 국가와 기업들이 보유한 데이터를 활용해서 소버린 AI를 구축할 것으로 보인다.

2경 원 이상의 자본이 생성형 AI에 몰린 만큼 향후 AI 반도체 산업은 당분간 큰 호황을 누릴 수 있을 것으로 기대된다. 이미 미국도 AI 반도체 생산 능력의 중요성을 인지하고 국가가 나서서 AI 반도체 생산 라인의 미국 내 구축에 엄청난 투자를 퍼붓는 중이다. 2024년 미국 정부는 텍사스에 세울 삼성전자 공장에 무려 64억 달러(약 9조 원)의 지원금을 지급하겠다고 발표했다. 기업의 자유 경쟁을 강조하고 정부 개입을 반대하는 미국의 경제 정책에서 매우 이례적인 지원금이다. 그만큼 미국 정부가 AI 반도체 생산 인프라 구축을 중요한 아젠다로 보고 있다는 뜻이다. SK하이닉스도 미국 정부의 지원금을 받고 미국에 공장을 건설 중이다. 엔비디아의 GPU 공급이 부족해지자 오픈 AI의 대표 샘 알트만도 이를 능가하는 미래형 AI 반도체 개발을 위해 펀드를 모으자고 제시했는데 금액이 무려 7조 달러(9300조 원)이었다. 그런데도 많은 거대 자본이 관심을 보였다. 그만큼 AI 반도체 산업에 대한 자본의 기대치는 높다. 반면 AI 반도체와 상관없는 반도체 기업에는 찬바람이 불고 있다. 2025년은 AI 반도체 그룹과 기타그룹으로 반도체 산업의 희비가 교차하는 한 해가 될 것이다.

스마트폰,
가전 산업에 침투한 AI

한국은 삼성전자와 LG전자가 프리미엄 가전 분야에서 세계 1위를 지키고 있는 나라답게 AI 가전 분야도 선도하고 있다. 삼성전자의 스마트 씽즈는 모든 가전제품을 연결하고 AI 서비스를 추가해 큰 인기를 끌고 있는데, 2024년 7월까지 총 150만 대의 AI 가전을 판매한 삼성전자는 TV, 세탁기, 로봇청소기 등에 AI를 탑재해 성과를 얻고 있다고 발표했다. 국내 가전 브랜드 1위 LG전자도 제품에 AI를 탑재하며 승부수를 띄우고 있다.

생성형 AI 서비스는 고객의 데이터를 기반으로 하기에 많은 데이터를 확보한 기업일수록 더 나은 서비스를 제공할 수 있다. 물론 그전에 기술력이 우선되어야 한다. 가전 기업들이 소비자를 사로잡기 위해 AI에 집중하는 것은 이제 메이저 트렌드다. 중국을 보면 화웨이, TCL, 샤오미 등 많은 기업이 그동안 축적한 AI 기술력을 바탕으로 중국 내수는 물론 세계 시장으로도 활발히 진출하고 있다. 다만 미국 내 시장에서는 중국산 AI 가전제품에 대한 규제가 강력해지는 중이다. 그동안 중국에서 고객의 개인 정보를 제대로 관리하지 않고 무분별하게 활용해왔기에 이런 점들이 성장의 걸림돌이 될 수 있다. 그러나 중국 제품들은 높은 가성비와 뛰어난 서비스로 여전히 매력적이다. 중국은 그동안 디지털 경제를 육성하기 위해 노력하며 AI 분야에서 높은 기술력을 확보한 상태다. 이를 가전에 연계해 세계 최고의 가전 산업으로 발전시키겠다는 게 중국의 전략이므로 한국의 가전 기업 역시 경계해야 할 것이다.

이동통신 회사나 IT 업계도 생성형 AI 관련 산업에 투자를 아끼지 않고 있다. 통신 회사들은 그동안 해오던 AI 서비스를 어떻게 더 발전시킬지 고민 중이고 카카오, 네이버 같은 플랫폼 기업들도 역량 확보에 최선을 다하고 있다.

사실 이동통신 회사는 챗GPT와 같은 일반적인 생성형 AI 서비스를 개발하고 운용하는 막대한 비용을 감당할 여력이 부족하다. 그래서 스마트폰에 전용 반도체를 탑재하고 고객의 정보를 기반으로 비교적 간단한 서비스를 제공하는 sLLM(소규모 생성형 AI 서비스)이나 엣지 AI 개발이 대체 시장으로 부상하고 있다.

SK텔레콤은 서비스 개발을 위해 2억 달러를 투자했고 KT와 LGU+도 통신 서비스 가입자 고객들을 위한 소형 AI 서비스를 개발하고 있다. 대용량 LLM 서비스에 비해 운영 비용은 적게 들지만 파라미터 수가 적어 정확도는 떨어지는 만큼 그걸 극복하는 기술력 개발이 성공의 관건이다.

거대 자본을 움직이는 빅테크를 제외하면 많은 기업에서 sLLM 개발에 몰두하고 있어 업계에서는 빠른 시일 안에 만족스러운 서비스가 가능하지 않을까 기대한다. 2025년에는 이 기업들의 경쟁도 본격화되는 만큼 소비자 입장에서는 다양한 AI 서비스를 경험할 수 있다. 여기서도 결국 만족도 높은 서비스를 제공하는 기업이 승리할 것으로 예상된다.

네이버는 2005년 세계에서 3번째로 생성형 AI 독자 모델을 발표한 기업인만큼 국내에서 탄탄한 역사와 인프라를 갖추고 있다. 하지만 세계적인 빅테크 기업의 투자 규모에 비하면 다소 초라한 모습이다. 19년간 서비스 개발을 해오며 상당한 기술력을 축적하고 사용자도 많아졌지만 여전히 비즈니스 측면에서는 높은 매출을 내지 못하고 있다. 네이버는 지금이 플랫폼 기업에서 AI 기업으로 도약할 기회로 판단하고 있다. 이를 위해 생성형 AI 개발을 위한 많은 투자가 필요한데 현실적으로 자금 확보가 쉽지 않다.

라인의 경영권을 일본에 넘기는 이슈는 생성형 AI 개발을 위한 자금 확보를 위해서라고 알려졌다. 라인은 네이버가 만든 플랫폼으로 일본 가입자만 1억 명, 전 세계로 확대하면 가입자가 2억 명이다. 생성형 AI가 부상하면서 소비자 데이터와 학습에 필요한 데이터 주권의 중요성이 대두되었고 라인의 가치도 급상승했다. 이를 인지한 일본에선 라인의 경영권 확보를 위해 손정의 회장과 일본 정계가 함께 나섰다. 여러 문제점을 해결해야 하지만, 한국도 막대한 예산이 필요한 소버린 AI의 확보를 위해선 네이버나 카카오 같은 국가 고유 플랫폼들에 대한 세심한 전략이 필요해 보인다.

그럼 경쟁력은 어떨까? 한국 기업들이 가진 자체 AI 모델은 상당한 경쟁력이 있다. 네이버의 하이퍼클로바X는 초대규모 AI로 기업이나 공공 데이터를 학습하면 고객 니즈에 맞는 서비스를 제공할 수 있다. 2005년부터 기술 투자를 해서 노하우와 인력을 확보한 네이버로서는 생성형 AI 시대가 도래한 것이 시장 선점에 있어 반가운 소식이다. 거대한 빅테크와 경쟁하는 건 부담이겠지만 말이다. 그래도 스마트스토어, 네이버 웹툰 같은 서비스에서 기술력을 입증한 만큼 2025년부터는 성과를 낼 것으로 기대한다. 특히 네이버 클라우드가 2024년 정부가 추진하는 초거대 AI 기반 서비스 개발지원 사업자로 선정되어 정부 공공 데이터를 기반으로 하는 서비스 개발에 속도를 높일 것으로 보인다.

2024년 갤럭시가 세계 최초로 선보인 온디바이스 AI는 계속 확대될 것이다. 현재 탑재된 반도체는 약 18억 개의 파라미터를 처리할 수 있는 하드웨어로 알려져 있으며, 이를 운용하는 독자적인 소프트웨어 가우스를 개발해 동시통역 서비스 같은 인기 있는 서비스를 제공할 수 있었다. 이것이 대표적인 sLLM 사례다. 이를 더 발전시켜 스마트폰과 가전을 연결해 사람들의 일상에 AI 경험을 제공하겠다는 것이 삼성의 큰 그림이다. 그러려면 클라우드 기반의 초거대 AI 서비스 개발이 필수다. 삼성전자는 반도체에서 확보한 이익을 서비스 개발에 투자할 수 있다는 점에서 다른 기업에 비해 유리한 위치에 있다. 반면 스마트폰에 있어서는 애플과 싸워야 한다. 이미 애플은 아이폰 16 시리즈부터 온디바이스 AI를 탑재하고 진보된 AI 서비스를 제공하겠다는 애플 인텔리전스 사업 계획을 발표해 시가총액 세계 1위 기업으로 다시 올라선 바 있다. 애플의 공격적 전략에 맞서려면 삼성전자도 AI 생태계를 구축해야 한다. 이에 따라 2025년은 애플과 삼성의 AI 전쟁 원년이 될 것으로 예상된다.

완전자율자동차 마켓

테슬라의 로봇 택시는 앞으로 상용화될 가능성이 충분하다. 테슬라는 FSD 12 적용 이후 생성형 AI를 활용한 자율주행을 선택했는데 상당히 성과가 좋은 것으로 알려졌다. 20억 킬로미터에 해당하는 자율주행 영상을 보유한 테슬라가 학습량을 늘리고 알고리즘을 개선한다면 거의 모든 상황에 대처할 수 있는 자율주행 서비스 도입이 가능하다. 이런 점을 인정해 중국 정부에서도 테슬라의 자율주행 시범 사업을 허용했다. 더 많은 자율주행 데이터를 확보할 수 있다는 뜻이다.

사실 기술적으로는 이미 무인 자동차가 거의 완벽하게 작동 중이다. 문제는 완벽이라는 기준에 대한 사회적 인식이다. 2024년 미국에서는 구글 웨이모가 샌프란시스코에서 운영하던 완전 무인 택시 시범 서비스, 로보택시를 LA에서도 운영할 수 있도록 허가했다. 시범 서

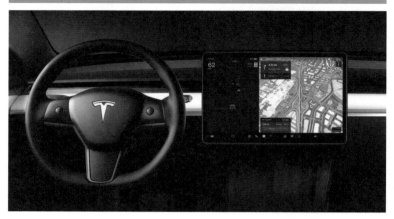

테슬라 완전자율주행 모델 Y

비스라 신청한 사람들만 무료로 이용이 가능한데 사용자들의 후기가 속속 올라오는 중이다. 신기한 서비스에 신청 고객이 몰려 아직도 몇 달을 기다려야 이용할 수 있다. 완전한 무인 차인 만큼 기대와 우려가 섞여 있지만 대체로 만족하는 분위기다. 위급 상황에도 대처가 우수한 것으로 알려졌다. 사용 후기들이 확산되면 상용 서비스로 전환하는 것에 대한 사회적 분위기가 형성될 수 있다. 특히 미국에서도 고령자들의 운전으로 인한 사고가 사회적 이슈로 부상하고 있기에 이런 서비스의 도입이 오히려 안전하다는 인식이 생길 수 있다. 물론 아직도 자전거와 충돌하거나 정차된 견인차를 추돌하는 사고가 보고되지만 대체로 충분한 기술력이 인정되고 있는 분위기다.

현재 로보택시 분야는 구글 웨이모의 독주가 예상된다. GM의 크루즈는 사고가 반복되면서 크게 위축되어있고 테슬라는 택시보다 자사 제품의 자율주행 기능 개선에 집중하는 중이다. 완전자율주행차 시장도 향후 매년 22%씩 성장할 것으로 예상되고 있어 실적도 크게 좋아질 것으로 판단된다.

테슬라의 자율주행 실력은 놀라운 속도로 개선되고 있다. 북미 도시에서는 FSD 자율주행으로 핸들에 손도 안 대고 집에 도착하고 주차까지 완벽하게 한다는 사용자들의 영상이 올라와 눈에 띈다. 물론 여전히 운전자는 운전석에 앉아 비상 상황에 대처할 수 있어야 한다. 자율주행의 활용도 본인의 책임 아래 이루어지는 것이다. 그런데 일상적으로 다니는 지역이라면 학습량이 늘어날수록 자율주행 능력이 개선될 것이다. 테슬라가 생성형 AI 기술 개발에 집중하는 것도 이런 가능성을 확인했기 때문이다.

앞서 말했듯 미국은 도전적인 사업에 대해서 관용성이 크다. 사고가 있더라도 실패를 발판 삼아 더 나은 미래를 향해 나아가는 걸 소비자들이 어느 정도 감안한다. 실제로 자율주행을 활용하면 졸음운전, 음주 운전, 운전 부주의, 노령 운전 등 인명 살상 확률이 높은 대형 사고를 예방할 수 있다. 그런 점에서 완전자율주행의 실현이 사회 전체에 보편적인 혜택을 줄 수 있을 것으로 판단하는 것이다. 물론 개인의 희생을 그냥 외면할 수는 없다. 희생에 따른 보상과 해결책을 충분히 확보한 다음 나아가야 한다. 그것이 혁신을 주도하는 국가의 사회적 합의다.

중국은 미국보다 더 과감하게 자율주행에 도전 중이다. 로보택시에 해당하는 완전자율 택시 서비스를 2021년부터 상용화하기 시작했다. 바이두가 대표적인 기업이다. 2024년에는 무려 9개의 회사에 대해 3단계 자율주행 서비스 활용을 공식적으로 허가했다. 3단계는 완전한 무인의 전 단계로 비상 상황에서만 운전자가 개입하도록 한다. 즉 운전자가 탑승하되 비상 상황 이전까지는 스스로 운전하도록 하는 것이다. 중국은 10여 년간 자율주행 시범서비스를 운영해온 데이터를 기반으로, 실수가 많은 사람보다 시스템이 더 낫다는 사회적 판단을 내린 것이라고 볼 수 있다.

중국은 자율주행에서만큼은 미국을 이기겠다는 의지가 강력하다. 2024년 중국 정부가 테슬라의 완전자율주행 서비스를 허가한 것도 그만큼 국내 기술에 자신감이 있다는 뜻이다. 미국 시장에 중국 기업들이 진출하는 길을 열겠다는 의지가 드러난 셈이다. 그러나 미국은 커넥티드카의 정보를 중국에 넘기는 것을 경계하고 있다. 자동차가 운행하는 정보는 미국 대부분 지역의 정보를 제공할 가능성이 큰데, 중국에서 미국의 정보를 몰래 가져간 경험이 있기 때문이다. 미국이 중국의 자율주행 서비스 도입을 금지하는 것도 충분히 이해가 가는 대목이다. 이렇게 2025년에는 미국과 중국의 대결 속에 자율주행차를 도로에서 더 많이 볼 수 있을 것이라 본다.

자율주행 자동차 논란?

사람이 위험할 때 AI가 이를 감지할 수 있는가? 우리가 가장 궁금해하는 부분인데 99%의 경우 AI는 그런 상황을 미리 회피한다. 위험한 상황을 만드는 것은 대부분 인간의 실수가 동반되기 때문이다. 가령 액셀러레이터를 브레이크로 착각한 운전자가 사고를 내는 일들이 있다. 자율주행차는 일단 그런 실수를 하지 않는다고 봐도 무방하다. 많은 사람이 '만에 하나'라는 걱정을 하지만, 말 그대로 인간이 1만 번의 실수를 할 때 기계는 한 번 할까 말까의 확률이다. 그러니 염려보다는 기술이 가져올 미래에 대해 신뢰를 건네보자. 이미 미국 같은 나라는 검증된 기술로 다양한 기회를 만들어내고 있다.

그리고 미국은 자율주행 시범 서비스를 통해 브레이크와 액셀러레이터를 혼동하는 사고는 일어나지 않았음을 입증했다. 미국보다 열악한 중국의 교통 상황에서도 그런 사고는 일어나지 않았다. 미국과 중국이 기술 개발을 완료하고 서비스 상용화를 앞둔 만큼, 한국도 데이터를 축적하고 학습할 기회를 만들어야 할 것이다. 기술은 우리가 상상하는 이상의 실력이 있다. 디지털 시대에는 국경이 없다. 테슬라의 자율주행이 완벽하다면, 미국으로 여행을 가서 경험한 이들이 많아진다면 사회의 규제에 동의할까? 미래를 제대로 준비하기 위한 방향을 고민해야 한다.

인공지능,
교육 필수템?

교육에서 AI의 활용은 혁명이다. 과거 인터넷의 등장으로 많은 사람이 적은 비용으로 학습의 기회를 잡을 수 있었다. 이미 2000년부터 MIT, 스탠퍼드 등 미국 명문대학의 강의를 무료 또는 저비용으로 수강할 기회가 있었는데 이제 **AI를 통해 단계에 맞는 교육을 받는 맞춤형 교육 시대까지 열렸다.** 세계관을 넓혀 보면 효과를 더욱 실감할 수 있다. 예전에는 자본이 교육의 질을 결정하는 시대였음을 부인할 수 없다. 물론 지금도 대학수학능력시험을 잘 보려면 비싼 사교육 시장에 뛰어들수록 유리하다. 그런데 앞으로 AI 시대가 펼쳐진다면 대학입학시험이 여전히 필요한 것인지 물음을 던지게 된다. 학생들의 미래를 판단하는 잣대로 기존의 교육 시스템을 계속 유지하는 게 맞는 이야기일까? 그렇기에 기존 시스템의 재편은 불가피해 보인다. 우리는 24년 전 인터넷이 등장했을 때에도 유사한 경험을 했다.

인터넷과 스마트폰 등장 이후 전 세계적으로 살펴보면 택시는 우버로 대체되었고 영원할 것 같던 거대한 호텔 체인도 에어비앤비에 왕좌를 내주었다(한국은 아직 아니다). 유통의 황제는 신세계에서 쿠팡으로 넘어간 지 오래다. 코로나19 시기에 줌이 없었다면, 오프라인 강의가 온라인 강의로 대체되지 않았다면 아이들의 교육은 어림없었을 것이다. 이런 변화는 사실 인터넷이 등장했을 때 이미 예견되었다.

그렇기에 세계 최고의 빅테크 기업에 입사하려면 수능 공부에 집중해야 된다고만 말할 수 없다. 시기가 정확하진 않을 수 있지만 인터넷 등장 때와 마찬가지로 20년 후라면 인공지능 닥터 서비스나 인공지능 변호사 서비스가 일반화되지 않을까? 변화는 이미 시작되었다. 막대한 자본이 AI 의사와 AI 변호사 개발에 투입되고 있고 성과를 거두는 중이다. 그렇다면 교육도 달라져야 한다.

교육에 집중하는 AI 업계

마이크로소프트의 AI 개발에 집중하는 피터 리 연구소 총괄 사장은 AI로 혁신을 이끌 가장 주목할 분야로 '교육'과 '의료'를 언급했다. 교육 분야에서는 AI가 개인 과외 선생님의 역할을 하도록 개발하고 있다. 어느 분야든 수준에 맞춰 학습 콘텐츠를 제시하고 빠른 속도로 역량을 키워낼 수 있다. 관심 있는 분야별로 개개인의 잠재된 역량을 테스트하는 것도 지원할 수 있다. 물론 지금의 집단화된 교육 체계로는 AI의 장점을 100% 활용할 수 없다. AI 기술의 발전에 따라 교육의 개인화, 주입보다는 자발적 학습의 확대 등 여러 측면에서 과거와는 다른 혁신이 필요한 시대다. 대학 입시도 완전히 달라져야 할 것이다.

　이런 흐름에 부작용은 없을까? 부작용은 어디에든 존재한다. 특히 생태계 자체를 바꿀만한 거대한 변화라면 기존의 시스템을 파괴하는 엄청난 부작용이 존재하기 마련이다. 그러나 부작용은 '교육 기회의 평등', '자본에 상관없는 수준 높은 교육 기회' 같은 혁신성보다 앞설 수는 없다. 우리는 유튜브가 교육 영역에서 만들었던 많은 부작용을 비평하고 고치려고 노력했다. 그리고 지금은 지식을 전달하는 아주 중요한 플랫폼으로 작동 중이다. 개방된 지식과 인터넷 시스템이 가짜 뉴스를 만들어 지식의 편향성을 만든다고 하지만 MZ 세대는 이런 부작용에 대해 분명한 변별력을 갖고 있다. 부작용에 이끌려 다니는 건 오히려 기성세대가 더 많다. 교육에서의 AI 적용도 과거 인터넷 도입이 그러했듯 부작용을 줄여가면서 혁신성은 크게 늘리는 방향으로 진화할 것이다.

미래의 학습 매니저 인공지능

교육 전반에 AI가 큰 역할을 하게 될 미래가 곧 올 것이다. 가르치는 일을 일부 AI가 대신하고 수업 부담을 줄이면 교사는 아이들의 미래를 코치하는 데 더 많은 시간을 할애할 수 있다. 좋은 인성을 기르고 사회에 대한 공감 능력, 친구들과의 교감 능력 등을 키우는 것이 학교에서 해야 할 중요한 역할이 될 것이다. 그러기 위해서 AI 교사가 학생별로 수준에 맞는 교육과정을 제공하고 성취감을 느낄 수 있도록 활동하는 것은 매우 바람직하다. 이제 막 시작된 AI 교과서는 앞으로도 많은 개선이 필요할 것이다. 현재는 교사들이 강력하게 저항하고 있어 현장의 목소리를 듣는 것도 중요하지만 불편함과 부작용을 구분해서 바라봐야 한다. 대학도 예외가 아니다. 여전히 인공지능 기반의 수업을 거부하는 가장 큰 이유는 수업 폐강의 우려 때문이다. 이런 두려움을 깨트려야 새 시대를 준비하는 진정한 교육을 할 수 있다. AI 시대를 살아가야 하는 아이들에게 시대에 맞는 세계관을 심어주고 거기에 맞는 교육과정을 제공하는 것은 이 시대 모든 교사와 부모의 숙제다.

세계 시장에서 교육 경쟁력을 갖춰라

한국은 개발도상국에서 선진국으로 도약한 나라다. 그 근간에는 교육이 있다. 교육이 잘못되었다면 지금까지의 성장을 만들 수도 없었다. 그만큼 우리 교육은 경쟁력이 있다. 하지만 이제 과거와는 다르게 선진국이 되었고, 세상은 디지털을 넘어 AI 시대로 가고 있다. 그래서 우리의 성장을 이끈 교육 철학은 유지하되 교육 방법과 교육 내용 측면에서는 큰 변화가 요구된다. 기본적인 교과교육은 여전히 중요하지만 암기와 주입식 교육으로는 미래 사회를 감당할 인재로 거듭나기 어렵다.

반면 지금부터 AI를 잘 활용해 교육 서비스를 제대로 만든다면 세계적인 경쟁력을 갖추는 것도 어렵지 않다. 더구나 현재의 K 열풍을 감안하면 글로벌한 성장도 기대할 수 있다. 게임이든 엔터테인먼트든 드라마든 좋은 경험을 선사하면 전 세계 사람들이 스스로 팬이 되고 열광하는 시대다. 교육도 마찬가지다. 문제는 어떻게 만들고, 어떻게 도전하느냐다.

진보할 것이냐, 도래할 것이냐

2025년 제일 권하고 싶은 조언은 '열심히 AI를 공부하라'다. 생성형 AI의 발전 속도가 너무 빠르다고 하지만 이제 챗GPT가 나온 지 2년 정도 되었다. 한 번도 안 써본 사람이라고 해도 딱 2년 뒤처진 것이다. 그럼 따라잡는 것도 어렵지 않다. 더구나 처음 나온 서비스는 굳이 모르더라도 큰 문제가 될 게 없다. 거듭 강조하지만 닷컴 버블 때를 상기해보자. 인터넷이 바꾸는 세상에 깊은 관심을 가졌던 사람들이 결국 디지털 문명의 주인이 되었다. '역사를 잊은 민족에게 미래는 없다'라는 말을 들었을 때 일본이 떠올랐다면 당신의 세계관은 변화가 필요하다. 24년 전의 과거도 우리에게 강력한 메시지를 전달하고 있다. AI는 충분한 자본이 축적되었고, 이를 확산시킬 인재도 빠르게 모여들고 있다. 서비스가 나오기만 한다면 전 인류로 확산시킬 디지털 플랫폼 문명까지 완벽하게 작동 중이다. 인터넷 시대가 왔던 것보다 더 빠른 속도로 AI 문명 시대가 다가올 수 있다. 2025년 AI 시대에 탑승하라. 역사가 당신에게 그렇게 외치고 있다.

⋮ **MZ 세대와 동행해야 한다**

챗GPT를 처음 쓸 때 사람들은 '별거 없을 거야. 그저 그런 정도겠지'라는 생각으로 시작하고 영양가 없는 질문을 재미 삼아 한 뒤 대답을 하면 만족했다. 당연한 반응이다. 사람은, 특히 기성세대는 몸에 익은 패턴이 있어 빠른 변화를 낯설어한다. 익숙하지 않은 무엇인가를 공부하는 게 귀찮을 수밖에 없다. 이런 세계관으로는 미래의 주인이 될 수 없다.

과거와는 다른 시대는 이미 시작되었고 이제 기술의 빠른 변화는 사회 전반에 퍼졌다. 과거의 단순한 경험으로 세상을 판단해서는 안 된다. 또한, 생성형 AI는 이전의 AI와는 전혀 다르다. 막대한 자본까지 대거 이동한 것이다. 돈만큼 변화에 대해 예민하고 냉정한 것도 흔하지 않다. 물론 거품도 있어 2025년의 실적에 따라 자본도 재편성될 것이다. 그런 세상이 왔다는 것을 인지하고 준비하는 것은 결국 개인의 몫이다. 지금까지 언급한 생성형 AI 서비스, 로봇, 자율주행 등은 하나만으로도 세상에 미치는 영향이 어마어마한 기술들이다. 그런데 이게 동시에 움직이기 시작했다. 그렇다면 세상과 기술을 바라보는 세계관을 변화시켜야 할 때다.

　여전히 모든 기술의 성공 여부는 소비자의 선택에 달려있다. 디지털 문명 시대의 성공 기준은 얼마나 많은 소비자가 열광하며 사용하게 만들 수 있느냐이다. 팬덤 경제가 디지털 문명의 본질이고 팬덤을 형성하는 사람들은 대부분 디지털 네이티브, MZ 세대다. 그리고 그들이 점점 문명의 주력 세대로 성장 중이다. 이들과 동일한 세계관을 바탕으로 미래를 준비해야 한다.

인공지능 산업에
투자하는 방법

생성형 AI와 관련된 자본은 미국, 그리고 TSMC를 보유한 대만 정도가 혜택을 보는 중이다. 그래서 엔비디아가 확실한 실적을 보여준 것이다. 데이터 서버에 대한 수요도 폭발적으로 증가하고 있다. 한국의 메모리 업체들도 수요 증가의 혜택을 누렸다. 말하자면 AI 반도체 기업들은 확실한 실적을 만들었다. 그래서 주가도 상승할 수 있었다. 엔비디아의 주가가 너무 지나치다는 지적도 있지만 지금처럼 대체 상품이 없는 상태에서 독점이 지속된다면 과장되었다고 표현하기 어렵다. 이제 국가별로, 또 기업별로 소버린 AI에 대한 관심이 높아진다면 GPU 인기는 더욱 치솟게 된다. 아무래도 AI 반도체 호황은 2025년을 넘어 상당 기간 지속될 것으로 보인다.

AI 관련 서비스를 제공하는 기업은 기대치만큼 뛰어난 실적을 거둘 수 있을 것인지가 숙제다. 2023년부터 2024년에도 새로운 서비스의 등장은 계속되었지만 실적에 대한 의문은 지속되고 있다. 기술적 우위에 대한 경쟁도 치열하다. 경쟁 기업들 모두 앞으로 더 많은 개발비가 필요하다는 뜻이다. 생성형 AI 전문가들의 인건비도 오를 대로 오른 상태다. 심지어 100억대의 보너스를 줬다는 얘기도 들린다. 그만큼 기업으로서는 비용 부담이 늘어난 셈이다. 실적은 그만큼 미치지 못하지만 투자는 포기할 수 없는 치킨 게임이 시작되었다. 이 것은 닷컴 버블 때도 일어난 비슷한 현상이다. 이미 생성형 AI를 주도하는 빅테크 기업들의 주가가 최고점 대비해서 내려간 것도 이런 점을 반영한 것이라는 분석이 우세하다. 과거처럼 폭락하기 전에 적절히 자본이 조절하고 있는 현상이라고 볼 수 있다.

그렇다면 누가 살아남을 것인가? 닷컴 버블의 생존자는 애플, 구글, 마이크로소프트, 아마존, 페이스북이었다. 아마존은 고점 대비 90%의 시가총액이 날아가는 폭망의 장을 경험했었다. 살아남은 비결은 결국 고객의 선택이었다. 일단 AI는 기술적으로 애플, 구글, 페이스북이 유리하다고 볼 수 있다. 이들은 고객의 데이터를 많이 갖고 있는 기업이다. 생성형 AI를 개발하는 데 가장 필요하고 유리한 조건이다. 아마존도 클라우드 서비스 세계 1위 기업인만큼 상당히 유리한 상황이다. 생성형 AI 전략도 어떤 서비스든 가리지 않고 플랫폼을 기반으로 고객이 원하는 서비스를 제공한다는 게 핵심이다. 자신들이 투자했던 앤트로픽의 클로드3도 높은 기술 점수를 받고 있어서 성공적인 전략이라고 평가받고 있다.

무엇보다 이들 플랫폼은 닷컴 버블의 암흑 터널을 뚫고 살아난 경험을 보유하고 있다. 쉽게 무너지지 않을 DNA를 갖고 있다는 걸 검증한 기업들이라는 뜻이다. 2025년 누가 최고의 서비스를 만들어낼지는 쉽게 예단할 수 없다. 다만 확실한 것은 누구도 쉽게 무너지지 않으리라는 것이다. 더 나은 서비스를 만드는 경쟁이 치열해진 만큼 산업 생태계 전반에서 활용도가 높아질 것은 분명하다. 다양한 산업에서 AI 활용이 증가하면 일자리 생태계가 크게 변화할 수 있다. 나아가 AI 활용도가 높은 기업들에 실적 개선의 효과가 나타나기 시작할 것이다. 미디어, 광고, 마케팅 분야는 이미 혁신이 시작됐고 2025년부터는 AI 활용이 표준 프로세스가 될 것으로 보인다. 투자자라면 이미 많이 오른 빅테크보다 AI로 혁신을 이룰 수 있는 기업에 주목해보는 것도 좋은 선택이 될 것이다.

필진: 최재붕

MONEY TREND 2025

7장

기후위기 대응이
경제를 살린다

CLIMATE SAVES THE ECONOMY

기후변화는 현실이다

매일 경험하는 폭염, 가뭄, 홍수, 폭우, 산불에 더 이상 기후변화는 교과서 속 단어가 아니라는 것을 체감하고 있다. 지구 한쪽에서는 폭염과 가뭄으로 땅이 갈라지고 또 다른 쪽은 비가 너무 많이 내려 강물이 넘치고 홍수가 발생해 도시가 물에 잠기는 극단적 상황이 벌어지고 있다. 한국도 마찬가지다. 2024년 여름, 시간당 146.0mm의 비가 내리며 200년에 한 번 나타난다는 강수량을 기록했다. 1년 치 강수량의 10%에 해당하는 값이 1시간 만에 내린 것이다. 폭우가 쏟아진 이유는 비가 내리게 하는 주변 환경이 바뀌었기 때문이다. 한반도를 둘러싼 바다는 뜨거워졌고 마치 목욕탕 온수처럼 데워진 바다는 막대한 양의 수증기를 대기로 공급하면서 언제든지 비가 되어 내릴 수 있게 되었다. 이걸로 끝이 아니다. 비가 그치니 언제 그랬냐는 듯 찜통더위가 몰려온다. 지금까지 알던 한국의 여름 날씨가 아니다. 의심할 여지 없이 기후가 변했다.

사실 기후는 변하는 것이 맞다. 다만 지금의 문제는 속도다. 너무 빠르게 변한다는 것이다. 기후변화에는 자연적 그리고 인위적 요인이 있다. 자연적 요인은 말 그대로 인간의 영향 없이 자연적 요인에 의해 기후가 변하는 것을 의미하는데 태양 활동의 변화, 화산 폭발, 지구 궤도 변화 등이 있다. 기본적으로 지구를 지탱하는 근본적인 에너지원은 태양이다. 따라서 태양 활동의 변화로 인한 에너지 공급량의 변화에 따라 지구가 뜨거워지거나 차가워질 수 있다. 하지만 자연적 요인에 의한 변화는 지금과 같은 빠른 속도의 기후변화를 유발할 수 없다.

반면 인위적 요인은 대부분 인간의 활동에 의한 것이다. 화석연료 사용에 따른 온실가스 배출, 벌목과 농경지 개간 같은 토지 이용, 에어로졸이나 대기오염 물질 등이 있다. 수십 년의 연구 끝에 과학자들이 밝혀낸 바에 따르면 지금의 기후변화는 인간에 의한 인위적 요인에 의한 것으로, 특히 막대한 양의 온실가스 배출의 영향이 크다.

기후변화의 주범

온실가스는 말 그대로 비닐하우스처럼 기온을 일정하고 따뜻하게 유지해주는 온실효과를 일으키는 물질이다. 지구의 대기 하단 약

11km 아래 대류권에 분포하는 온실가스는 지구 지표면에서 빠져나가는 에너지(지구 복사에너지)를 막아 다시 지구로 돌려보내 지구를 따뜻하게 만든다. 마치 우리가 추운 겨울에 담요를 덮으면 체온이 빠져나가는 것을 막아 몸이 따뜻해지는 것과 같은 원리다. 따라서 대기 중에 온실가스가 늘어나게 되면 마치 지구가 더 많은 담요를 덮는 것과 같은 효과가 일어나 더 뜨거워지는 것이다.

기후변화의 인위적 요인으로 주목받는 온실가스는 이산화탄소 CO_2, 메탄 CH_4, 아산화질소 N_2O, 수소불화탄소 HFCs, 과불화탄소 PFCs, 육불화황 SF_6 등이 있다. 물론 이것보다 더 많은 온실가스가 있지만 이 6개만으로도 기후를 바꾸는 데에 넘치도록 충분하다. 특히 여기서 우리가 주목해야 할 물질은 이산화탄소와 메탄이다. 온실가스를 포함한 다른 인위적 원인을 모두 고려하더라도 이 두 물질의 온난화 유발 효과가 가장 크기 때문이다. 그리고 화학기호에서 알 수 있듯이 두 물질 모두 탄소 C를 포함하고 있다. 이는 대기 중에 더 이상 탄소를 공급하지 말라고 하는 이유이기도 하다.

사실 자연계에는 말 그대로 아주 자연스럽게 탄소가 존재하고 있다. 탄소는 지구 시스템의 물질 순환을 통해 대기, 해양, 식생, 토양을 이동한다. 그런데 지금 문제는 온실효과를 너무 강하게 일으켜 지구 에너지의 불균형을 유발하고 기후를 바꿀 만큼 대기 중에 온실가스가 쌓여 있는 것이다. 우리는 탄소가 '쌓인다'는 부분에 주목해야 한다. 인간이 땅속에서 막대한 양의 탄소(석탄 및 석유)를 꺼내고 이를 태워 에너지를 얻으면, 태워진 탄소는 이산화탄소가 되어 대기 중으로 스며든다. 이렇게 인간이 인위적으로 배출한 이산화탄소는 2013~2022년 기준 연간 약 400억 톤40GtCO₂ 정도이며 이 중 약 56%는 육상생태계나 해양과 같은 지구의 자연생태계가 흡수한다. 그리고 남아있는 약 46%의 이산화탄소가 대기 중에 쌓이는 것이다. 이렇게 대기에 남은 이산화탄소는 짧게는 5년에서 길게는 200년까지 머무르게 된다. 산업혁명의 기준이라고 하는 1850년에 인간이 배출한 이산화탄소가 아직도 대기에 머무를 수도 있다. 이뿐만 아니라 지금 우리가 배출한 이산화탄소는 어쩌면 우리의 삶보다 더 오랜 시간 동안 지구에 머무르게 될 것이다. 결국 이렇게 매일 쌓여가는 이산화탄소로 인해 대기 중 이산화탄소 농도가 진해지고 기후변화를 마주하게 된 것이다.

이상기후로 고통받는 사람들

인간에 의해 바뀐 기후는 다시 인간을 위협하고 있다. 기후변화가 위협적인 이유는 언제, 어떻게, 얼마나 심각한 영향을 끼칠지 예측하기 어렵다는 점이다. 특히 기후변화로 인해 빈번해진 이상기후 현상은 인류의 생존을 위협할 정도의 위력을 과시하고 있다. 2024년 봄, 브라질 남부 히우그란지두술Estado do Rio Grande do Sul에서는 1년 동안 내릴 양의 비가 보름 동안 쏟아지면서 169명이 사망하고 수만 명이

대피한 '살인 홍수'가 발생했다. 더 심각한 것은 집중호우로 침수 피해가 발생한 곳에서 쥐와 같은 설치류의 배설물로 인한 수인성 감염병이 창궐한 것이다. 이에 사망자 수가 더 늘어난 것은 자명한 일이다.

한편 같은 시기, 지구 반대편 베트남에서는 극도로 심각한 가뭄을 겪었다. 강과 저수지의 바닥이 갈라질 정도로 물이 마르고 혹독한 폭염이 계속되면서, 물고기가 썩고 심각한 악취까지 발생했다. 베트남 정부는 시민의 생명과 건강, 주거 안전의 위협을 느끼고 자연재해 비상사태를 선포하기도 했다. 한쪽에서는 물이 너무 많아서 문제고 또 다른 한편에서는 물이 너무 없어서 문제다. 강조하건대 이 두 지역의 홍수와 가뭄은 그 누구도 예측하지 못했다. 이렇게 기후변화가 불러온 이상기후 현상은 예측을 통해 대응할 수 있는 일이 아니다. 이 때문에 더욱 두려운 것이다.

날씨가 결정하는
식품 물가

앞서 브라질과 베트남에서 발생한 이상기후 현상은 각 시민들에게 막대한 손해를 끼쳤을 것이다. 우리가 주목할 점은 기후변화가 해당 국가들만의 피해로 끝나는 것이 아니라 멀리 떨어진 한국의 경제적 피해로 번질 수 있다는 것이다.

베트남은 전 세계에서 두 번째로 많은 양의 커피를 생산하는 국가다. 그중 제일 많이 생산하는 로부스타 품종 원두는 고품질의 아라비카 원두와 세계 시장을 양분하고 있으며 주로 인스턴트 커피나, 품종을 혼합하는 블렌딩 제품에 사용된다. 베트남에서 가뭄이 생기자 2024년 6월 기준 로부스타 원두 가격이 1톤당 4141달러 60센트로 지난해 같은 기간에 비해 50.9% 상승했다. 대부분의 전문가는 가격 상승이 계속 이어질 것이라고 염려하고 있다.

세계적 커피 브랜드인 이탈리아의 라바짜는 이상기후로 인해 베트남을 포함한 커피 생산 지역들의 공급 문제를 우려하면서, 원두의 퀄리티 저하로 가격 상승이 당분간 지속될 것이라 경고했다. 2024년 한 해 동안 나타난 현상이지만 이런 일이 앞으로 빈번하게 일어날 것이다. 한국인의 기호식품으로 자리 잡은 커피를 미래에는 쉽게 접하기 어려울 수도 있다.

브라질의 홍수 또한 글로벌 경제에 눈에 띄는 영향력을 과시했다. 2024년 봄, 집중호우로 인해 전 세계 최대 옥수수 곡창지대 중 하나인 브라질의 옥수수 수확이 중단되면서 옥수수 가격이 급등했다. 게다가 브라질에 홍수가 발생한 시점에 주변 국가인 아르헨티나에서는 폭염이 발생했다. 아르헨티나의 옥수수 작황에도 문제가 생기면서

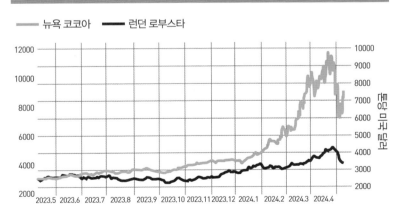

출처: ICE, 블룸버그

전 세계 옥수수 공급망에 차질이 생겼다. 이를 반영하듯 미국 시카고 상품거래소의 2024년 7월 만기 선물 기준 옥수수 가격은 지난 3월 이후 최고가를 기록했다.

식자재의 가격이 상승하면 결국 빈부격차에 따른 식량 위기로 이어질 수 있다. 아무렇지 않게 옥수수를 구매할 수 있는 사람들에게는 큰 걱정이 없겠지만, 옥수수 한 개를 살 돈이 부족한 이들에게는 죽음의 공포를 몰고 올 수 있기 때문이다.

신조어로 보는
인플레이션의 경고장

한국에서도 이상기후로 인한 경제적 피해가 발생하고 있다. 최근 미디어를 도배했던 용어 중 하나인 '애플레이션'이 그렇다. 애플레이션은 사과를 지칭하는 애플과 인플레이션을 합친 신조어다. 지난해 사과 수확기에 발생한 집중호우와 기후변화로 인한 탄저병 피해로 사과 공급량에 문제가 생기면서 사과의 가격이 급상승한 탓에 신조어까지 생겨난 것이다. 사과 한 개의 가격이 최대 15,000원까지 오르면서, 사과를 먹을 수 있는 사람이 진짜 부자라는 우스갯소리가 나올 정도였다. 이상기후로 인한 과수 피해가 식량의 불평등을 초래하는 정확한 사례로 보인다.

기후변화 피해는 앞서 얘기한 식량뿐만 아니라 우리의 일상생활과 직결된 여러 경제활동에 광범위하게 영향을 끼치고 있다. 그래서 이제는 기후와 인플레이션을 합친 기후플레이션이라는 말이 더욱 빈번하게 등장하는 것 같다. 여기서 한 가지 살펴보아야 할 점이 있다. 기후변화 및 탄소중립과 관련해 등장한 신조어 '기후플레이션', '그린플레이션', 'E플레이션'이 혼용되거나 잘못 사용되는 경우가 있어 이를 먼저 짚어보려 한다.

먼저 기후플레이션은 기후변화로 인한 이상기후, 자연재해, 환경 변화 등으로 인해 농작물과 원자재, 공급망, 인프라 등의 다양한 분야에 피해가 생겨 물가가 상승하는 현상을 말한다. 즉 기후가 변해서 인간이 지불해야 할 직간접적 경제 비용이 늘어난 것을 의미한다. 앞서 언급했던 베트남의 커피, 브라질의 옥수수, 한국의 사과 등은 모두 기후플레이션이다.

기후플레이션이 이상기후와 같은 극단적인 날씨의 변화로 발생한 물리적 피해에서 비롯된다면, 그린플레이션은 직접적인 피해보다는 제도를 통한 간접적 영향에서 비롯된다. 그린과 인플레이션의 합성어에서 유추할 수 있듯이, 기후변화 대응과 탄소중립 같은 친환경 정책으로 인해 원자재 가격이 급등하면서 물가가 상승하는 현상을 가리킨다. 최근 그린플레이션으로 인한 물가상승으로 일부에서는 '친환경 정책의 역설'이라는 표현까지 등장했다. 전 세계적으로 많은 국가가 탄소중립을 이행하는 과정에서 탄소 배출을 줄이기 위한 친환경 원자재의 수요가 급증하고 있는 데다 온실가스 배출 규제와 같은 다양한 친환경 규제가 복합적으로 영향을 끼치고 있기 때문이다.

예를 들면 태양광이나 풍력 같은 재생에너지 발전에는 기존의 화석연료보다 더 많은 구리가 필요한데 공급 물량이 부족해지면서 가격이 상승하고 있음을 알 수 있다. 이러한 물가상승은 당분간 지속될 것으로 보인다. 하지만 기후변화에 대응하고 지속 가능한 삶을 유지하기 위해서는 반드시 거쳐야 할 관문이기에 이를 극복해야만 한다.

마지막으로 E플레이션은 에너지Energy와 인플레이션의 합성어로, 에너지 수급 문제로 인해 발생하는 물가상승을 의미한다. 최근 들어 코로나19 이후 세계적으로 에너지 가격이 상승하면서 E플레이션의 공포가 밀려오고 있다. 특히 팬데믹 이후 세계 경제가 회복하면서 에너지 수요는 폭발적으로 증가했지만 공급이 한참 못 미치는 현상이 발생하고 있다. 이러한 에너지 수급 불균형은 지속적인 물가상승을 불러올 수밖에 없다. 게다가 폭염과 한파와 같은 이상기후로 인하여 냉난방 에너지 수요가 폭발적으로 늘어나고 있다. 농작물 피해에 대응해 생산량을 증가시키려는 데서도 에너지 수요가 커지면서 에너지 수급의 불균형을 가속화시키고 있다.

결국 기후플레이션, 그린플레이션, E플레이션 모두 기후변화와 직간접적으로 밀접한 관계를 형성하고 있음을 알 수 있다. 지금과 같은 추세로 기후변화가 진행된다면 세 가지 인플레이션 무엇 하나 빠지지 않고 심각해질 것은 분명하다.

우리 집
식탁의 미래

가뭄, 홍수, 폭염과 같은 이상기후 현상의 빈도와 강도의 증가로 세계적으로 여러 곡물 생산량이 감소하고 있다. 곡물 공급량 변화는 바로 가격의 변동성으로 이어지며 전 지구적 무역 공급망에도 영향을 미친다. 무역 공급망은 직접적인 작물 생산과 별개로 다시 기후변화로 인한 육상·해상·항공운송 산업의 변화로부터 영향을 받기도 한다.

몇 가지 대표적 곡물이 있다. 먼저 사탕수수와 사탕무를 보자. 이들은 높은 기온에 단기적으로 생산량이 증가할 수 있지만 충분한 수분이 공급되지 않으면 가뭄에 취약해진다. 따라서 이상기후로 재배 생산량이 불규칙해짐에 따라 국제적 가격 상승과 공급 부족에 직면할 수 있다.

이전부터 세계적으로 설탕 소비가 늘어나면서 사탕수수 경작지 수요도 증가했다. WWFWorld Wild Fund의 2015년 보고에 따르면 국제 사탕수수 수요를 충족하기 위해서는 2050년까지 대략 2015년 대비 50% 더 많은 토지가 경작되어야 한다. 생물서식지 파괴와 불공정거래 문제까지 등장할 수밖에 없다.

사탕수수와 사탕무는 정해진 공정을 통해 정제된 설탕으로 제품을 제공하는 것으로 재배, 가공, 포장, 운송을 거친다. 육상, 해상, 항공운송을 통해 이동하게 되는데, 이때 지속 가능성을 위한 인증과 감사가 강화되고 환경 규정 등이 적용되면서 시장 가격과 공급망에 다시 한번 영향을 미치게 된다. 여러 규제에 빠르게 대응할 수 있는 생산자와 판매자가 경쟁 우위를 차지하게 되고, 각국 대기업이 설탕 산업을 차지할 가능성이 크다. 결국 설탕은 기후변화의 직접적인 피해, 제조 과정의 기후변화 관련 규제, 운송 과정의 기후변화 관련 규제가 복합적으로 작용하면서 공급망에 예측할 수 없는 변수를 만들어 낼 수 있다.

2025년, 나아가 2026년, 2027년에도 강력한 폭염과 가뭄은 계속될 것이다. 지금까지는 기후변화로 인해 생산이 수요에 미치지 못할 경우 또 다른 경작지를 찾는 방식으로 해결책을 찾았다. 하지만 경작지 조성을 위한 자연생태계 파괴가 더 이상 허용되지 않기에 기후변화로 인한 공급 감소를 대체할 방법은 사라지게 된다. 앞으로 수요가 줄지 않으면 지금은 흔한 설탕도 결국 가격이 상승할 것이다.

또 하나의 중요한 곡물인 팜유는 기름야자의 열매로 얻어지며 주로 열대지방에서 생산된다. 유엔식량농업기구FAO에 따르면 2020

년 팜유 재배지는 2900만ha이며 팜유 생산은 2008년 약 42.6MT(메트릭 톤, 1000kg)에서 2020년 74.7MT으로 증가했다. 팜유 생산을 위한 재배 면적 증가는 산림 벌채와 서식지 파괴로 이어지면서 온실가스 배출이라는 문제를 유발하고 있다. 더불어 토착민들과의 갈등과 불공정 노동 조건 등의 사회적 문제가 불거지면서 공급망이 투명하지 못한 대표적 산업으로 대두되고 있다. 지속 가능한 생산을 위해 ISCCInternational Sustainability and Carbon Certification, RSPORoundtable on Sustainable Palm Oil 등의 인증으로 기후변화와 식량안보 문제에 대응하는 균형점을 찾고자 노력하고 있다.

현재 유럽연합을 포함한 주요 수입국에서는 규정에 적합하지 않은 방법으로 생산된 팜유의 시장 접근성을 제한하고 있다. 또 기업의 사회적 책임으로 상품의 공급 과정을 모두 소비자에게 제공하도록 하고 있다. 이런 규제가 무역 장벽으로 작용한다는 우려도 있으나, 장기적으로 볼 때 지속 가능한 경제활동 및 기후변화 대응을 위해 필요한 과정으로 받아들여지고 있다.

팜유의 사례는 기후변화의 직접적인 피해로 인한 공급망 문제라기보다는 기후변화를 유발하는 물질을 규제함으로써 발생하는 공급망 영향이라고 볼 수 있다. 앞서 언급한 그린플레이션에 해당하는 사례다. 즉 세계적으로 기후변화에 대응하기 위해 여러 국가의 규제가 강해지면서, 이로 인한 경제적 영향이 매우 커질 것으로 전망된다. 이런 규제가 약해지지는 않을 것이며, 가격 인상으로 이어질 수밖에 없다.

팜유의 경우 당장 내년은 아니더라도 궁극적으로 대체할 원자재를 확보하지 못한다면 마트의 다양한 물건값이 오를 수밖에 없을 것이다. 우리가 값싸게 구할 수 있는 라면, 과자 등을 만드는 주원료가 팜유인 것을 감안하면 앞으로 1+1 번들 제품은커녕 쉽게 사 먹기 힘들어질 수도 있다.

마지막은 옥수수다. 온난화와 폭염은 옥수수 수확량에 직접적인 영향을 미친다. 미국만 보더라도 지금 같은 추세의 온난화라면 2055년까지 최대 40%까지 옥수수 수확량이 감소할 것으로 예측된다. 옥수수는 국제 거래가 이루어지는 대표 작물이다. 전 세계 옥수수 시장에서 무려 87%의 생산과 수출을 미국, 브라질, 아르헨티나, 우크라이나가 차지하고 있다(중국에서 생산된 옥수수는 대부분 중국 내에서 소비된다).

이 4개국의 수확량 변동성이 국제시장에서 식품 가격을 결정하는 데 큰 영향을 미칠 수밖에 없다. 게다가 세계 옥수수 수출의 약 15%를 담당하고 있던 우크라이나가 전쟁을 치르면서 전 세계 옥수수 생

산량 변동성의 예측이 어려워졌다. 자연적 피해 요인과 전쟁이라는 정치적 요인이 맞물려 어떤 변화를 불러올지 더욱 예측하기 어렵게 되었다.

곡물 생산과 공급은 기후변화와 관련한 직간접적 요인들과 복합적으로 연결된다. 기후 회복탄력성을 위해 안정적인 에너지 공급과 금융 서비스, 보험과 같이 연쇄적인 리스크를 줄이는 방향으로 움직여야 한다. 직접적으로는 강수량 증가에 대응해 과한 습기에 강하고 내열성을 강화한 육종법을 개발하는 기술적 처방이 필요할 것이다. 또한 탄소 배출량을 감소시키고 기후변화를 완화하려는 연구가 모든 분야에서 진행되어야 할 것이다. 장기적으로 지속 가능한 재배 방식의 농업, 공급망의 투명성, 국제적 협력 또한 필요한 상황이다.

유럽의 기후 처방전에 따른 무역

이제 전 세계는 기후변화 피해를 극복하기 위한 근본적인 처방을 고민하고 있다. 특히 온실가스를 줄이기 위해 아주 강력한 규제를 동원해서라도 더 이상 기후변화가 심각해지는 것을 막아야 한다는 목소리가 나오기 시작했다. 많은 국가가 선언한 탄소중립 또한 이러한 배경에서 출발한다고 생각하면 된다. 하지만 여태껏 다양한 목소리가 있었음에도 왜 기후변화의 피해가 줄어들지 않았을까. 그건 대부분의 온실가스 감축 노력이 자발적 선택으로 이루어졌기 때문이다.

지금까지는 기후변화 유발 물질을 줄이지 않는다고 해도 제제나 불이익이 없었다. 따르기 싫으면 안 해도 그만인 것이다. 그런데 이제 상황이 달라졌다. 특히 유럽연합을 중심으로 많은 국가에서 온실가스 감축을 위한 규제와 제도를 꺼내 들고 있다. 바로 탄소국경조정제도CBAM, Carbon Border Adjustment Mechanism가 그중 하나다. CBAM은 EU 내로 수입되는 역외 제품에 대해 탄소 가격을 동등하게 부과하고 징수하는 제도다. 철강, 알루미늄, 시멘트, 비료, 전력, 수소 6개 품목을 EU에 수출하는 기업은 제품 생산 과정에서 발생한 온실가스 배출량을 EU 수입업자를 통해 의무적으로 보고해야 한다.

CBAM이 등장한 데에는 여러 배경이 있다. 2023년 4월 CBAM과 탄소배출권거래제ETS, Emission Trading System 개편을 포함한 '핏 포 55Fit for 55'가 유럽의회에 최종 승인되었다. EU는 기후위기에 대응하기 위한 온실가스 감축 계획인 'Fir for 55'라는 친환경 정책 패키지를 2021년에 제안했으며, 2030년까지 온실가스 순배출량을 1990년 대비 55% 감축하는 것을 목표로 하고 있다.

사실 EU집행위원회는 2019년 12월에 발표한 '유럽 그린 딜' 정책에 따라 탄소 배출을 감소시키고자 규제를 강화했다. 기업들은 이런 규제를 준수하고자 저탄소 제품 생산을 위한 투자를 시작했지만 생산 원가가 상승하면서 오히려 해당 기업들이 환경 규제가 취약한 지역으로 이전하는 현상이 생기게 되었다. 이는 강화된 환경 규제를 잘 준수하는 EU 역내 기업들이 탄소를 많이 배출하면서 생산 원가를 낮추는 역외국 기업들에 비해 경쟁력이 떨어질 가능성이 커진다는 것을 의미한다. 따라서 국제기후규범을 준수하지 않는 역외국 기업에 탄소세를 부과하는 정책이 마련된 것이다.

돌아보면 2000년 이후 그동안 탄소를 많이 배출했던 미국과 유럽은 온실가스 배출량이 줄어드는 경향을 보인다. 에너지 전환, 친환경 정책 및 강력한 기업 규제 등으로 배출량이 줄어든 것이다. 그런데 2000년 이후 온실가스 신흥 강자로 급부상한 중국의 배출량이 엄청나게 증가했다. EU 입장에서는 자국의 기업을 압박해 온실가스 배출량을 줄였는데 중국에서 많은 온실가스를 배출한다면 글로벌 관점에서 변화가 생기지 않기 때문에 전 지구의 온실가스 감소를 유도하는 메커니즘을 꺼내 들 수밖에 없는 것이다.

'Fit for 55'를 통해 새롭게 강화되는 부문 중 하나는 탄소배출권거래제ETS, Emission Trading System의 개편이다. ETS는 EU의 주요 친환경 정책 중 하나로 각 기업에 배출할 수 있는 온실가스양을 할당하고 이를 초과하지 않도록 관리하는 시스템이다. 할당량을 초과한 기업은 시장에서 추가로 배출권을 구매해야 하고, 반대로 배출량이 적은 기업은 남은 배출권을 팔 수 있다.

EU는 이제 더욱 ETS를 강화하려 하고 있다. 2005년 대비 2030년 감축 목표를 기존의 −43%에서 −62%로 높이고, 배출권 허용 총량의 연간 감축률을 기존의 2.2%에서 4.3%로 대폭 상향했다. 또한 기업에 부여되는 무상할당량을 단계적으로 폐지하는 한편 ETS 적용 대상을 발전소, 항공, 공장, 해운 등으로 점차 확대해 나갈 것이라고 밝혔다.

ETS가 더 강력하게 시행된다는 것은 CBAM의 효력 또한 강해진다는 것을 의미한다. 이 상황에서 한국 기업들의 고민은 커질 수밖에 없

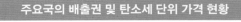
주요국의 배출권 및 탄소세 단위 가격 현황

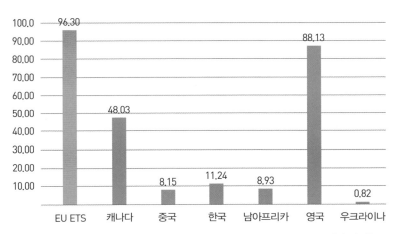

단위: 달러/tCO$_2$
출처: 무역협회, World Bank

다. 이미 한국과 유럽의 배출권 가격에 상당한 차이가 있기 때문에 앞으로 유럽의 ETS 개편에 따라 배출권 가격이 어떻게 변해갈지 정확한 파악이 필요하기 때문이다. 한국처럼 수출 주도형 제조업이 국가 산업의 핵심인 국가는 앞으로 유럽과의 거래에서 친환경 전환에 동참하지 않는 것이 큰 부담이 될 수밖에 없는 상황이다.

미국의
기후위기 역공

미국도 기후위기에 대응하고 새로운 기회를 찾기 위한 규제를 마련했다. 바로 인플레이션 감축법IRA, Inflation Reduction Act이다. 미국의 IRA가 기후변화 대응만을 주목적으로 하고 있다고 볼 수는 없다. 하지만 기후변화 대응을 상당히 큰 비중으로 다루고 있는 것이 사실이다. 바이든 대통령은 취임 직후 미국 경제 재건이라는 명목으로 '더 나은 재건Build Back Better'이라는 법안을 꺼내 들었다. 그러나 의회의 반대에 부딪쳐 어려움을 겪게 되자 그보다 다소 규모를 축소해 에너지와 기후대응, 그리고 보건에 집중한 IRA법을 만들었다.

현재 미국은 IRA법으로 일부 산업에서 크게 재미를 보고 있는 상황이다. 반면에 한국의 기업들은 IRA법으로 손해를 볼 수밖에 없는 상황이다. IRA법을 간단히 살펴보면 보조금 지급을 위한 '최종 조립 조

건'이라는 조항이 있는데, 자동차의 경우 말 그대로 자동차의 부품을 미국 역내에서 생산하고 공급해야 정부의 보조금을 받을 수 있다는 뜻이다. 그렇지 않은 경우 세액공제 혜택을 받지 못하게 되어 보조금을 지급받는 미국 내 기업에 비해 가격 경쟁력이 떨어질 수밖에 없다.

또한 놀랍게도 유럽의 CBAM, 미국의 IRA로 끝날 것 같았던 기후 관련 국제 규제는 또 하나의 새로운 경제 협력체를 뉴 페이스로 맞이하게 됐는데, 바로 인도-태평양 경제 프레임워크IPEF이다. 2022년 미국의 주도로 시작해 2024년 6월 싱가포르에서 인도-태평양 연안의 14개국이 참여하는 형태로 최종 승인된 국제경제 협력체제이다. 한국도 국회 비준을 통해 정식으로 IPEF에 참여하게 되었다. IPEF 참여한 14개국은 미국, 인도, 한국, 싱가포르, 일본, 피지, 뉴질랜드, 베트남, 태국, 인도네시아, 브루나이, 필리핀, 호주, 말레이시아이며 전 세계 GDP의 약 40%를 차지하는 큰 규모의 경제 협력체다.

IPEF의 등장은 앞의 두 규제와는 조금 다른 배경을 가지고 있다. 2017년 트럼프 전 대통령 재임 당시 미국이 환태평양경제동반자협정에서 탈퇴하면서 미국이 인도-태평양 지역에 대한 경제적 관여를 분명하게 드러내지 않자, 중국은 미국의 공백을 이용해 환태평양 지역 경제에 주도권을 잡기 위해 다양한 활동을 펼치기 시작했다. 결국 미국은 중국의 이러한 환태평양 지역 활동에 우려를 표하며 이 지역의 경제적 관여에 대한 조속한 회복을 위한 전략이 필요하게 되었다. 이에 바이든 행정부는 2022년 인도-태평양 전략Indo-Pacific Strategy

을 발표하며 본격적으로 이 지역에서 미국의 역할을 강화하기로 했다. 미국은 그 이후 바로 인도-태평양 연안의 여러 국가들과 긴밀히 공조해 결국 2022년 10월 본격적으로 IPEF를 출범시키고 모든 국가의 비준을 얻어 2024년 IPEF가 출발하게 된 것이다. 앞에서 언급한 것처럼 IPEF는 미국과 중국의 국제 경제 패권, 그리고 인도-태평양 지역의 공급망 안정 등의 경제 안보 이슈를 주요 안건으로 삼고 있다고 볼 수 있다. 그렇지만 우리가 IPEF를 이해해야 하는 이유는 온실가스 감축과 에너지 전환 이슈를 언급하고 있는 내부 조항 때문이다.

메탄에 주목하는 이유

IPEF에서 우리가 새롭게 주목해야 할 부분 중 하나는 '제7조: 에너지 부문 메탄 감축Energy Sector Methane Abatement'이다. 탄소라는 용어를 들으면 대부분 이산화탄소를 떠올리는데, 여기서 탄소는 모든 온실기체를 포함한다고 보는 것이 맞다. 흔히 온실가스는 이산화탄소, 메탄, 아산화질소, 수소불화탄소, 육불화황, 과불화탄소 등의 6개 물질을 포함한다.

한국의 경우 2021년 온실가스 총배출량은 6억 7660만 톤으로 이산화탄소가 91.4%, 메탄이 4.1%, 아산화질소가 2.1%, 수소불화탄소 1.0%, 육불화황 0.8%, 과불화탄소 0.5%다. 메탄은 이산화탄소 다음 두 번째로 많은 양을 차지하는 온실기체인데, 처음 대기 중으로 배출됐을 때 온실효과를 일으키는 힘이 이산화탄소에 약 80배 이상 크다고 알려져 있다. 다만 이산화탄소에 비해 온실효과는 강하지만 머무르는 시간이 15년 정도로 짧다는 특징을 가지고 있다. 이것이 바로 메탄에 주목하는 이유이다.

지금까지 과학자들의 연구를 통해 밝혀진 바에 따르면 1850년 기준 산업혁명 이후 2021년까지 전 지구 평균 약 1.1°C의 온도가 상승했고 여기서 이산화탄소가 약 0.8°C, 메탄이 약 0.5°C 기여했다고 알려져 있다. 따라서 온난화 효과가 강한 메탄을 빠르게 감축하면 이산화탄소 감축을 위한 시간을 벌 수 있다고 판단한 것이다. 이 같은 상황에서 IPEF는 메탄의 특성과 산업의 연계성을 고려해 에너지 부문의 감축을 강화하려고 하는 것이다.

한국의 메탄 배출량을 보면 2020년 기준 가장 많이 배출하는 부문이 농업이며, 전체 배출의 약 43%를 차지하고 약 1190만 톤 CO_2eq 정도다. 여기서 한 가지 알아둘 점이 있는데, 앞서 언급한 6대 온실가스는 배출량을 표기할 때 CO_2eq을 사용한다. 6대 온실가스 중 가장 많은 비중을 차지하는 이산화탄소를 기준으로 단위를 통일해 양적으로 공평하게 비교할 수 있기 때문이다. 그래서 메탄의 단위는 CO_2eq으로 표기한다. 농업 부문에서 가장 많은 양을 차지하는 것은 벼 재배(약 570만 톤 CO_2eq)이며 다음이 장내발효(약 470만 톤 CO_2eq)이다. 농업 다음으로 많은 배출을 하는 부문은 폐기물이다. 폐기물은 전체 메탄 배출의 약 32%인 약 8800만 톤 CO_2eq이며 그중에서 가장 많은 부분을 차지하는 분야는 폐기물 매립으로 약 7700만 톤 CO_2eq이다. 농업, 폐기물에 이어 에너지 부문은 전체 배출의 약 21.7%인 9500만 톤 CO_2eq에 해당하는 메탄을 대기 중으로 배출한다. 그리고 에너지 부문은 연료 연소 및 탈루성 배출(누출)에서 각각 1700만 톤 CO_2eq과 4200만 톤 CO_2eq에 해당하는 메탄을 배출하고 있다.

정리하면 배출 부문에서 가장 많은 양을 차지하는 분야가 농업이고, 세부 분야로 보면 폐기물 매립이 단일 분야 중에서 가장 많은 배출을 하는 것으로 나타났다. 그러나 기후위기 대응을 위해 국제사회가 규제의 칼날을 꺼내든 분야는 농업과 폐기물이 아닌 에너지 분야다. 산업과 즉각적으로 직결됐으면서 농업이나 폐기물에 비해 빠른 속도로 감축을 이룰 수 있을 것이라 기대하기 때문이다.

탄소중립, 길게 보면 오히려 좋아

에너지 부문의 메탄 배출 감축을 위해 미국과 유럽은 2024년 5월 새로운 규제를 발표하고 시행했다. 미국 환경보호청 EPA는 2038년까지 에너지 부문 석유 및 가스 산업에서 메탄 배출량을 80%까지 감축할 것을 목표로 하고, 메탄 배출원에 대한 배출 저감 및 탈루 모니터링을 강화하기로 했다. 구체적으로 보면 석유 및 가스 산업 공정 중 천연가스를 생산, 정제, 운송하는 과정에서 다양한 경로로 발생하는 메탄에 대한 모니터링을 강화하는 것이다. 일반적으로 천연가스를 쓰는 대부분의 사업장에서는 연소 과정에서 불완전 연소를 통해 메탄이 배출되거나 탱크, 밸브, 펌프, 컴프레셔 등의 환기 배출이 발생할 수 있으며 관정 및 파이프라인에서 우발적 탈루가 발생할 수 있어 예상보다 많은 메탄 배출이 일어날 수 있기 때문이다.

다양한 기후변화 대응 정책을 진행하는 유럽 또한 미국과 유사한 수준의 규제 내용을 발표하고 시행 중이다. 화석연료를 사용하는 기업에 대해 메탄 배출량의 측정, 보고, 검증을 의무화했으며, 화석연료 생산 시설의 메탄 누출 감지 및 수리도 의무화했다. 그뿐만 아니라 2027년까지 사업장의 환기와 탈루로 인한 메탄 배출량을 100% 금지하는 내용을 담았다. 흥미로운 부분은 글로벌 메탄 모니터링을 강화해서 공급망의 메탄 탈루 및 수입 화석연료에 대한 배출량 추적까지 범위를 확대했다는 것이다. 이는 메탄 배출을 뿌리 뽑으려는 의지와 같다. 미국, EU 모두 인공위성 및 항공기 같은 원격 모니터링을 이용해 기업의 사업장 앞마당까지 들여다보겠다고 표명하고 있어, 그들의 메탄 감축 의지가 얼마나 강력한지 알 수 있다. 기업이 보고하지 않아도 통한 대기 중 메탄 농도를 원격으로 측정해 얼마든지 배출량을 파악할 수 있기 때문이다.

미국과 유럽의 규제가 남의 일이라고 생각하면 오산이다. 유럽 사례에서 보았듯이 자국 내의 감시만이 아니라 원격 모니터링을 통한 글로벌 메탄 감시라는 방향을 제시하고 있기 때문이다. 앞서 CBAM

과 연계해서 생각해본다면 유럽은 본인들이 사들이는 물건의 생산지에서 발생하는 메탄의 탈루에도 규제를 가하겠다는 뜻으로 보인다. 즉 한국이 유럽으로 수출할 물건을 만들면서 발생하는 탈루를 철저히 관리하지 않으면 유럽의 규제에 따라 손해를 보게 될 수 있다는 뜻이다.

이 상황을 한국이 당면한 압박으로 받아들이기보다는 오히려 우리가 장기적인 관점에서 탄소중립으로 새로운 기회를 창출하는 계기로 바라봐야 한다. 실제로 미국과 유럽이 가스 규제를 꺼낸 것은 탄소중립뿐만 아니라 기업의 경제적 손해를 막는 공편익이 발생할 것이라 믿기 때문이다.

예를 들어 천연가스를 주원료나 에너지원으로 사용하는 기업의 사업장에서 월 가스 요금이 1000만 원이라고 할 때 그 사업장에 탈루가 존재한다면 실제 사용량은 1000만 원이 아닐 것이다. 탈루가 존재한다는 것은 쓰지 않은 가스가 어딘가에서 누출되고 있다는 뜻이기 때문이다. 만약 2000원 정도의 가스가 누출되고 있다면 이 기업은 2000원에 해당하는 경제적 손해를 보고 있다고 생각하면 된다. 그래서 탈루가 발생하는 누출 지점을 파악하고 빠르게 수리하거나 교체해 탈루를 막으면 가스 요금도 줄고 실제 가스 소비량도 줄어드는 마법 같은 일이 생긴다. 메탄 탈루 방지를 위한 규제에 순응하고 대응함으로써 메탄 탈루로 인한 경제적 손해를 줄일 방법이 될 것이라 믿는 이유다. 미 정부는 메탄 규제를 통한 천연가스 회수를 통해 최대 980

억 달러의 경제적 이익이 발생할 것이라 기대 중이다.

점점 과거보다 더 실효성 있는 온실가스 감축 규제들이 등장하고 있다. 국내 기업에서 이런 국제 정세를 파악하지 못한다면 언제 어떤 형태의 막대한 손해가 발생할지 모르는 상황에 놓이게 될 것이다. 따라서 적어도 여기서 언급한 몇 가지 규제에 대해서라도 정확히 이해하고 기업의 특성에 맞는 규제 대응 방안을 수립해야 한다.

투자를 가로막는 물리적 리스크

기업 투자를 결정하는 요인에 기후변화라는 새로운 변수가 추가되었다. 우리가 은행에서 대출을 받을 때 은행이 내 신용 정보를 샅샅이 검토해 대출금과 이자를 결정하듯, 기업이 기후변화에 얼마나 예민하게 대응하는지가 투자를 결정짓는 주요한 변수로 등장한 것이다. 즉 개인이든 투자자든 기업에 내 돈을 얼마나 투자할 것이며, 기업의 주식을 얼마나 살지 결정할 때 해당 기업의 기후변화 대응 능력이 판단의 척도가 될 것이라는 점이다. 바꿔 말하면 기민하게 기후변화에 대응하지 않는 기업은 앞으로 외부로부터 투자를 끌어내기 쉽지 않다는 의미다.

그뿐만 아니라 위험 회피를 위한 헤지hedge 거래의 주요한 키워드로 기후변화가 떠오르고 있다. 기후변화가 유발하는 기후플레이션을 회피하거나 폭염, 홍수, 가뭄, 산불 등으로 인한 직접적, 잠재적 손실을 줄이기 위한 파생 상품의 투자에 대한 관심도 높아지고 있다. 2023년 미국 시카고 상업거래소CME, Chicago Mercantile Exchange에서는 기후변화 대응 관련 파생 상품의 일평균 거래 규모가 2000건을 상회, 전년 대비 260% 이상 증가했다고 밝혔다. 금융 전문가들은 기후변화 대응을 위한 헤지 거래나 기후 리스크 저감을 위한 파생 상품 거래 증가로 인해 시장의 규모가 250억 달러로 성장할 것으로 전망한다. 이렇다 보니 투자 은행에서는 외환거래팀이나 주식 매매팀에 기후변화 대응 관련 조직을 꾸려나가고 있다. 기후변화가 투자 시장의 핵심 키워드로 발돋움한 것이 여실히 느껴진다.

금융 시장의 변화에서 특히 주목해야 할 부분은 기후변화로 인한 물리적 리스크다. 물리적 리스크를 알아보기에 앞서 기후 리스크를 간단히 이해하고 가면 좋겠다. 통상 기후변화로 발생하는 기후 리스크는 전환적 리스크와 물리적 리스크라는 두 개의 축으로 구성되어 있다. 전환적 리스크는 기후변화 대응을 위해 저탄소 사회로 전환하는 과정에서 시장, 기술, 정책 변화에 따라 발생될 리스크를 의미한다. 정부의 기후변화 정책이 강화되거나 탄소 배출에 부과되는 세금인 탄소세의 세율이 바뀌거나, 배출권 거래제 참여에 따른 비용 상승, 새로운 기술 도입 실패에 따른 품질 저하 및 비용 상승, 친환경 제품의 수요 증가에 대응하지 못해 기존 제품의 판매량 하락, 기후변화 대응에 대한 평판 관리 실패 등 다양한 요인에 의한 리스크를 포함한다.

물리적 리스크는 기후변화로 인한 폭염, 온난화, 해수면 상승, 폭우, 가뭄, 극단적 날씨 변동 등이 기업이나 사회에 미치는 직접적 물리적 영향을 포함한다. 이는 다시 급진적(급성) 리스크와 점진적(만성) 리스크로 나뉜다. 급진적 리스크는 짧은 시간 내에 갑작스럽게 발생하는 것으로 즉각적인 피해를 초래할 수 있다. 집중호우로 예기치 않은 산사태가 발생해 기업 및 사회 인프라에 큰 손해를 끼친다거나, 태풍을 동반한 강풍 및 폭우 피해, 폭염으로 인한 농작물 피해 등이 이에 해당한다. 점진적 리스크는 오랜 시간을 두고 서서히 영향을 미치다 끝내 큰 피해가 발생하는 위협 요인을 뜻한다. 전 지구적인 온난화는 서서히 진행되기에 해마다 발생하는 미세한 온도 상승은 큰 피해가 없는 것처럼 보이지만 궁극적으로 10년 이상 지나면 돌이킬 수 없을 만큼 큰 피해가 나타날 수 있다. 빙하가 녹고 해수면이 상승하는 것도 매우 느린 속도로 일어나기 때문에 단기적으로는 눈에 띄는 피해가 없지만 장기적으로는 큰 영향을 끼치게 된다. 두 리스크 모두 기업에는 반드시 관리가 필요한 위협 요인이 확실하다.

현재 금융 시장의 국제적인 흐름으로 볼 때 기후변화에 대한 물리적 리스크의 중요성이 커질 것이기에 얼마나 진정성 있게 기후변화에 대응하느냐가 기업의 성장 요인이 될 것으로 전망한다. 그리고 실효성 있는 금융 피해 저감을 위해 국제 사회의 규제도 강화될 것으로 판단된다. 사실상 기후 리스크는 경제 전반 거의 모든 산업 분야에 영향을 끼치기 때문에 금융 감독 당국의 주요 관심 대상이 될 수밖에 없다. 유럽과 미국을 중심으로 기후변화에 대한 물리적 리스크를 담은 비재무공시가 강화되는 것이 바로 이런 이유 때문이다. 유럽은 2021년 4월부터 지속 가능성 보고에 기후변화 대응 능력을 판단할 수 있는 사항을 의무적으로 공시하도록 했으며 미국 증권거래소 역시 2024년 3월 상장 기업들의 기후변화에 대한 기후 리스크 보고를 의무화하는 규정을 최종 채택했다. 한국은 아직 기후 공시를 2년 유예해 2026년에 시작될 예정이라고 했지만 궁극적으로는 더욱 강력한 국제 사회의 규범에 맞추어 갈 것이라 예상된다.

비단 투자의 고려 대상이 아니더라도 기후 리스크에 적극적으로 대응하는 기업에 대한 관심을 높여야 한다. 결국 올바른 투자를 통해 지속 가능한 경제 구조를 갖추는 것이 산업 전반의 변화를 일으켜 기후변화의 피해를 줄일 수 있기 때문이다. 개인 투자자들도 이제는 본인의 자산을 지키기 위해서 투자 기업의 재무 건전성을 넘어 기후 리스크에 대한 기후 건전성을 반드시 고려해야 한다. 그렇지 않으면 예측 불가한 이상기후 이벤트가 언제 우리의 주식을 휴지 조각으로 만들지 모른다.

탄소중립 비즈니스, 기후경제 희망편

여러 차례 언급했지만 극단적인 이상기후와 기상 현상은 사회, 경제, 문화, 정치, 보건, 교육 등 일상생활의 모든 부문에 영향을 끼칠 것이다. 그래서 기후변화 피해를 줄이기 위한 탄소중립은 우리가 달성해야 하는 인류 최고의 목표라고 해도 과언이 아니다.

탄소중립은 기후변화를 유발하는 대기 중 이산화탄소 농도가 더이상 늘어나지 않도록 인간과 자연계가 배출한 이산화탄소 배출량이자연계가 흡수할 수 있는 양과 동일해지는 상태를 의미한다. 그리고자연 생태계가 흡수하는 양보다 더 많이 배출할 경우, 인위적인 흡수기술을 통해서라도 배출량을 모두 흡수하는 상태를 만드는 것이다. 기후변화를 일으키는 것은 현재 얼마나 많은 양의 이산화탄소가 대기 중에 있느냐의 문제이기 때문에 대기 중 농도가 더 늘어나지 않도록 하는 것이 핵심이다.

현재 지구의 상황을 다시 살펴보자면 2021년 기준 10년 평균값으로 볼 때 인간이 화석연료 사용과 토지 이용을 통해 배출하는 탄소의 양은 연간 약 $40GtCO_2$이고, 이 중 약 31%인 $12.3GtCO_2$를 육지 생태계가 흡수하고 바다가 약 26%인 $10.4GtCO_2$를 흡수한다. 그래서 자연계가 흡수하지 못하는 전체 배출량의 약 47%에 해당하는 연간 $18.4GtCO_2$만큼의 이산화탄소가 대기 중에 남게 된다. 이산화탄소는 대기 중 체류 기간이 약 200년 가까이 되기 때문에, 아주 미량이라도 대기에 이산화탄소가 들어가게 되면 대기 중 농도는 진해질 수밖에 없다. 그래서 탄소중립으로 대기 중 이산화탄소 농도가 점점 연해지기를 기대하는 것이다. 궁극적으로 온실효과와 같은 기후에너지의 불균형을 해소해보려는 시도라고 볼 수 있다.

탄소중립을 달성하려면 인간 활동과 관련한 탄소 배출을 줄이거나 자연생태계의 탄소 흡수량을 증진시키는 방법을 찾아야 한다. 그렇지 않으면 인위적 기술을 통해 인간이 배출한 탄소를 없애는 방법 또한 투입해야 한다. 인간 활동과 관련된 배출량을 줄이기 위해 전 세계 온실가스 배출량을 보면, 단연코 에너지 부문에서 가장 많은 온실가스가 배출되고 있다. 다음으로 많은 배출이 일어나는 부문은 산업이다. 이렇게 보면 산업이 에너지에 비해 많은 배출을 하지 않는 것처럼 보이지만 좀 더 자세히 들여다보면 상황이 달라진다. 에너지 배출량의 주요 원인인 사용량을 보면 산업이 가장 많은 부분을 차지하고 있기에, 산업이 실제 에너지 부문 배출을 끌어올리는 역할을 한다고 봐도 무방하다. 이러한 온실가스 배출량의 구조는 전 지구 규모로 보나 한국에 특정해서 보나 거의 유사하다. 따라서 인간 활동으로 발생한 탄소 배출량을 줄이기 위해서는 산업 생산 공정, 관리, 판매, 서비스 등 산업 활동과 관련된 모든 분야에서 탄소 배출을 줄이기 위한 변화가 절실하다. 조금 과장해서 표현하면 제2의 산업혁명이 필요한 상황이라 할 수 있다.

산업 활동을
과감하게 전환해야 한다

마차를 타던 시대에는 온실가스 배출이 없었다. 지금은 거듭된 기술 발전으로 대규모 공장이 돌아가고, 석유를 주원료로 하는 자동차가 마차를 대체하고 있다. 그뿐만 아니라 대량 생산이 가능해지면서 자동차의 수는 급속도로 늘어나고 있다. 그 덕에 문명은 발전했지만 그만큼 기후는 우리가 원하지 않는 방향으로 바뀌었다. 그럼 다시 마차를 타는 세상으로 돌아가야 하는 걸까? 그럴 수 없을 것이다.

이젠 과학과 기술의 방향을 바꾸어 문명을 발전시키되 온실가스는 배출하지 않는 길을 찾아야 한다. 운송 수단으로 보자면 전기자동차를 예시로 들 수 있다. 누군가는 결국 전기차도 화석연료 기반의 전력을 사용하는 것이라고 비난할 수 있다. 하지만 이는 큰 문제가 아니다. 재생에너지 보급과 전기차 안전성 강화, 배터리 효율 향상 등의 문제는 과학 기술 발전을 통해 충분히 극복할 수 있는 사안이기 때문이다. 내연기관 자동차의 발전 역사를 돌아보면 전기차도 충분히 발전해나갈 것이다. 어쩌면 내연기관보다 훨씬 더 빠른 속도로 진행되지 않을까 기대한다.

앞으로 우리는 철강, 화학, 에너지, 제조 등 온실가스 배출이 많은 다양한 산업군에서 저탄소 기술을 도입하고 에너지 효율을 향상시키며 재생 에너지 도입, 순환경제 활성화 등을 적용해 산업 활동을 적극적으로 전환해야 한다.

철강, 석유화학, 펄프 및 제지 산업과 같은 에너지 집약 산업의 경우 에너지를 대규모로 소비하기 때문에 막대한 탄소 배출이 수반되어 산업 구조의 변화가 요구되고 있다. 석유화학 산업은 온도와 습도 변화에 민감해서 기후변화로 인한 기온의 상승은 생산 장비의 효율성 저하와 생산 비용의 증가를 야기할 수 있다. 탄소 배출뿐만 아니라 기후변화로 인한 물리적 리스크가 커질 것을 시사한다. 펄프 및 제지 산업은 생산 공정에 필요한 다량의 물을 공급하기 위해 수자원과의 접근성이 용이한 곳에 산업 시설이 위치한다. 하지만 가뭄 등의 극한 기후가 발생하면 산업단지의 용수 공급이 어려워지면서 생산 과정에 문제가 발생할 수 있다. 따라서 기후 리스크에 따른 추가 에너지 사용에 대한 문제 해결이 결국 에너지 사용을 줄이고 탄소 배출을 줄이는 하나의 방안이 될 수 있다.

반면 재생에너지 산업은 다른 모습을 보인다. 기존의 재생에너지 산업의 경우, 재생에너지 자체가 환경요소에 민감한 문제도 있었지만 경쟁력 있는 시장을 마련하는 데도 어려움이 따랐다. 하지만 정부가 '2050 탄소중립 추진 전략'을 선언한 후로 에너지 전환을 위한 정책 마련과 더불어 재생에너지 시장에 대한 투자도 활발해지면서 점차 성장하고 있는 모습을 보인다. 또한 재생에너지 산업의 확대는 새로운 일자리의 창출 등 부가적인 이점도 제공해준다.

수송 부문은 온실가스 배출 비중의 약 16% 정도를 차지하고 있으며, 기후변화에 관한 정부 간 협의체IPCC에서 재생가능에너지 사용 비율의 확대를 권고하면서 많은 국가들이 전기차 보급을 지원하는 등의 노력을 하고 있다. 특히 미국은 전기차 판매 비중을 2032년까지 56%로 대폭 확대한다는 규정을 발표했다. 한국 역시 전기차 보급을 위해 보조금을 지원하는 등의 정책을 마련한 바 있다. 물론 단기간에 전기차 공급을 확대하는 것은 현실적으로 어려운 부분이 있고, 안전 문제 등 고려해야 할 사안이 남아있다. 하지만 차츰 시장이 커지며 성장 추세를 나타낼 것으로 보인다.

마지막으로 시멘트산업의 전환 또한 매우 중요한 사안이다. 시멘트산업은 전 세계적으로 보았을 때도 전통적으로 탄소를 많이 배출하는 제조 분야라서 기후변화 대응을 위한 전환이 매우 시급하다. 특히 시멘트 생산 과정에서 다량의 탄소가 배출되기 때문에 최근 다양한 신기술 개발이 진행되고 있다. 최신 고효율 소성로와 열 회수 시스템을 도입해 에너지 소비를 줄이거나 주원료인 석회석을 대체할 원료 발굴, 탄산칼슘을 덜 사용하는 저탄소 시멘트 등의 기술 개발이 이루어지고 있다. 시멘트산업의 전환 기술 분야는 궁극적으로 건설 부문에서 탄소 배출의 미래와도 직결되므로 성장 가능성이 매우 클 것이라 기대한다.

한국의 기후테크 전망

기후위기 대응은 단순히 기존 산업을 억제하는 규제가 아니라 오히려 새로운 기회일 수 있다. 이런 개념에서 등장한 산업 분야가 바로 기후테크다. 기후테크는 국가별로 조금 다르게 정의하고 있지만, 큰 틀에서 탄소중립을 지원하고 기후변화 피해를 줄이는 것에 주안점이 있다. 여기까지 책을 읽은 분들은 충분히 짐작하겠지만 결국 탄소중립을 지원한다는 건 온실가스 배출을 줄이거나 흡수량을 증가시킬 방법을 동원한다는 의미고 기후변화 피해를 줄인다는 것은 현재 진행 중인 기후변화에 잘 적응해 살아갈 방법을 찾는다는 뜻이다.

한국은 2023년 6월 대통령 직속 2050 탄소중립녹색성장위원회(이하 탄녹위)가 기후테크를 '온실가스 배출을 줄이거나 기후변화 피해를 줄이는 적응 기술을 활용하여 수익을 창출하는 산업분야'라고 정의했다. 기존 과학기술정보통신부에서 정의한 기후기술과 다르게 수익에 매우 중요한 방점이 찍혀 있다. 이는 돈이 되는 기술을 발굴한다는 뜻이다.

우리가 흔히 알던 기후기술은 대부분 R&D에 기반해 실험실에서 개발된 기술로, 수익성이 부족해 세상에 빛을 보지 못하거나 국제학술지에 발표되고 끝나고 만 것들이 대다수였다. 하지만 기후테크에서 강조하고 있는 부분은 반드시 수익을 창출할 수 있는 기술이어야 한다는 점이다. 그래야 그 기술이 확대 보급되어 지금 우리가 고민하는 온실가스 감축과 기후변화 적응이라는 두 개의 시대적 난제를 해결할 수 있기 때문이다.

한국 탄녹위에서는 기후테크를 클린, 카본, 에코, 푸드, 지오테크 5개 분야로 나누어 분류한다. 먼저 클린테크는 주로 온실가스 배출이 없는 무탄소 에너지원과 관련된 분야로 재생, 대체에너지 생산 및 분산화와 관련된 기술에 해당한다. 재생에너지 생산이나 에너지 저장 장치에 해당하는 '재생에너지', 가상발전소나 에너지 디지털화와 관련한 '에너지신산업', 원전, SMR, 수소, 핵융합 등 대체에너지에 해당하는 '탈탄소에너지', 여러 번 충전해서 쓸 수 있는 저장 장치인 이차전지, 연료전지 같은 '에너지저장' 분야를 포함하고 있다. 서울대학교 기후테크센터에 따르면 현재 한국에서는 5대 기후테크 중 클린테크에 가장 많은 기업이 포함되어있으며 특히 에너지저장 분야가 가장 많은 것으로 나타났다. 최근 급격히 증가한 전기차 및 수소차 개발과 결을 같이 하는 것으로 보인다.

두 번째로 카본테크는 대기에서 직접 탄소를 포집하거나 여러 산

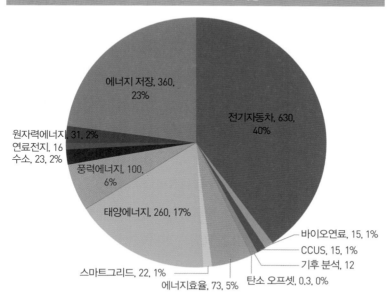

에너지 저장, 360, 23%

전기자동차, 630, 40%

원자력에너지, 31, 2%
연료전지, 16
수소, 23, 2%

풍력에너지, 100, 6%

태양에너지, 260, 17%

바이오연료, 15, 1%
CCUS, 15, 1%
기후 분석, 12

스마트그리드, 22, 1%
에너지효율, 73, 5%
탄소 오프셋, 0.3, 0%

단위: 억 달러
출처: 한국무역협회, 보스턴컨설팅그룹(2021)

업 공정에서 배출되는 탄소를 감축하는 기술개발사업 분야다. 세부적으로 살펴보면 CCUSCarbon Capture, Utilization, Storage로 알려진 탄소포집 사용 및 저장을 포괄하는 '탄소포집', DACDirect Air Capture로 알려진 '직접포집' 및 제조업 공정 개선이나 탄소 저감 연료 사용에 해당하는 '공정혁신' 분야를 포함한다. 한국에서는 탄소 배출이 없는 운송 수단인 전기차, 차량용 배터리, 물류 배출량 감축에 해당하는 '모빌리티' 분야 또한 카본테크에 속해 있다.

세 번째로 에코테크는 친환경 원료를 사용하여 제품을 개발하거나 자원순환을 활성화하는 산업이다. 세부적으로는 자원 재활용이나 폐자원의 원료화 또는 재사용에 해당하는 '자원순환', 친환경 생활소비제품에 해당하는 '업사이클링', 폐기물 배출량 감축 및 관리 시스템에 해당하는 '폐기물절감' 분야로 나뉜다. 최근에는 인공지능 기술의 발달에 힘입어 폐기물 분류 및 수거의 효율을 높이는 기술 개발이 시장에서 큰 주목을 받고 있다.

네 번째로 푸드테크는 기존의 대체육이나 비건 음식으로 대변되던 것과 달리 농축산물과 식품의 생산, 유통, 운반 과정에서의 온실가스 저감과 기후변화 피해 절감을 목적으로 하는 산업 분야다. 세부적으로는 온실가스 저감에 기여하는 대체육, 세포배양육, 대체유 등의 '대체식품', 음식물 쓰레기 절감, 친환경 포장, 식품 부산물 활용에 해당하는 '스마트식품', 기후적응, 친환경 농업, 대체비료, 스마트팜에 해당하는 '에그테크' 분야를 포함하고 있다. 빈번한 이상기후 영향으로 농작물 피해가 심각해지고 그에 따른 경제적 손실이 커짐에 따라 가뭄, 홍수 등 극단적인 수재해에 취약하지 않은 새로운 종자 개발이 시장에서 주목받고 있다. 이뿐만 아니라 최근 가축의 메탄 배출량을 줄이기 위한 사료 개발에 대한 관심도 커지고 있다.

마지막으로 지오테크는 현재 진행 중인 기후변화를 직접 모니터링하거나 미래의 날씨를 예측하는 기술, 관측 기반 모니터링 기술을 이용해 온실가스를 측정하고 관리하는 기술 분야를 포함한다. 세부적으로 살펴보면 위성을 통한 온실가스 감시, 기후변화 감시 및 예측을 진행하는 '기후 감시 및 예측 분야', 물과 관련한 다양한 산업 및 재난 방지 시설과 관련한 '기후적응', 기후와 탄소 데이터 컨설팅 및 다양한 데이터 분석을 진행하는 '데이터 진단' 분야가 해당된다. 국제 사회의 새로운 경제 규범에 대응하기 위해 온실가스 배출을 정확히 측정하고 기후 리스크에 관한 신뢰성 있는 정보가 중요해지고 있어 데이터 진단 분야의 인기가 높아지는 상황이다.

2024년 여름, 한국에서 경험한 국지성호우처럼 이제 기후변화는 시시각각 변하는 날씨의 예측 불확실성을 높이고 있다. 게다가 이런 불확실성은 사회 경제 전반에 심각한 피해를 유발하기에 기후변화를 정확히 모니터링하고 예측하는 과학기술 분야가 산업으로 전환되는 새로운 분야라 할 수 있겠다.

사실 한국의 기후테크 산업은 아직 신생아 단계라고 비유할 수 있다. 하지만 기후변화 대응을 위한 다양한 글로벌 규제를 업고 결국 기후테크가 더욱 성장할 것이다. 외부 이슈로 흔들리는 듯 보이지만 재생에너지와 모빌리티(배터리)같이 국가 온실가스 감축에 직접적인 영향을 줄 수 있는 클린테크와 카본테크 분야의 관심은 지속적으로 커질 수밖에 없는 상황이다. 따라서 기술 향상을 위한 투자도 늘어날 것으로 전망한다.

다양한 논쟁이 있지만 결국 경제적 수익과 온실가스 감축의 강도는 정비례할 것이기 때문에 당장 기업, 지자체, 국가의 배출량 문제를 해결해줄 분야가 성장할 것이다. 게다가 이미 한국은 대기업 주도하에 모빌리티 산업 자체가 글로벌 경쟁력을 갖추고 있기에 가치사슬과 연계된 분야의 기후테크 성장이 기대된다. 사실 국가 경쟁력 강화 측면에서 모든 기후테크를 키우고 발굴하는 것도 중요하지만 이미 경쟁력을 갖추고 있는 분야가 있다면 그 분야를 어떻게 더 강화시킬지 고민하는 것도 중요하다. 그래서 기존 모빌리티 분야의 가치사슬에 있는 스타트업 발굴 및 성장이 필요하기도 하다.

또 하나 주목할 분야는 기후변화의 직접적인 물리적 피해, 즉 리스크를 줄여줄 수 있는 진단 및 대응 분야다. 단순한 공시에 대응하는 것이 아니라 현재 진행 중인 기후변화로 인한 피해를 최소화할 수 있는 분야가 성장하게 될 것이다. 한국은 좋은 IT 기술을 확보하고 있고 인공지능 분야가 성장 중이기에 이 같은 분야와 기후 데이터를 활용한 지식 기반 산업이 글로벌 경쟁력을 가질 것으로 보인다.

기후테크를 이끄는
유니콘 기업들

기후테크의 대표 기업을 간단히 살펴보면 클라임웍스Climeworks, 루비콘Rubicon, 워터쉐드Watershed 등이 있다.

클라임웍스는 한국의 기후테크 분류 체계로 보면 클린테크를 선도하는 기업으로, 스위스에 거점을 둔 유니콘 기업이다. 탄소 직접공기포집DAC을 통해 일반 대기 중 이산화탄소를 저감하는 기술을 활용해 전 세계적으로 사업을 확장하고 있다. 여기서 DAC는 특수 필터를 사용해 일반 공기 중 탄소만 걸러내는 것이다. 걸러진 탄소를 돌에 주입하면 2년 안에 돌로 굳어지기에 이것을 지하암반층에 격리하면 영구적으로 탄소를 가둘 수 있다. 결국 인간은 땅속에서 시추한 탄소를 이용하여 에너지를 생산하고 그 과정에서 탄소를 다시 대기로 보냈기 때문에 다시 대기 중에 탄소를 필터로 뽑아내 깊은 땅속으로 돌려보내는 것이다. 말은 간단하지만 매우 어려운 기술이다.

클라임웍스는 현재 전 세계 기후테크 기업 중 가장 뛰어난 DAC 기술을 확보한 것으로 알려져 있으며, 맘모스Mammoth라 불리는 3만 6000톤 용량의 DAC 시설을 확보하고 루프트한자, 스위스항공 등 다양한 기업의 배출 감축을 지원하고 있다. 현재 이들의 약점은 전기를 너무 많이 쓴다는 것인데, 궁극적으로 재생에너지를 100% 활용해 그 문제를 극복하려 하고 있다. 조금 극단적 표현이지만 이 회사의 기술 개발이 성공적으로 발전해 더 많은 탄소 포집이 이루어진다면 생각보다 빠르게 탄소중립에 이를 수 있을지 모른다. 어쩌면 이들이 지구를 구해줄 어벤져스가 될지도 모른다는 뜻이다.

다음은 에코테크 분야의 미국 기업 루비콘이다. 루비콘은 쓰레기 업계의 우버라 불리는 자원순환 분야의 유니콘 기업으로 정부와 기관, 기업, 가정집 등 폐기물 배출자와 수거·운반 업체를 연결해주고 비용을 받는다. 인공지능AI, 머신러닝, 사물인터넷IoT 기술을 활용해 수거·운반 업체에 언제 폐기물을 수거하면 좋을지, 최적 이동 경로는 어떻게 되는지를 알려주며 비용 감축을 돕는다. 소비자에게는 배출한 쓰레기 중 얼마나 많은 양이 매립되는지 안내하기도 한다. 나아가 폐기물 배출자와 폐기물이 필요한 기업을 연결해주기도 한다. 분리수거를 열심히 하는 한국 입장에선 쓰레기 처리업체가 미래 유망한 기업이라고 하니 낯설게 느껴질 수 있다. 하지만 한 번이라도 미국에 가본 이들이라면 미국이 얼마나 쓰레기를 함부로 버리는지 알 것이다. 그로 인해 막대한 폐기물이 생성되고 이러한 폐기물로 인한 온실가스 배출량도 상당하기에 루비콘 같은 기업의 성장 가능성이 크다고 판단할 수 있다.

마지막은 데이터 기반 산업의 워터쉐드다. 워터쉐드는 2019년 설립된 기업으로 탄소 배출량 측정하고 진단해 감축 솔루션을 제공하는 플랫폼을 구축했다. 탄소 감축 목표를 설정하고 배출량을 모델링한 뒤 감축 계획을 수립해 제공하는 업무를 주로 진행하고 있다. 전형적인 지식 기반의 소프트웨어 산업처럼 보일 수 있지만, 인공지능과 탄소측정 기술을 결합해 더 상세하게 탄소 배출량을 측정할 수 있다는 장점이 있다. 어떻게 보면 이 같은 데이터 기반 산업이 얼마나 많은 수익을 창출할 수 있기에 유니콘이 됐을까 의구심이 들 수도 있다. 하지만 이제 거의 모든 기업이 효율적인 탄소 데이터 관리를 통해 실질적으로 배출량을 감축해야 하는 상황이다. 게다가 CBAM이나 기후공시 같은 다양한 규제에 대응하면서 공시 준비를 해야 하기 때문에 이러한 데이터 플랫폼의 도움이 절실하다. 이런 시대적 상황을 고려하면 기후정보를 활용한 데이터 기반 산업 또한 향후 발전 가능성이 매우 높을 것으로 기대된다.

기후금융에
주목하라

기후변화 대응을 위한 기술적 노력이 기후테크라면 금융을 통한 기후위기 대응 방법 또한 새롭게 대두되고 있다. 기후금융이란 탄소 배출의 저감을 유도해 기후변화의 영향을 완화시키고 저탄소 경제로 이행하는 데 기여하는 금융을 가리킨다. 간단히 설명하면 금융 지원을 통해 온실가스 감축 기술을 개발하거나 기후변화 리스크를 줄일 수 있게 하는 것이다. 다른 산업도 마찬가지겠지만 막 성장하는 단계인 기후테크 분야는 금융 지원이 매우 중요한 상황이다. 이러한 기후금융은 2015년 파리협약에서 처음으로 기후변화 대응을 위한 금융의 역할을 명시했고, 2018년 UN 기후변화협약UNFCCC에서 기후금융이 공식적으로 정의된 바 있다.

녹색금융이 기후변화, 물, 환경오염 등 환경 전반을 위한 자금 조달을 지칭하는 개념이라면, 기후금융은 녹색금융 중에서도 기후변화 감축과 적응 목적을 위한 금융으로 더 세분화해 들어간다. 기후금융은 다시 기후변화협약에서 제시된 지속 가능한 발전 접근 방식에 따라 저탄소 금융mitigation finance과 적응 금융adaptation finance으로 나뉜다. 감축금융으로도 불리는 저탄소 금융은 온실가스 배출의 감축, 회피, 흡수, 저장 목적의 금융이고, 적응 금융은 기후변화의 복원을 통해 생태계 취약성vulnerability을 완화하기 위한 목적의 금융이다. 기후테크처럼 기후금융도 온실가스 감축과 기후적응이라는 두 가지 큰 틀에서 작동하는 것을 알 수 있다.

기후금융에서는 별도로 '그린 택소노미Green Taxonomy'라는 것을 도입하고 있는데, 이는 환경친화적인 경제활동의 지표를 제공해 그린워싱Green washing을 방지하고 금융자본이 실질적으로 기후금융의 목표를 달성할 수 있도록 돕는다. 녹색금융으로 분류되기 위해서는 온실가스 감축, 기후변화 적응, 물의 지속 가능한 보전, 순환경제로의 전환, 오염 방지 및 관리, 생물다양성 보존이라는 6가지 환경 목표 중 적어도 한 가지에 명확하게 기여해야 하며, 무해원칙DNSH, Do No Significant Harm 목표들이 다른 목표들과 상충하지 않아야 한다. 최소 사회기준MS, Minimum Social Safeguard 목표를 달성하는 과정에서도 해당 투자가 최소한의 사회적 규범과 요건을 만족해야 한다.

현재 전 세계적으로 기후금융 시장 규모는 꾸준히 증가해오고 있으며 주로 민간 부문의 투자 규모에 따라서 매년 증감하는 것으로 나타난다. 특히 온실가스 감축 및 기후적응 분야로 나누어 보았을 때, 주로 온실가스 감축 분야에 지원이 집중되고 있다. 점차 기후변화에 대한 관심이 증가함에 따라 기후금융 재원을 마련하려는 노력이 강화되고 있으며, 향후 기후금융 분야의 성장 가능성 또한 밝을 것으로 전망된다.

국내 기후금융의 기대

한국의 기후금융은 대부분 정부 예산 중심의 공공 기후금융이라는 특징이 있다. 이 중에서 GCFGreen Climate Fund는 국내에서 조성된 대표적인 공공 기후 금융으로, 선진국이 기금을 조성해 개도국의 이산화탄소 절감과 기후변화 피해를 기술적·재정적으로 지원해 보상한다. 2024년에는 기업, 국민, 신한, 하나, 우리, 농협은행의 출자를 기반으로 2030년까지 3조 원 규모의 기후기술펀드를 조성하기로 했다. 위의 6개 은행이 1조 원 규모로 모펀드를 조성할 경우, 민간 자금 매칭을 통해 3조 원 규모의 기후기술 기업에 투자하는 방식으로 운용될 예정이며, 모펀드 운용은 한국성장기금이 맡는다. 한국의 기후기술은 선진국에 비교하면 3년 정도 뒤처져 있다고 평가를 받고 있기 때문에 기후기술펀드를 마련해 기술을 보유한 중소벤처기업에 일정 수준 이상의 투자 비율을 의무화함에 따라 적재적소에 자금이 공급될 수 있으리라 기대한다.

금융위원회의 2024년 기후위기 대응을 위한 금융지원 확대 방안에 따르면, 정책금융기관과 민간은행이 2050 탄소중립 달성을 위해 크게 2단계로 나누어 지원할 수 있는 기반을 만들 예정이다. 1단계로는 2030년까지 기후위기 대응에 대한 기업의 애로사항에 우선 지원하고, 2단계로 미래대응금융 TF를 설립해 저탄소 공정 전환이 필요한 기업(녹색자금 420조 원 공급), 청정, 재생에너지 확대 기업(미래에너지펀드 9조 원), 기후 신산업 기업(기후기술펀드 9조 원) 등을 추가 발굴해 지원 방안을 마련할 계획이다. 결국 정책 금융에서 민간 은행을 통한 투자까지 여러 형태의 금융 지원이 기후테크에 집중될 것이라 기대된다. 현재 초기 단계 기술 개발에서 확장까지 여러 단계에서 자금이 막혀 성장하기 어려운 기업에겐 반가운 일이다.

글로벌 기후금융의 운용 사례

아직 한국에는 없지만 해외에서는 민간 투자와 별개로 국가 소유의 투자 펀드도 마련되고 있다. 중동 국부펀드는 1950년대부터 중동 지역 내 산유국을 중심으로 하여, GCCGulf Cooperation Council 대부분의 국가가 큰 규모의 펀드를 조성하고 있다. 전 세계 국부 펀드 중 약 30% 이상을 차지하는 중동 국부펀드가 기후금융에 참여하고 있고, 최근 몇 년간 증가하는 추세를 보인다는 점은 주목할 만하다. 중동 국가들도 기후금융을 통해 기후변화에 대응하고 환경 지속 가능성을 위해 적극적으로 참여하고 있다는 뜻이기 때문이다.

사우디아라비아의 국부펀드PIF는 사우디아라비아의 비전 2030에 따라 녹색에너지 같은 지속 가능한 프로젝트에 많이 투자하고 있으며, 한국에서도 유명한 네옴시티NEOM City 프로젝트 또한 지속 가능한 도시 개발을 목표로 하고 있다.

아랍에미리트의 아부다비 투자청ADIA은 기후변화와 관련된 다양한 투자 전략을 개발하고 있으며 특히 재생 가능 에너지, 에너지 효율성 향상, 그리고 탄소 배출 감소와 같은 분야에 투자해 환경적 영향을 줄이려 하고 있다.

쿠웨이트 투자청KIA은 환경, 사회, 지배구조ESG 기준을 채택해 기후변화와 관련된 리스크를 관리하고 있으며 이는 장기적인 수익성을 보장하고 지속 가능한 개발을 촉진할 것으로 기대한다.

아시아 개발은행ADB은 아시아-태평양 지역의 개발과 빈곤 퇴치를 목적으로 운영된다. 재정적으로는 개발 자금 투자와 융자를, 기술적으로는 개발계획의 수립과 집행, 자문용역과 학술 연구 등을 지원한다. 그중에서도 아시아개발은행이 설립한 벤처 투자 기관인 ADB 벤처스는 2020년에 출범해 아시아 개발도상국의 기후 문제 해결에 기여하는 모든 기업에 투자하고 있다. ADB벤처스가 운영하는 ADB 벤처스 시드 프로그램은 기후위기를 해결하고자 하는 기술기반의 기업들에게 촉매 자금을 제공한다. 기술 기반의 기업들은 해당 자금을 통해 아시아 개도국 지역에서 본인들의 사업 기술을 발전시킬 수 있다. 이 프로그램을 통해 ADB에서는 모빌리티, 에너지 효율, 기후스마트 농업, 기후금융테크 솔루션 분야 등 약 20개 개도국 회원국의 30여 개 이상의 기업에 자금을 제공했다. 또한 ADB는 2023년 아시아 태평양 지역 국가의 기후변화 대응을 지원하기 위해 '아시아 태평양 혁신 금융기구IF-CAP' 출범을 발표했으며, 한국뿐만 아니라 덴마크, 일본, 스웨덴, 영국, 미국 등이 이 기구의 파트너로 참여하기로 했다. 재원은 1차로 30억 달러의 IF-CAP 출자금을 ADB가 조성할 계획이며, 30억 달러가 조성된 이후 보증 승수를 통해 150억 달러까지 대출을 제공할 수 있게 했다.

정리해보면 기후금융이 활성화된다는 것은 기후변화 대응을 위한 온실가스 감축기술을 활용한 산업(기후테크), 그리고 기존 고탄소 산업의 저탄소 전환 지원을 위한 자금이 마련된다는 뜻이다. 이뿐만 아니라 기후적응 기술이 부족해 극심한 피해를 겪는 동남아와 아프리카 등지의 개도국을 위한 지원 사업이 단순 지원으로 끝나는 것이 아니라 기술의 확산을 통한 기후테크 산업의 성장으로 이어질 수 있다. 결국 기후금융이 커질수록 기후테크 산업의 성장 속도가 빨라질 것으로 전망된다.

인공지능, 기후변화에 득일까 실일까

인공지능 기술이 산업, 교육, 문화, 정치 등 사회 전반에 강력하게 녹아들고 있다. 한 가지 분명한 것은 아직 AI가 기후변화로부터 우리를 구원해줄 메시아인지 아니면 기후변화를 더 악화시킬 촉매제 역할을 할지 불분명한 상황이라는 점이다.

AI는 기본적으로 많은 데이터 AI 학습을 위한 CPU, GPU 등 서버가 구축되어있는 '데이터센터' 이용이 필수적이고, 이용에 많은 전력을 소비할 뿐만 아니라 열을 식히기 위한 냉각 장치에도 많은 전력이 소모된다. 이 데이터센터에 관해 집중적으로 살펴보자. 2024년 IEAInternational Energy Agency 보고서에 따르면 2022년 기준 데이터센터, AI, 암호화폐 분야의 전기 소비는 약 460Twh이며, 전 세계 전력 소비의 2%에 해당한다. 2026년에는 1000Twh까지 약 2배로 증가할 것으로 전망하고 있다.

데이터센터 전력 소비의 40%는 컴퓨터 사용 과정에서, 40%는 냉각에서 발생하기 때문에 데이터센터가 늘어나면 전력 수요가 기하급수적으로 늘어날 수밖에 없다. 미국의 경우 2022년 약 200Twh(미국 전력 수요의 4%)의 전력량을 데이터센터에 이용했으며, 2026년에는 260Twh까지 늘어날 것으로 보고 있다. AI 이용은 일반 검색 엔진보다 데이터센터 내에서 전력 이용이 더 큰 것으로 나타난다. 예를 들어 구글 검색 엔진의 검색 건당 전력 수요가 0.3Wh인 반면, 오픈 AI의 챗GPT는 건당 2.9Wh의 전력을 요구하며, 이 수요는 앞으로 늘어날 전망이다. 이에 따라 데이터센터의 서버 수는 계속 늘어날 것으로 예측된다.

마이크로소프트의 2024년 지속 가능성 보고에 따르면, 마이크로소프트는 2020년도 대비 탄소 배출이 약 30% 증가했다고 한다. 증가의 주요 원인은 데이터센터 건설과 건축 과정에서의 탄소 배출, 그리고 반도체, 서버, 랙과 같은 하드웨어 부품과 같은 것이다. 따라서 마이크로소프트는 데이터센터의 효율성을 증가시키기 위해 전력 사용 효율성PUE을 1.0에 가깝게 설계하고(1에 가까울수록 효율이 좋다), 서버 이용 효율을 증가시켜 매달 수천 Wh의 에너지 사용을 줄일 예정이며, 주로 데이터센터 내 하드웨어의 효율적인 이용에 집중하고 있다.

구글의 경우, 2024 환경보고서에 따르면 2023년 데이터센터 소비 전력은 약 24TWh이며, 이는 전 세계 데이터센터 전력 소비량의 7~10%를 차지할 만큼 큰 것으로 나타났다. 이 양은 전 세계 전력 소비량의 0.1%에 해당하는데 온실가스 배출로 환산하면 1430만 톤 CO_2eq이다. 구글 역시 데이터센터의 에너지 효율성PUE 수치를 언급하면서 데이터센터의 전기 및 재료의 이용 효율에 관해 보고했는데, 전 세계 산업의 평균 PUE인 1.58에 비해 구글 데이터센터는 1.10 PUE를 유지하며 효율적으로 데이터센터를 운영하는 것으로 나타났다.

국내 기업 중 네이버를 살펴보면, 2023 지속가능경영보고서 기준 네이버의 2023년 온실가스 배출량은 8만 9505톤 CO_2eq이며 이 중 97%는 데이터센터와 사옥의 전력 사용에서 발생했다. 네이버 또한 다른 해외 기업처럼 데이터센터의 에너지 효율화를 중심으로 탄소 배출 감소 목표를 세우고 있다. 네이버의 데이터센터 '각 세종'은 빗물 또는 냉방용 응결수를 재이용해 연간 약 1만 3000MWh의 전력을 아꼈고 6000톤의 탄소 배출을 저감한 것으로 보고했으며, '각 춘천'은 태양광 발전 설비를 이용해 2023년 1만 768톤 CO_2eq 온실가스를 저감했다고 밝혀 기업 자체적으로 온실가스 감축 노력을 기울이고 있는 것으로 보인다.

여러 사례에서 보았듯이 AI, 특히 생성형 AI의 훈련 과정에서 사용되는 GPU와 서버 전력 및 냉각 수요에 필요한 전력과 온실가스 배출은 상당히 큰 것으로 보인다. 정리해보면 AI 사용 증가로 인한 온실가스 배출 변동의 원인은 크게 두 가지로 좁혀진다. 첫 번째, 너무 높은 전력 수요다. AI 학습 및 운영에 필요한 데이터센터는 전 세계 1~2%의 전력 소비량을 차지할 만큼 전력 수요가 상당하고, 가까운 미래에는 현재 사용량의 2배의 수요가 예상될 정도다. 2024년 7월 골드만삭스 보고서에 따르면 데이터센터 성장이 집중된 버지니아주의 전력 소비량이 2016년에서 2023년까지 약 37% 증가했는데, 이는 버지니아주의 전력 소모량을 2.2GW 증가시킨 수치다. 또한 2030년까지 데이터센터 전력 수요가 15GW에서 45GW까지 늘어날 전망이라고 보고하고 있다. 클라우드 운영 기업들이 이 수요를 재생 에너지만으로 충당하기에는 다소 무리가 있다고 판단되는 지점이다. 두 번째로는 데이터센터의 건설 및 반도체 생산 시설 영향이다. 마이크로소프트는 데이터센터 건설에서의 온실가스 배출 및 감축에 주목했고, 엔비디아는 GPU 반도체 제조공정에서의 온실가스 배출 또한 주목하고 있다.

현재 수준에서 보면 AI가 막대한 전력 소비를 통해 많은 탄소를 배출할 것임은 분명해 보인다. 다만 효율적인 AI의 이용은 오히려 인간의 탄소 배출량보다 적다는 시각 또한 존재하고 있다. 2024년 2월 14일 과학 저널 《사이언티픽 리포트Scientific Reports》에 게재된 바에 따르면, 생성형 AI(챗GPT)와 인간이 각자 글을 쓰고 그림을 그리는 데 이용된 탄소 배출량을 조사했을 때 오히려 인간의 탄소 배출량이 더 높다는 추정 결과를 내놓기도 했다. 분석에 따르면 AI의 훈련 및 운영에 발생하는 영향은 쿼리당 약 2.2g CO_2eq를 배출하는 반면, 인간이 같은 글쓰기를 시행했을 때 미국인의 경우 1400g CO_2eq가 드는 것으로 나타났으며 컴퓨터 사용에 의한 전력 배출도 고려되었다(미국인의 1인당 탄소 배출량 15톤 CO_2eq 기준, 한 페이지 작성에 드는 탄소 배출량을 산정).

비록 간단한 케이스 분석이지만 AI가 효율적으로 이용된다면 전력 사용으로 인한 탄소 배출이 문제가 크지 않을 것이라는 AI의 장점을 보여준 사례다. 그뿐만 아니라 최근 효율적인 AI 기술의 활용을 통해 기후변화에 대한 리스크를 저감하는 피해 예측 기술 같은 또 다른 장점도 부각되고 있다. 물론 온실가스 배출도 중요하지만 폭염, 집중호우, 산사태, 산불 등 이상기후 현상은 사실 한 번의 이벤트만으로도 상상을 초월하는 손실을 유발하기에 이를 정확히 예측해 피해를 줄이는 것이 중요하다. 그러나 현재 인류의 과학적 지식에 근거한 기후 예측 모델로는 아직 이상기후의 발생, 변화, 영향 등을 정확히 내다보기 힘들기 때문에 AI를 활용한 예측 기술에 기대를 거는 상황이다.

그래서 엔비디아, 구글, 화웨이 등 IT 기업에서는 최근 기후변화에 따른 재난을 예측하기 위해 기술을 활용한다. 이미 엔비디아는 생성형 AI, 물리 모델, 첨단 비주얼 테크닉을 결합한 기후 예측 모델 'Earth-2'를 개발했다. 디지털 트윈 형태의 클라우드 플랫폼으로 기존 기후 예측 모델보다 빠르고 확실하게 이상기후를 예측할 수 있다고 한다. 현재 보편적으로 활용 중인 기후모델 기반의 예측 한계를 AI

로 극복하려는 시도다. 이렇게 기존 방식보다 빠르고 정확하게 이상 기후 현상을 예측할 수 있다면 기후변화로 인한 막대한 금융 리스크를 줄일 수 있을 것이다.

정리하면 이렇다. AI는 분명한 장단점이 있다. 현재 우리의 문제를 풀 혁신적인 도구가 될 수도 있지만 탈탄소가 핵심인 기후변화의 시대에 AI가 우리의 동반자가 되기 위해서는 에너지 효율 향상이라는 벽을 반드시 넘어야 한다. 이러한 벽을 뛰어넘는 AI 기술을 활용하는 기업이 결국 살아남을 것이다. 시대의 흐름에 맞지 않은 AI 기술로 사람들의 눈을 현혹하는 기업에 투자하는 것은 위험할 수 있기에 반드시 AI 기술의 이면을 자세히 들여다볼 필요가 있다.

돈이 되는
기후위기?

탄소중립을 향한 세계적인 움직임, 이와 관련한 다양한 규제는 기업의 경영철학을 바꾸기에 충분한 조건이 되었다. 이제 기업은 기후변화 대응이라는 과제를 반영한 경영 방식의 변화를 꾀해야 한다. 이를 위해 새롭게 등장한 것이 기후경영이다. 기후경영은 기업이나 조직이 기후변화와 관련한 경제적, 사회적, 환경적 리스크를 관리함으로써 지속 가능한 성장을 추구할 수 있는 전략적 접근 방식을 의미한다. 단순히 환경을 보호하는 것을 넘어, 기후변화가 기업의 운영과 재무 성과에 미치는 영향을 체계적으로 관리하고 이를 통해 장기적으로 기업의 가치를 높이는 것을 포함한다. 기후경영에서 다루는 요소는 온실가스 배출량 감축, 기후변화 대응 전략 수립 및 이행, 보고 및 공시, 에너지 관리 및 기후 리스크 관리, 기후변화 교육 등이다. 이 모든 것들을 크게 분류해보면 기업의 온실가스 배출량 산정 및 감축, 기후변화 대응 전략 수립, 투명한 보고 및 공시까지 3가지로 정리해볼 수 있다.

국내 기업의
탄소중립을 위한 노력

온실가스 배출량 감축은 기업 활동을 통해 발생하는 모든 온실가스 배출량을 정확히 산정하고 효율적으로 배출을 감축하는 것이다. 먼저 배출량의 정확한 측정 및 산정, 배출 감축 목표 설정, 그리고 배출 수단의 확보로 이어지는 체계적인 구조를 갖춰야 한다.

현재 대부분의 기업은 직접 배출을 뜻하는 스코프1Scope1과 사업장에서 에너지를 구입해 사용함으로써 배출되는 간접 배출의 스코프2Scope2를 어느 정도 산정할 수 있는 체계를 갖추고 있다. 하지만 스코프2를 제외한 간접 배출에 해당하는 스코프3Scope3의 명확한 산정은 아직 어려운 실정이다. 기업의 모든 가치사슬에서 발생하는 온실가스 배출을 줄이기 위해서는 스코프1, 2, 3 모두 명확한 산정이 이루어져야 한다. 멀고도 험난한 길이겠지만 기업은 스코프1, 2, 3에 대한 배출 데이터를 실시간으로 모니터링하고 배출 원인과 특성을 분석할 수 있어야 한다.

정확한 배출량 산정이 이루어지면 본격적으로 기업의 감축 목표를 설정해야 한다. 기업의 감축 목표 설정에 있어서 명심해야 할 부분은 국가의 온실가스 감축 노력이나 파리협약 및 글로벌 메탄감축선언 등과 같은 국제 협력과 규제를 반드시 고려해야 한다는 것이다. 궁극적으로 온실가스 감축은 기업 – 국가 – 글로벌 감축으로 이어지는 연결고리 안에서 이루어져야 한다. 또 단기적으로 줄일 수 있는 부분과 장기적인 안목을 가지고 줄일 수 있는 부분을 정확히 분류해 목표를 설정하는 것이 좋다. 예를 들어 기업의 직접배출 중 가스 사용과 관련한 메탄 배출은 탈루, 환기 및 불완전 연소 같은 비산 배출을 줄이는 것이 효과적이기 때문에 단기적인 목표로 설정하면 좋다. 그리고 시간이 오래 걸리는 이산화탄소 배출 감축은 기업의 사업 지속성, 글로벌 에너지 공급, 미래 수익 구조 다각화 및 새로운 미래 먹거리 등과 같은 안건과 함께 고려해 장기적인 안목으로 탄탄하게 전략을 수립해야 한다.

전략 수립에 앞서 지금 기업들이 주로 사용하고 있는 감축 수단은 에너지 효율 개선, 재생 에너지 사용, 그리고 온실가스 배출 감축 프로젝트 참여 등이다. 기업은 에너지 소비를 줄이기 위해 효율적인 설비와 시스템을 도입하고 있는데 주로 고효율 조명 및 난방, 환기, 냉방HVAC 시스템 개선, 에너지 고효율 장비 교체 등을 진행하고 에너지 관리를 위한 모니터링 시스템을 구축하고 있다. 특히 최근에는 인공지능을 활용해 건물 및 사업장의 정확한 에너지 수요 예측을 통해 에너지 공급을 효율적으로 진행하려고 한다.

또 다른 감축 수단은 재생에너지를 사용하는 것이다. 기업의 에너지원을 화석연료가 아닌 재생에너지로 바꾸어 배출량을 줄이겠다는 전략이다. 재생에너지란 태양광, 풍력, 수력, 지열 등 환경적으로 지속 가능한 방식으로 생성된 에너지를 의미한다. 보통 재생 가능 에너지를 구매하면 재생가능에너지구매인증서REC나 전력구매계약PPA 등을 통해 증명할 수 있다. 사실 한국은 한국전력이 유일한 전기공급 사업자이기 때문에 한국전력이 제공하는 전기만 활용할 수 있다. 하지만 재생에너지에 한해 PPA 방식을 활용해 발전사업자와 기업 간의 직거래가 이루어질 수 있기에, PPA가 기업의 재생에너지 사용을 활성화시킬 수단이 되지 않을까 기대되는 상황이다.

기업의 에너지원이 100% 재생에너지로 전환이 된다면 온실가스 배출 감축이 눈에 띄게 이루어질 것으로 예상된다. 기업이 사용하는 전력 100%를 재생에너지로 충당하는 목적의 글로벌 캠페인 'RERenewable Energy100'도 이와 같은 맥락이다. 탄소 배출이 전혀 없는 재생 가능한 에너지를 활용해 기후변화에 대응하고 지속 가능한 에너지 사용을 촉진하는 것을 목표로, 영국의 다국적 비영리단체인 'The Climate Group'에서 발족된 것이다. 'RE100'은 민간에서 출발한 계획임에도 불구하고 많은 기업들의 지지를 받고 있다. 기업의 재생에너지 사용이 온실가스 배출을 줄이고 기후변화 완화에 기여함으로써 기업의 브랜드 이미지와 고객 신뢰도를 높일 것으로 보기 때문이다. 또한 장기적 관점에서 재생에너지 사용이 에너지 비용을 절감하고 가격 변동성을 완화하는 데에 기여할 수 있을 것이라 기대한다.

2025년에도 기후변화는 틀림없이 지속된다. 그 영향은 지면에 모두 담을 수 없을 만큼 방대하다. 기후변화의 흐름을 이해하고 변화를 받아들이는 사람은 새로운 기회를 통해 부를 창출할 수 있을 것이다. 하지만 그 변화를 받아들이지 않는 산업, 교육, 정치, 문화, 경제, 안보 등은 쇠퇴할 수밖에 없다.

그동안 기후변화를 단순히 환경 NGO만의 주요 키워드로 여겼을지도 모른다. 하지만 정부 정책, 금융, 글로벌 투자 트렌드, 국가를 넘어선 규제 등 모든 것이 기후변화 대응이라는 하나의 방향으로 집중되고 있다. 아주 작은 요동은 있겠지만 큰 기조는 바뀌지 않을 것이다.

기후변화를 아느냐 모르느냐는 기후위기 시대에 부를 창출할 수 있는 길을 찾을 나침반이 있느냐 없느냐와 같다. 누구에게나 모두 필요한 것인 만큼, 더 나은 세상에서 오랫동안 살고 싶다면 나침반을 잘 활용해야 할 것이다. 현명한 소비자의 입장에서는 신기후체제(파리협약 이후의 기후변화대응 체제)에 부합하는 기업의 제품과 서비스를 더 애용해야 할 것이고, 기업은 소비자에게 선택을 받기 위해 당연히 신기후체제에 부합하는 산업 활동을 펼쳐야 할 것이다. 그뿐만 아니라 기업들은 진행 중인 기후변화에 대해 리스크를 줄이고 자산을 보호하려는 노력에 진심이어야 한다. 한편 투자자는 이런 것들이 정확히 진심으로 수행되는지 감시할 필요가 있다. 이러한 일련의 활동이 모두 원활하게 이루어지지 않는다면 우리가 꿈꾸는 내일은 오지 않을 것이다.

필진: 정수종

우리가 재테크를 하기 전 알아야 할 것들

머니 트렌드 시리즈를 벌써 세 번째로 출간하게 되었습니다. 짧다면 짧을 수 있지만 3년이라는 햇수가 주는 시간의 무게감이 느껴지면서 그만큼 이 책이 독자분들의 재테크에 도움이 되었는지 돌아보게 됩니다. 그래서 공동 저자 중 한 명인 저는 머니 트렌드를 실제로 어떻게 재테크에 활용하는지, 또 독자분들은 어떻게 접근하면 좋을지 말씀드려볼까 합니다.

첫째, 머니 트렌드를 편식하지 마세요. 중심 키워드가 무엇인지 가려내기보다, 우선 책을 읽고 충분히 소화하고 나서 나에게 맞는 것을 취사선택하면 좋겠습니다. 책에 실린 수많은 키워드 중 제가 가장 관심을 쏟은 것들은 이러했습니다. 결혼을 아직 못했기에 웨딩 인플레이션과 수면 이혼에 시선이 갔고, 복부 탄력에 신경 쓰느라 평생 다이어트, 비만 치료제가 눈에 들어왔으며, 제가 투자한 테슬라와 비트코인 때문에 로보택시와 코인을 다룬 파트를 읽었습니다. 다른 파트의 글을 넘겨버렸다는 게 아니라 지극히 개인적인 관심사를 바탕으로 관련된 부분을 먼저 봤다는 뜻입니다.

여러분도 마찬가지일 겁니다. 예를 들어 유주택자의 유튜브 앱을 보면 대부분 집값 상승과 관련된 영상이, 무주택자에게는 집값 하락과 관련된 영상이 뜰 것입니다. 우리의 선택이 만든 알고리즘 때문이겠지요. 문제는 내가 집값 상승이나 하락 영상을 클릭하는 것과 실제 부동산 집값 전망은 완전히 다를 수 있다는 것입니다. 보던 것만 보면 우리 안에 이미 정해진 알고리즘으로 인해 편향된 지식만 얻게 될 수 있습니다. 그러니 머니 트렌드를 읽을 때는 먼저 처음부터 끝까지 책을 다 드신 다음에 더 맛있게 즐기고 싶은 파트를 정독하며 제대로 식사하셨으면 합니다.

둘째, 투자는 여러분이 일하고 있는 분야에서 잘하는 영역에 할 수도 있지만, 잘하지 못하는 분야에 할 수도 있습니다. 저 같은 경우 자산의 일부를 활용해 테슬라 주식을 사고 비트코인에 투자했습니다. 위험 자산에 투자하는 저를 보며 엄청난 수익을 바라는 투자자라고 생각하실 수도 있는데 그것보단 제가 하는 일이 자율주행 및 코인과 관련이 없기 때문이었습니다. 시대의 흐름은 자율주행과 코인으로 가고 있지만 제 전문성은 다른 분야이기에 적어도 내가 노동으로 번 돈 중에 일부는 그쪽으로 보내서 돈이 저 대신 일하게 만들어야겠다고 생각했습니다. 그게 투자의 진정한 의미일 테니까요.

또, 일과 투자는 다른 전략으로 접근하고 싶었습니다. 제 주변 사람들은 제가 얼마나 안정성을 중요시하는지 알기 때문에 위험 자산에 투자하는 모습을 보고 놀라기도 합니다. 저는 2018년 10월 유튜브를 시작한 후 운이 좋게도 2021년부터 어느 정도 안정적인 궤도에 올라오게 됐는데 유명한 사업가처럼 아주 많은 돈을 버는 건 아니지만, 스스로 만족할 만한 돈을 벌고 있습니다. 노동으로 버는 돈이 안정적이기 때문에 투자에서만큼은 '바벨 전략'을 떠올리면서 어느 정도 위험 자산에 투자해봐야겠다고 생각했습니다. 바벨 전략은 양극단에 놓인 위험 자산과 안전 자산을 조합해 자산을 배분하는 투자 전략을 말합니다.

셋째, 모든 종목에서 돈을 벌 필요가 없습니다. 단 몇 개의 종목이라도 잘 발굴한다면 대부분의 마이너스를 극복할 충분한 수익을 낼 수 있을 겁니다. 이에 관해 가치투자의 대가인 피터 린치가 이런 명언을 남겼습니다. "투자하는 모든 종목에서 돈을 벌 필요는 없다. 주가는 마이너스가 될 수 없기에 손실액은 처음 투자한 금액에 한정되지만, 상승하는 주가에는 한계가 없기 때문이다"라고요. 저는 이보다 좋은 주식투자 문장을 본 적이 지금까지 단 한번도 없습니다.

마지막으로, 재테크보다 나에 대한 투자가 먼저라는 이야기를 꼭 드리고 싶습니다. 2022년 버크셔 해서웨이 주주 총회에서 한 소녀가 워런 버핏과 찰리 멍거에게 재미있는 질문을 했습니다.

"아시다시피 우리는 지난 4개월 동안 계속해서 인플레이션을 겪고 있습니다. 1982년 이후 처음으로 물가상승률이 7%를 기록했고요. 두 분은 1970년부터 1975년까지 이런 상황과 유사한 경험을 하셨는데요. 포트폴리오상에서 손실을 보았을 당시에도 두 분은 여전히 인생에서 가장 좋은 투자 선택을 하셨어요. 이런 점을 생각해봤을 때 '베팅할 주식을 단 하나만 골라 올인해야 한다면, 그래서 인플레이션을 극복할 수 있다면 어떤 종목을 선택할 것인지, 그리고 무엇 때문에 그 주식은 시장의 상황이 나쁠 때도 수익률이 잘 나올 수 있을지'가 궁금합니다."

누구나 궁금해했을 법한 질문을 돌직구로 던진 소녀 덕에 장내 분위기가 유쾌해졌고 워런 버핏도 웃으며 이렇게 답했습니다.

"그 주식보다 더 나은 것을 말할게요. 특정 종목과 관련된 대답을 할 수도 있지만, 학생이 할 수 있는 최선은 어떤 일에 뛰어나게 능숙해지는 겁니다. 동네에서 알아주는 의사가 되든, 도시에서 가장 잘나가는 변호사가 되든 최고가 될 수 있다면 사람들은 막대한 돈을 지불해서라도 학생이 그들에게 줄 수 있는 서비스와 그들이 생산하는 것을 교환하려고 할 거예요.
만약 학생이 한 분야의 최고가 된다면, 그 일이 무엇이든 사람들이 학생에게 그 일을 맡기기로 했다면 학생의 능력은 누구도 빼앗지 못

합니다. 학생의 능력은 사라지지 않아요. 누군가는 대가로 자기가 생산한 밀을 주거나 아니면 목화를 줄 것이고, 그게 무엇이 됐든 학생의 능력과 거래하려고 할 테니까요. 그러니 최고의 투자는 단연코 스스로를 성장시키는 것입니다. 그건 세금도 안 붙습니다. 저라면 그렇게 할 것입니다."

또한 워런 버핏은 일찍이 이런 유언을 남기기도 했습니다. "내 유산의 90%는 인덱스 펀드에 넣고, 나머지 10%는 미국 국채에 넣어라." S&P500 지수를 추종하는 인덱스 펀드를 사라는 것은 전 세계 어떤 나라보다 미국의 성장을 믿고 확신하기 때문일 것입니다. 두 가지 이야기를 합쳐보면 투자의 고수가 아닌 이상 '나 자신에게 투자해서 번 확실한 돈으로, 가장 확실한 투자로 자산을 모아라'라는 뜻이 되지 않을까 싶습니다.

책의 공동 저자인 김현준 대표가 말한 것처럼 1년에 5000만 원 이상의 수익을 내는 국내 주식투자자는 0.9%에 불과합니다. 아무런 돈을 넣지 않고 5000만 원의 수익을 내는 것이 아니라 꽤 많은 투자금을 넣고 난 다음에 벌 수 있는 돈입니다. 한국 개별 주식에 투자해서 큰돈을 벌 수도 있지만, 만약 여러분이 초보 투자자라면 더 적합한 시장은 책 속에 나온 대로 또 워런 버핏의 유언대로 미국 주식일 것입니다. 안정성이 높으면 그만큼 수익성은 포기해야 하는 건 아니냐고 반문할 수 있습니다. 하지만 일단 수익성은 나에 대한 투자로 만들고,

내가 벌어온 돈으로 안정성을 만들면 어떨까요? 많은 사람이 이와 반대로 투자하고 있습니다. 내 몸값을 올리는 데에 시간을 쏟기보다 지금 번 돈을 어떻게 하면 빠르게 불릴 수 있는가에 말입니다. 그러나 시장은 만만하지 않습니다. 불리고 싶은 돈은 위의 통계가 말해주듯 정글 같은 주식시장에서 사자와 하이에나에게 잡아먹히게 될지도 모릅니다. 더 높은 수익은 내가 사슴과 토끼를 압도할 수 있는 호랑이가 되었을 때 추구해도 늦지 않을 것 같습니다.

이제 세계 경제를 쥐락펴락하는 미국 연방준비제도의 금리 인하가 시작되고, AI 시대가 더해진 대전환의 시기가 다가옵니다. 대변혁의 원년이 될 2025년, 여러분의 소중한 자산을 지키면서 부를 늘리시길 진심으로 바랍니다. 돈은 인생의 목표나 행복이 아니라고 하지만, 우리가 실현하고 싶은 목표나 행복, 심지어 불행에도 곱하기가 되어주는 건 확실하니까요.

김도윤

머니 트렌드 2025

새로운 부의 기회를 선점할 55가지 성공 시나리오

© 정태익, 김도윤, 김광석, 김용섭, 김현준, 정수종, 채상욱, 최재붕, 2024

초판 1쇄 발행 | 2024년 10월 2일
초판 3쇄 발행 | 2024년 11월 20일

지은이 | 정태익, 김도윤, 김광석, 김용섭, 김현준, 정수종, 채상욱, 최재붕
기획편집 | 이가람, 이가영, 정다움
콘텐츠 그룹 | 정다움, 이가람, 박서영, 이가영, 전연교, 정다솔, 문혜진, 기소미
디자인 | STUDIO 보글

펴낸이 | 전승환
펴낸곳 | 책읽어주는남자
신고번호 | 제2024-000099호
이메일 | book_romance@naver.com

ISBN 979-11-93937-21-1 03320